白馬鑓ヶ岳の山頂道標の横からエント
リー、上部大斜面を気持ちよく滑走。
その先の中央ルンゼ核心部の状況は見
えない

スノーボーダー／井口健太郎　写真／小寺 周

船越ノ頭から小蓮華山をめざす。
ガスは抜けるだろうか？　雪質は
どうだろうか？　期待に胸を躍ら
せながら前に進む

スキーヤー／五味秀敏　写真／小寺 周

稜線は強風。風の影響で雪面はシー
ルが効きづらく、アイゼンに替える
が雪面を踏み抜きラッセルとなる。
ここを抜ければ火打山山頂だ

写真／小寺 周

焼山めざして暗いうちにスタート。
北面台地でちょうど夜が明けた。
朝焼けで空が染まっていく……感
動で足が止まる

写真／小寺 周

会津駒ヶ岳から大戸沢岳まで周遊
して、真っ白な斜面にシュプール
を刻む

スキーヤー／吉田 豊　写真／鷹觜健次

厳冬期の会津駒ヶ岳。深いラッセ
ルに耐え、樹林帯を抜ければ展望
が開ける。背後には燧ヶ岳。ここ
まで来ればピークは近い

写真／田宮公成

国体尾根を登り、三岩岳と窓明山
の鞍部を越えた。三岩岳を背に小
さな樹氷の尾根を窓明山へと進む
写真／田宮公成

昼闇山から広大な昼闇カールへ。
烏帽子岳（左）や鉾ヶ岳（右）を目
の前に滑る

スキーヤー／吉田 豊　写真／鷹嘴健次

焼岳といえば下堀沢がよく滑られているが、中堀沢や上堀沢は滑走チャンスが限られる。条件が整い、いよいよ中堀沢へ

スキーヤー／五味秀敏　写真／小寺 周

焼岳南峰登頂後に火口へクライム
ダウン。積雪期ならではのルート
取り。地形図を見てのルート研究
は欠かせない

写真／小寺 周

ここを抜ければ下堀沢源頭だ。高
い山ではないが、焼岳ならではの
噴煙に岩峰。登りも滑りも充実度
満点！

写真／小寺 周

穂高はシビアな環境下に置かれる
ことが多いが、ひとたび好天に恵
まれるとすばらしい「岩と雪の殿
堂」を堪能できる

写真／小寺 周

3月下旬、2812m杓子岳東側斜面。
麓から見て、いちばん右のAB間
ルンゼの狭く急なセクションへ飛
び込んでいく

スキーヤー／柴田勇紀　写真／小寺 周

稜線から滑り込む五龍岳A沢。この手の
斜面で良コンディションを引き当てるの
は難しい。この日は気持ちよいザラメ！

スキーヤー／五味秀敏　写真／小寺 周

クラシックスティープのひとつ、
白馬岳の白馬沢左俣。町から見え
るラインを滑るのは特別な意味が
ある。記憶に残る一日に

スキーヤー／服部知尋　写真／小寺 周

前穂高岳と奥穂高岳をつなぐ吊尾根から涸沢への滑走。諸条件が整い、ここを滑走できるチャンスはシーズンに何度もない

スキーヤー／五味秀敏　写真／小寺 周

山スキー百山 2

Backcountry Skiing 100 Mountains
RSSA

2

スキーアルピニズム研究会

はじめに

Introduction

スキーは自由の翼

　スキーアルピニズム研究会（RSSA）は、1973年に設立された「山スキーを実践し、かつスキーによるアルピニズムを研究するための場となることを目的とする」同好会です。私がゲレンデスキーを初めて体験した時期に、すでに山々をスキーで駆け巡っていた人々がいたとは新鮮な驚きでした。

　2020年の雪山シーズンから3年にわたり、新型コロナ感染症により移動が制限され、仲間が集って山に入るのが難しいシーズンが続きました。そんな折に、山と溪谷社から『山スキー百山』の続編をつくらないかとのお話をいただきました。2023年には会創立50年を迎えることもあり、お引き受けすることとしました。

　本書はRSSA会員ならびに、その仲間が登り滑った活動記録を基に制作したルート集です。2015年に発行された『山スキー百山』の続編になります。その基となったのは、RSSA年報『ベルクシーロイファー』の次の掲載です。

1998年「オリジナルの百山」※創立25年会誌『ベルクシーロイファー』24・25号に掲載
2013年「山スキー百山とその後の15年」※創立40年会誌『ベルクシーロイファー』39・40号に掲載

　2015年発行の『山スキー百山』では、厳冬期のパウダー滑降、ロングツアー、ルンゼ滑降など、ほかのバックカントリースキーのガイドブックではあまり紹介されていない、これらの活動を積極的に紹介しました。

　そして『山スキー百山2』は、前作では紹介できなかった山々や、初級者向けや定番の滑降ルート、そしてわれわれが活動した海外の山スキールートなども紹介しました。また、RSSA創立50年にちなんだ特集コラム、前作と今作を通したルートの総索引も収録しました。

　本書は「百山」であり「百名山」ではありません。われわれが滑っていない魅力的な山が全国にまだまだあるはずです。また、各山の地形図にルートを記載していますが、必ずこのルートを滑りなさいということではありません。あくまでも一例です。

　雪崩回避や滑落防止などの基本的な雪山技術を身につけて、ぜひ本書や前作を参考に、みなさん自身の山スキーを実践していただければと願っています。スキーは、雪さえあればどこでも自由に山を駆け巡ることができます。

　なにせ「スキーは自由の翼」なのですから。

スキーアルピニズム研究会前代表　北原浩平

スキーアルピニズム研究会

目次

本書の使い方

本書で紹介するルートは、ゲレンデ内を不自由なく滑る技術と、雪山登山の基本技術を保有する人を対象にしたものです。なかにはエキスパートだけがトレースできる特別なルートも含まれます。

雪や山の状況は毎年変わります。本書に紹介する情報だけでなく、積雪量や雪質、雪崩のリスクなどの現地情報や、気象庁発表の火山情報などを参考に、適切な判断をして安全な山スキーを楽しんでください。

(A) 番号

北から南へ、55山を順にナンバリング。

(B) 日数

紹介コースを滑るために必要な日数。

(C) 適期

山スキーに適した時期。

(D) 山の概要

紹介する山の特徴を簡潔に解説。

(E) アプローチ

主にマイカーでのアクセス方法を紹介。

(F) アドバイス

コースを滑るための注意点や、アクセスでの駐車場情報などを紹介。

(G) 2万5000分ノ1地形図

紹介ルートの掲載範囲の図郭名。

(H) コースガイド

コースの特徴と滑るための詳細なガイド。地図と照らし合わせながら読むと理解しやすい。

(I) 参考タイム

主要ポイント間の所要時間。雪の状況によって所要時間は大きく変わるので、あくまで目安として考え、ゆとりのある計画を立てること。

(J) グレード

★★★ 初級

ゲレンデなどをベースにする半日程度の日帰りルート

ルートファインディングが簡単か、入山者が多くトレースが残っている確率が高い。

★★★ 中級

日帰りロングルートあるいは1泊程度のツアールート

入山者のトレースをあてにできず、ルートファインディングの能力が求められる。

★★★ 上級

滑走に高い技術を要する日帰りルート、あるいは2泊以上のツアールート

山スキーを取り巻く状況は、季節、天候などの自然条件で大きく変わる。同じルートでも、厳冬期では残雪期に比べてワンランク上がると考えていい。
なお、★★★（上級）のなかには、高い滑走能力と登攀力、または冬山登山の技術を要するものが含まれる。これらのルートはエキスパートだけがトレースできる特別なルートである。

(K) 地図凡例

- ┅┅┅▶ 登高ルート
- ──▶ 滑降ルート

- ━━━━ 高速道路
- ─── 国道
- ─── 車道（幅員3m～）
- ─── 軽車道（幅員1.5～3m）
- ╼╾╼╾ JR線
- ─── その他の鉄道
- ┈┈┈ 航路
- ╼·╾·╼ 都府県境
- ─··─··─ 市町村境
- ------------ その他の登山道
- 🏠 営業山小屋・宿泊施設（通年営業小屋を除き、山小屋は基本的に冬季休業。GW前後からオープンする山小屋もある。要確認のこと）
- 🏠 避難小屋・無人山小屋
- ⛺ 幕営地
- ♨ 温泉施設・旅館
- 🍴 バス停

※その他の地図記号は国土地理院の地形図に準拠している。

(L) 対応コース名

(M) 方位と縮尺

番号 A　山の概要 D　　　グレード J　　　対応コース名 L　　　地図 K

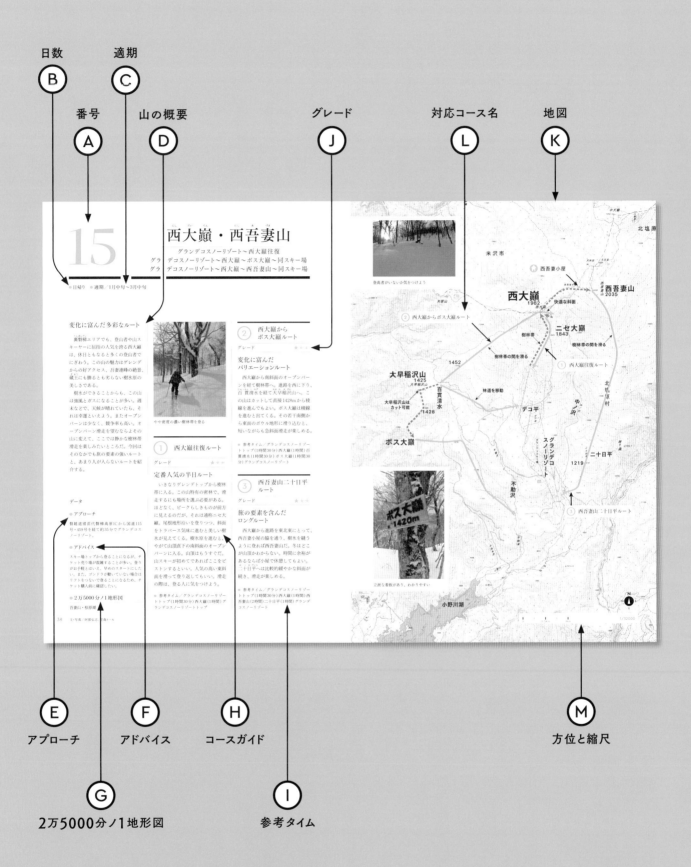

アプローチ E　アドバイス F　コースガイド H　　　方位と縮尺 M

2万5000分ノ1地形図 G　　　参考タイム I

北海道

東北

01

知床半島／東岳

知円別小中学校跡地〜知床東岳〜知円別小中学校跡地

● 日帰り　● 適期／1月下旬〜4月下旬

国後島と流氷を見ながら
パウダーライド

　知床東岳は、アイヌがシリエトク（大地が果てる場所）と呼んだ知床半島に位置し、標高は1520m。知床半島の山はいずれもアプローチが長く、厳冬期に滑走するのが難しい山がほとんどだが、知床東岳は比較的アクセスが容易で、パウダーを狙える。

　しかし、降雪直後に行かないと雪質があっという間に悪くなる。春の残雪期は知円別岳や硫黄山からの縦走や、知床峠からの羅臼岳、北東側にある知床岳などとセットで遊ぶのもよいだろう。ベースとなる羅臼は海産物の宝庫。漁師民宿に泊まってのグルメも堪能できる。また、近くに野湯も点在しており、熊の湯は本当にすばらしいのでおすすめ。

データ

● アプローチ

知円別小中学校跡地へは、羅臼町から約20分。道道87号を相泊方面に向かい、岬町簡易郵便局の手前を左に入る。

● アドバイス

厳冬期は天気が安定せず、強風、視界不良との戦いになるため3月以降がおすすめ。上部は目標物がないため視界不良の場合は行動不能となりやすい。視界が悪いときは早めに下山すること。また、残雪期はヒグマにも要注意。大声を出す、笛を吹く、クマよけスプレーを持つなど対策を万全に。

● 2万5000分ノ1地形図

硫黄山

山頂への登り。振り返ると国後島が見える

知円別小中学校跡地
からのルート

グレード　　　　　★★★

地の果てから
異国を見ながら滑る

　知円別小中学校跡地のグラウンド側から樹林帯を進むと右手に沢地形が出てくる。しばらく沢沿いの尾根上を進むと開けてくるが、ハイマツや低木がところどころ出ており、それを避けながら標高を上げる。残雪期は雪が消えてササのヤブこぎからのスタートとなり、歩きやすいところを探しながら標高を上げる。

　しばらく進むと目標物がない広い斜面となり、障害物を避けながら登りやすそうなところを選び、ひたすら山頂に向かって進む。振り返ると海に浮かぶ国後島を間近に見ること

ができるだろう。山頂直下は岩やハイマツが出ており、雪面は硬いことが多いのでアイゼンを用意しておいたほうがよい。

　山頂からは知床岳や知円別岳、硫黄山などの知床連峰が一望できる。山頂直下からの滑走斜面は広大だが、上部はシュカブラになっていることが多いため慎重に高度を落とし、少し下がったところから大斜面を標高900mくらいまで、海に向かって快適に滑降する。その後は障害物を避けながら登りのルート沿いに下山するとよい。

　この山域のすばらしいのは、レア感とロケーションである。異国を見ながら滑る体験はなかなかできない。ぜひ晴れる日を選んで滑ってほしい。

● 参考タイム／知円別小中学校跡地（4時間30分）知床東岳（1時間30分）知円別小中学校跡地

　文・写真／伊達佳美

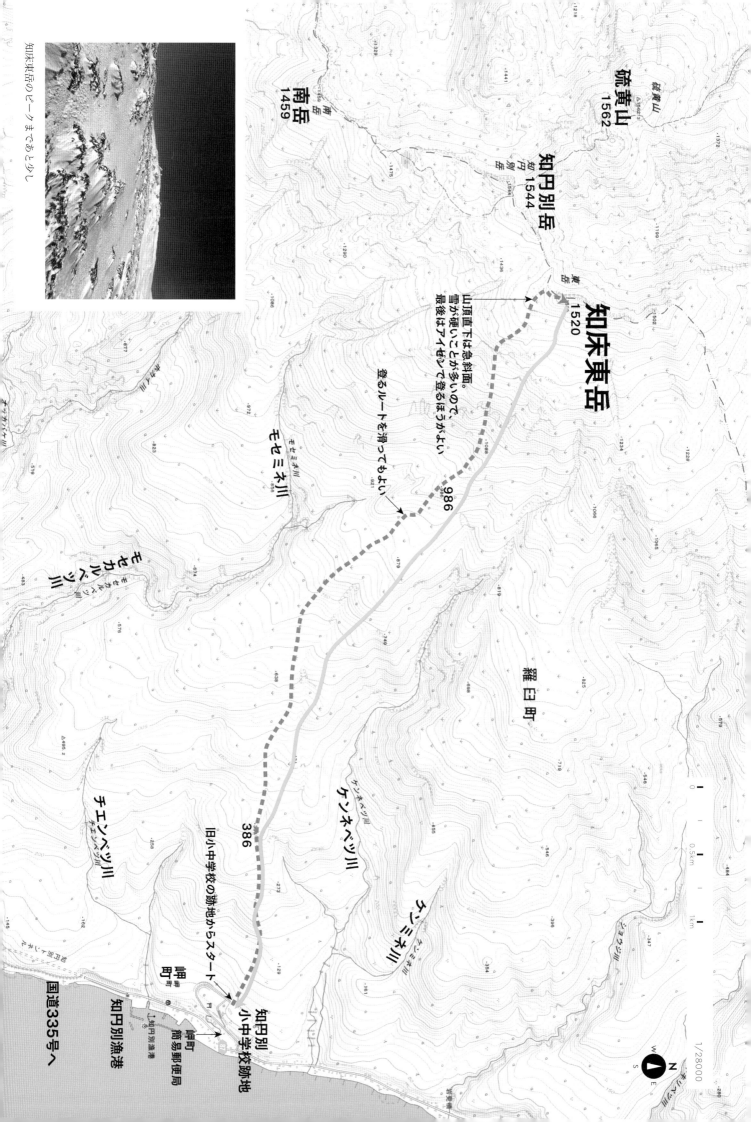

知床東岳のピークまであと少し

02

大雪山系／東岳

大雪湖（大雪防災ステーション）〜ホロカイシカリ川〜
大雪東岳〜大雪湖（大雪防災ステーション）

●日帰り　●適期／２月〜６月上旬

大雪湖から遡上し頂上へ 大雪らしい 極上の雪とビッグ斜面

　大雪東岳は標高2067ｍの山で、大雪山の東側に位置する。東面にすばらしい大斜面が広がっているのが遠くからも確認できる。登山道はなく、積雪期にのみ行くことができる。

　また、北西には紅葉で有名な赤岳が位置しており、多くの観光客が利用する大雪山観光道路が開通する6月以降は、終点の銀泉台から最短で行けるが、それ以前は黒岳方面からの縦走、あるいは大雪湖からのピストンとなる。ここでは日帰り可能な大雪湖からのルートを紹介する。

データ

●アプローチ

大雪防災ステーション（大雪プラザ273）へは、層雲峡から国道39号を大雪湖方面に進み、大雪湖にかかる分岐を右へ進むと国道273号となる。大雪湖を左手に見ながら進むと、左手に車が数十台停められる駐車場付きの建物がある。層雲峡から約15分。ここに車を駐車して冬期通行止めの銀泉台線の入り口からアプローチする。

●アドバイス

大雪湖付近は携帯電話の電波はまったく入らないので、事前に地図をダウンロードすることをすすめる。林道歩きが長いため時間に余裕をもって入山すること。この山域は厳冬期になると気温が−20℃以下になることもまれではない。寒さ対策は万全に。

●２万5000分ノ１地形図

白雲岳・大雪湖・層雲峡

大雪東岳全容

南側の直登ルートから 東岳山頂へ

グレード　★★★

長い林道歩きの末には すばらしい大斜面が 待っている

　銀泉台線（林道）の入り口からホロカイシカリ川に沿って林道を進む。途中で銀泉台方面と川沿いに分岐するが、川沿いの林道を進む。橋を渡り、しばらく沢沿いを進むと林道は終了するが、さらに進むと開けてくる。東岳の山頂へは、沢が開けてきたところから山頂南側の沢の尾根に取り付いて直登する「直登ルート」と、北側の沢筋をたどるルートがある。

　直登ルートは最短で山頂まで行け、山頂手前の南側の尾根からの沢筋を滑るラインもいろいろとれるが、上

部はかなり高度感があり、アイゼンは必携である。北側の沢筋をたどるルートは、直登ルートより遠回りとなるが、斜度が比較的緩く、東平まで回り込んだ後、稜線を歩いて山頂に向かう。このルートは残雪期も山頂付近まで雪がつながっていることが多いため、最後まで板をはいたまま登れる可能性が高い。滑る時期や雪の状況などを考慮し、選択するとよい。

　山頂付近から斜面を見ると、今回掲載したラインのほか、滑れそうなラインがいろいろ見えてくる。ドロップポイントから斜面に飛び込むと、広大な東面を存分に堪能できる。滑走後は登ってきた沢に合流するので、登りルートをそのまま戻る。

● 参考タイム／大雪防災ステーション（2時間30分）林道終点（3時間30分）大雪東岳（2時間30分〜３時間）大雪防災ステーション

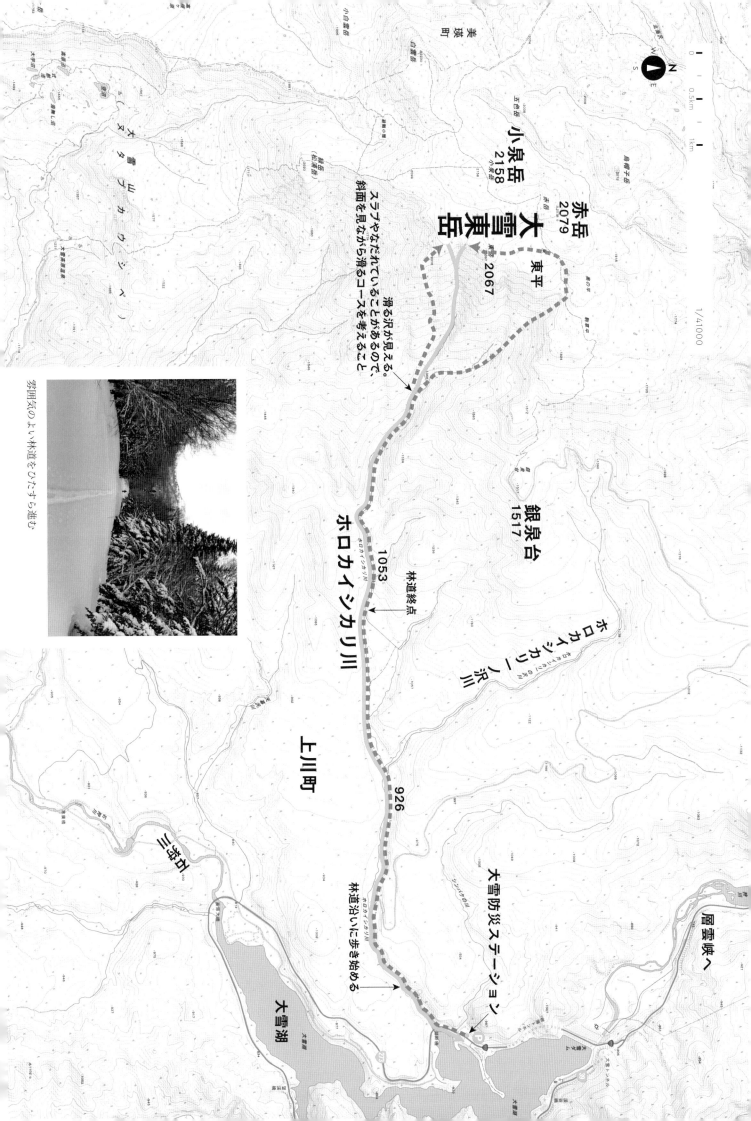

雰囲気のよい林道をひたすら進む

赤岳
2079

小泉岳
2158
小泉岳

大雪東岳

東平
界標 2067

北海沢

小泉岳

銀泉台
1517

ホロカイシカリ沢ノ川
ホロカイシカリ沢ノ川

ホロカイシカリ川

林道終点

1053

ホロカイシカリ川

上川町

926

三国山

大雪湖

大雪湖

大雪防災ステーション

層雲峡へ

スラブやなだれている所があるので、斜面を見ながら滑るコースを考えること

滑る沢が見える。

林道沿いに歩き始める

1/41000

0   0.5km
     1km

03

オプタテシケ山

トノカリ林道〜オプタテシケ北側尾根〜
オプタテシケ山〜爆裂沢〜トノカリ林道

● 日帰り　● 適期／2月上旬〜5月中旬

十勝連峰最北にある
「槍」を滑る

　オプタテシケ山は十勝連峰の最北に位置し、標高は2013m。この山の山頂へは無積雪期はトムラウシ山と美瑛富士を結ぶ縦走路しかなく、積雪期は美瑛側（北西面）、もしくは新得側（南東面）からのアプローチとなるが、美瑛側の北西面は美瑛岳の噴火により切れ落ちている。

　新得側は冬季の北西風の影響で雪がたまりやすく、よいパウダーを滑ることが可能だが、残雪期も長く雪が残るため、日が長くなって天候が安定する4月〜5月に滑走するのが一般的であろう。

データ

● アプローチ

道東道十勝清水ICから国道274号、道道718号をトムラウシ温泉東大雪荘へ向かう。東大雪荘の12kmほど手前で左折する。5kmほど先の橋を渡ってすぐのT字路を右折すると入り口左に小さく「トノカリ林道」の看板。数百m先に北海道電力の小さなダム（トノカリウシュベツ川取水口）があり、ここが除雪最終地点。

● アドバイス

登山開始地点までの林道は、道が細いため運転に注意する。除雪最終地点の取水堰堤付近の駐車スペースは車3〜4台。トノカリ林道の雪が解けると奥まで車が入れ、林道歩きがかなり短縮される。厳冬期は、時間に余裕をもった行動が望ましい。

● 2万5000分ノ1地形図

オプタテシケ山

オプタテシケ全容

爆裂沢ルート

グレード　　　　　　　★★★

北側の尾根から
爆裂沢をめざす

　除雪最終地点からトノカリ林道を進む。残雪期はこの林道の雪が消え、車が入れることもある。途中、雨量観測所などの人工物を横目にしながら川沿いを進んでいくと分岐があり、橋のほうに進む。これが三股橋。橋を渡ってしばらく進むとオプタテシケ山の全容が見えてくる。

　しばらく林の中を山頂に向かって登っていくが、北側の尾根を登る場合は早めに右側にトラバースし、尾根上を進む。南側の尾根はそのまま登っていくと尾根に取り付ける。尾根上はすぐに開け、晴れていると近くの山々が一望でき、絶景である。尾根上を進むと徐々に斜度が増し、稜線に出る。

　稜線上は狭く、北西側は切れ落ちている。滑走ラインは爆裂沢のほか、北側、南側両方の尾根上にもとれるが、厳冬期は北側の尾根のほうが雪がたまりやすい。爆裂沢の滑り出しは急で、下までは見えないが、いちばん斜度があるシュートに差しかかるところで全容が確認できる。爆裂沢滑走後、残雪期なら登り返して尾根上を滑って遊ぶのもよい。

　滑走後の下山は、登りで使ったルートをそのままたどるのがよい。林道部分は歩きが長いので、シールを使ったほうが楽に戻れることもある。雪質や残雪状況で判断すること。

● 参考タイム／取水堰堤（1時間30分）三股橋（5時間）オプタテシケ山（5分）ドロップポイント（30分）三股橋（1時間30分）取水堰堤

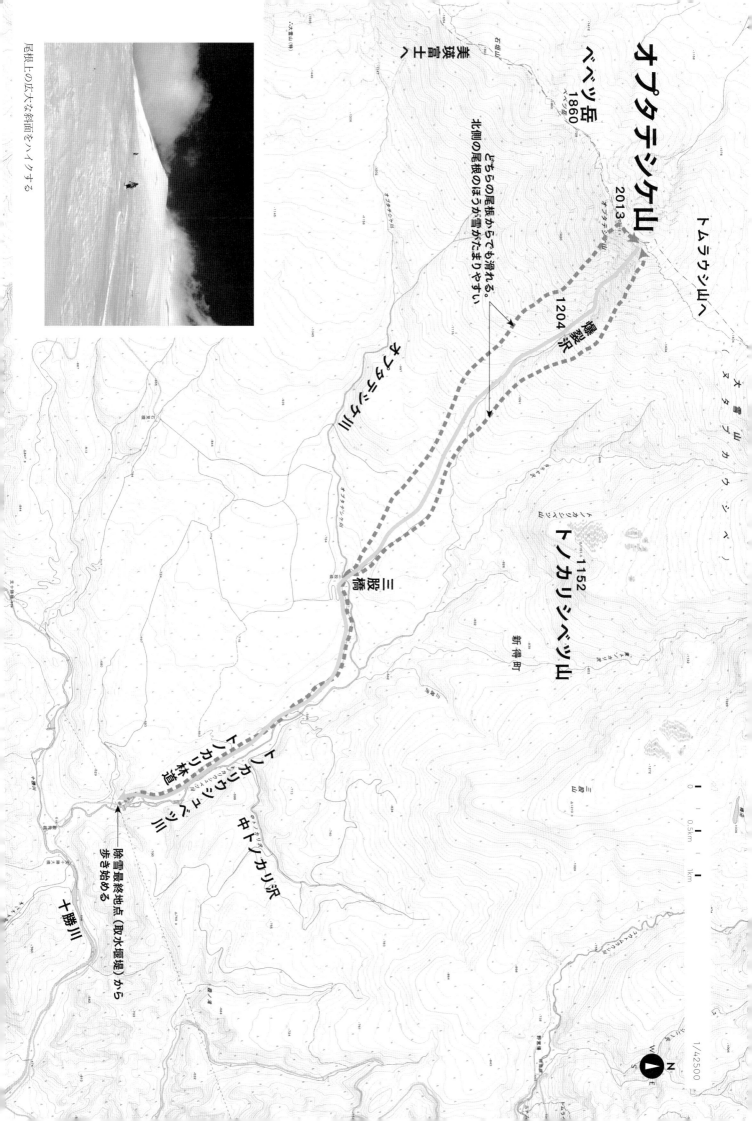

オプタテシケ山

ベベツ岳
1860 ベベツ岳

2013 オプタテシケ山

トムラウシ山へ（大雪、トムラウシ）

裏磐梯富士へ

どちらの尾根からでも滑れる。
北側の尾根のほうが雪がたまりやすい

爆裂沢
1204

オプタテシケ川

三股橋

1152 トノカリシベツ山

新得町

三股山

トノカリシベツ林道

中トノカリ沢

ヤンガリバンケ川

十勝川

除雪最終地点（取水堰堤）から歩き始める

1/42500

0 0.5km 1km

N

尾根上の広大な斜面をハイクする

04

南八甲田／櫛ヶ峯

城ヶ倉大橋〜横岳〜櫛ヶ峯〜駒ヶ峯〜睡蓮沼

● 1泊2日　● 適期／4月中旬〜5月上旬

南八甲田の山々をつなぐ
静かな周遊ルート

グレード　★★☆

　南八甲田は、有名な北八甲田の南側に位置するなだらかな山々で、針葉樹の森をめぐる静かなツアーが楽しめる。櫛ヶ峯、駒ヶ峯、猿倉岳、乗鞍岳、赤倉岳など、どの山にも知られている日帰り山スキールートがある。北八甲田に比べて入山者が少ないのが魅力だが迷いやすい。ガス（霧）のときには、GPSで位置を確認して迷わないように注意しよう。

　近くに猿倉温泉、谷地温泉、蔦温泉があり、泊まって山スキーを楽しむこともできる。最近、西側に少し離れた逆川岳、横岳の山スキーコースが紹介されている。

データ

● アプローチ

東北道黒石ICから国道102・394号を経て約22km、約25分で城ヶ倉大橋手前の沖揚平ゲート。青森からは酸ヶ湯温泉を経由して同地へ。

● アドバイス

のんびりと山中で1泊して、下山後にバスと徒歩で入山地点に戻るアクティビティで紹介する。車が2台あり、活動前に車1台を下山地点の周辺にまわしておければ、1日でも遊べるルートである。バスは本数が少ないので、事前に時刻を確認しておくこと。

● 2万5000分ノ1地形図

酸ヶ湯・八甲田山

横岳から見た櫛ヶ峯

1日目

城ヶ倉大橋〜櫛ヶ峯

　黒石市から城ヶ倉大橋に向う途中の、冬季ゲート付近から入山する。逆川岳に向かい、針葉樹の樹林を進むと、やがて視界が開ける。振り返ると、北八甲田の山々が間近に並んで見える。横岳までは、対岸に櫛ヶ峯を望みながら進む。山頂はルートから少し離れている。ここで逆川方向へ滑り、シールを装着し直し、櫛ヶ峯の鞍部まで進む。初日はここで泊まることにして、空身になって櫛ヶ峯に登る。展望を楽しんだあとの滑りは、ザラメで快適だけれど、アッというまに終わるのが残念。

● 参考タイム／城ヶ倉大橋（2時間）横岳（2時間）櫛ヶ峯鞍部（1時間）櫛ヶ峯往復（1時間）櫛ヶ峯鞍部

2日目

櫛ヶ峯〜睡蓮沼

　最初に、遠くに十和田湖を見ながら南面を気持ちよく滑る。樹林が出てきて、樹間が狭くなるので適当なところで切り上げ駒ヶ峯へ登り返す。火山特有の切り立った沢を横断するので、板を外さないですむ場所を探す。アップダウンがあるので、シールをつけたまま駒ヶ峯から先に進もう。猿倉岳から先にオープンな斜面がある。探して滑り込むといい。天気が悪いと、見つけるのが難しいかもしれない。

　睡蓮沼に着いたら、酸ヶ湯温泉行きのバスを待つ。酸ヶ湯温泉から城ヶ倉大橋までは歩く。

● 参考タイム／櫛ヶ峯鞍部（2時間）駒ヶ峯（2時間）睡蓮沼

青森市街へ

北八甲田

大岳
1585

城ヶ倉大橋

冬季ゲート

青森市

酸ヶ湯温泉

黒石市へ

睡蓮沼

振り返れば
北八甲田がよく見える→

逆川岳
1184

逆川

横岳
1340

横沼

シールを外して
少し滑る

オープンバーンを見つけて→
滑り込む

駒ヶ峯～猿倉岳は
アップダウンがある

1泊目／幕営地

十和田市

アップダウンがあるので
シールで進む

猿倉岳
1354

駒ヶ峯
1417

ベースから山頂往復→

櫛ヶ峯
1517

乗鞍岳
1450

登り返せる場所を探して
徒渉する

黄瀬沼

平川市

下部は樹林帯

田堰沢

黄瀬川

逆川岳への登り

N

0 0.5km 1km

1/41500

05

焼石岳

尿前渓谷橋〜ツブ沼入口〜銀明水避難小屋〜
焼石岳〜尿前渓谷橋

● 日帰り　● 適期／3月下旬〜4月中旬

広大な焼石連峰をめぐる
ロングルート

　焼石連峰は、岩手県西南部に位置し、栗駒国定公園・真昼山地に属する標高1500mクラスの山々が連なる大きな山域だ。主峰の焼石岳をはじめとして、東北特有のおだやかな山容は、静寂なスキーツアーの舞台を提供してくれる。

　ブナの原生林の滑走や静かなツーリングとともに、銀明水避難小屋などストーブが整備された東北らしい山小屋をＢＣに活用し、周辺斜面を滑るのもよいだろう。

　地形が複雑なうえ、標高1200m以上は無木立で迷いやすいため、的確な読図、ルートファインディングが求められる。上級者向けには、縦走ルートとして瀬見温泉や夏油温泉に抜けるロングルートがある。

データ

● アプローチ

東北道奥州SIC、水沢ICから国道397号を経て約40分で胆沢ダム(奥州湖)。

● アドバイス

尿前渓谷橋西端からツブ沼入口までの国道歩きが肝。2022年は4月18日にツブ沼入口まで開通しており、それ以降であれば国道歩きは不要となる。しかし、ルートの先で雪解けが進んでいると、スキーを担ぐ必要があるかもしれない。

● 2万5000分ノ1地形図

焼石岳・胆沢ダム

焼石逍遥

尿前からのルート

グレード　　　　　★★★

広大なブナ林を
スキーでめぐる山旅

　尿前渓谷橋の西端にある国道の脇に車を停め、スキーを担いで国道を小一時間歩く。途中、真っ暗なトンネルもある。ツブ沼入口から山に入るが、夏道ではなく雪のある斜面を拾いながら、ルートを外さないようにシールで登っていく。時期によっては、水流が出ていて徒渉があるかもしれない。

　金山沢川にぶつかるあたりで、30mほどの斜面を登り尾根に上がる。そこからは緩斜面のブナ林で、のんびりと登ることができる。右手に岳山を見ながら、1001mのピークを

めざして進むが、視界が悪いと迷いやすいので注意すること。若干の登り下りを過ぎ、夏道と合流するあたりから、左手に獅子ヶ鼻岳が見えるようになる。ここまで来ると銀明水避難小屋までわずかだ。

　避難小屋からは稜線沿いに真っ白なバーンが見え、どこも快適に滑れそうである。ここから横岳まで1時間、焼石岳本峰まで2時間程度である。稜線沿いから小屋までは快適に滑れる。帰路は滑りやすいルートをとりながら往路をたどる。

● 参考タイム／尿前渓谷橋(1時間)ツブ沼入口(4時間)銀明水避難小屋(2時間)焼石岳(3時間)尿前渓谷橋

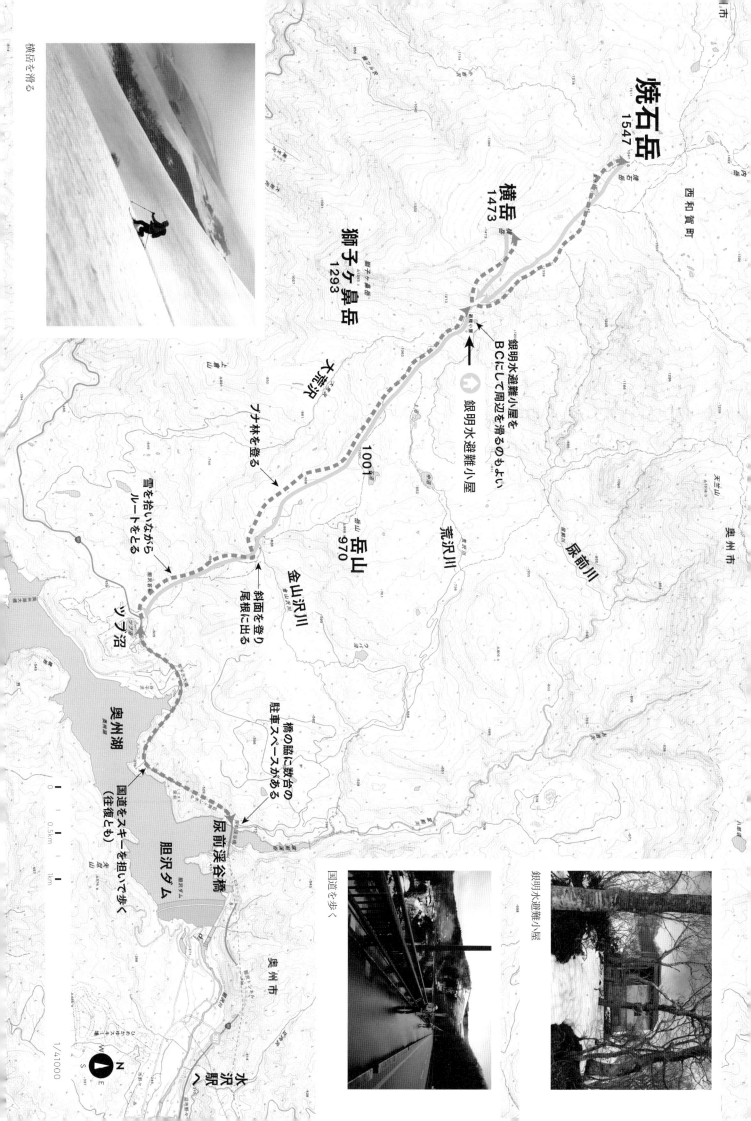

奥州市

西和賀町

焼石岳
1547

横岳
1473

獅子ヶ鼻岳
1293

銀明水避難小屋を
BCにして周辺を滑るのもよい

銀明水避難小屋

荒沢川

尻前川

大荒沢

ブナ林を登る

1001

岳山
970

金山沢川

斜面を登り
尾根に出る

雪を拾いながら
ルートをとる

ツブ沼

橋の脇に数台の
駐車スペースがある

奥州湖

尻前渓谷橋

国道をスキーを担いで歩く
（往復とも）

胆沢ダム

奥州市

水沢駅へ

横岳を滑る

1/41000

0
0.5km
1km

N
W   E
S

国道を歩く

銀明水避難小屋

06

栗駒山
くり こま

いこいの村跡〜イワカガミ平〜栗駒山〜いこいの村跡
須川温泉〜栗駒山〜須川温泉

● 日帰り　● 適期／3月下旬〜5月上旬

宮城県・秋田県の双方からアプローチできる定番ルート

栗駒山は岩手県、宮城県、秋田県の県境に位置し、東北の山スキーヤーにとって格好のフィールドである。いこいの村跡には大きな駐車スペースがあり、アクセスしやすい。イワカガミ平には避難小屋もあり、本格的な山スキーエリアはここからになる。栗駒山は強風と悪天も多く、週末山行者にとっては手ごわいこともあるが、好天であれば山頂まで続く尾根筋の往復コースは快適である。山頂には小さな社が置かれ、鳥海山、月山、焼石岳、神室山などを望むことができる。

東栗駒山経由の新湯コース、南面の御沢へ滑り、左側へ回り込んでいこいの村跡に戻るコースなどもある。

データ

● アプローチ

いこいの村跡までは、東北道若柳金成ICから県道42号を経て約45分。須川温泉までは、東北道一関ICから国道342号を経て約1時間20分。

● アドバイス

いこいの村跡からイワカガミ平までの道路および須川温泉までの道路は、2022年の場合は4月28日で冬期閉鎖が解除となり開通している。そのため、須川温泉からのルートは、GW以降となる。

● 2万5000分ノ1地形図

栗駒山

焼石岳をバックに滑る

① いこいの村跡からのルート

グレード　★★★

栗駒山の定番ルート

いこいの村跡の大きな駐車スペースに車を停めて、道路の右側をシールで登る。1時間もかからずにイワカガミ平の避難小屋に着く。天気がよければたくさんの登山者、スキーヤーが尾根筋を登るのが見える。

東栗駒山への夏道を右に分けると、新湯沢が右へ屈曲するところをトラバース気味に横断する。雪が少ないとブッシュに難儀するかもしれない。ここを過ぎると、頂上直下から続く大斜面で、左側を登ると頂上に出る。

大斜面はとても快適に滑れるので、1本ではもったいないくらいだ。あとは往路をたどり滑ると、1時間もあれば起点に到着する。

● 参考タイム／いこいの村跡（45分）イワカガミ平（2時間）栗駒山（1時間）いこいの村跡

② 須川温泉からのルート

グレード　★★★

GW以降のショートルート

須川温泉の無料駐車場に車を停め、温泉脇から源泉地帯をスキーを担いで登る。雪が出てきたらシール登高に切り替え、雪原となっている名残ヶ原、昭和湖と、おおむね夏道ルートを登っていく。稜線に出ると山頂まで雪はないので、スキーをデポして、山頂を往復する。

スキーをデポした稜線から昭和湖あたりまでが滑れる斜面。傾斜も緩やかなのでのんびり滑走できる。時間があれば稜線から虚空蔵山側の斜面を滑って登り返したり、昭和湖に面する剣岳の斜面を登って滑ってもよい。あとは往路を須川温泉へと戻る。

● 参考タイム／須川温泉（1時間30分）栗駒山（1時間）須川温泉

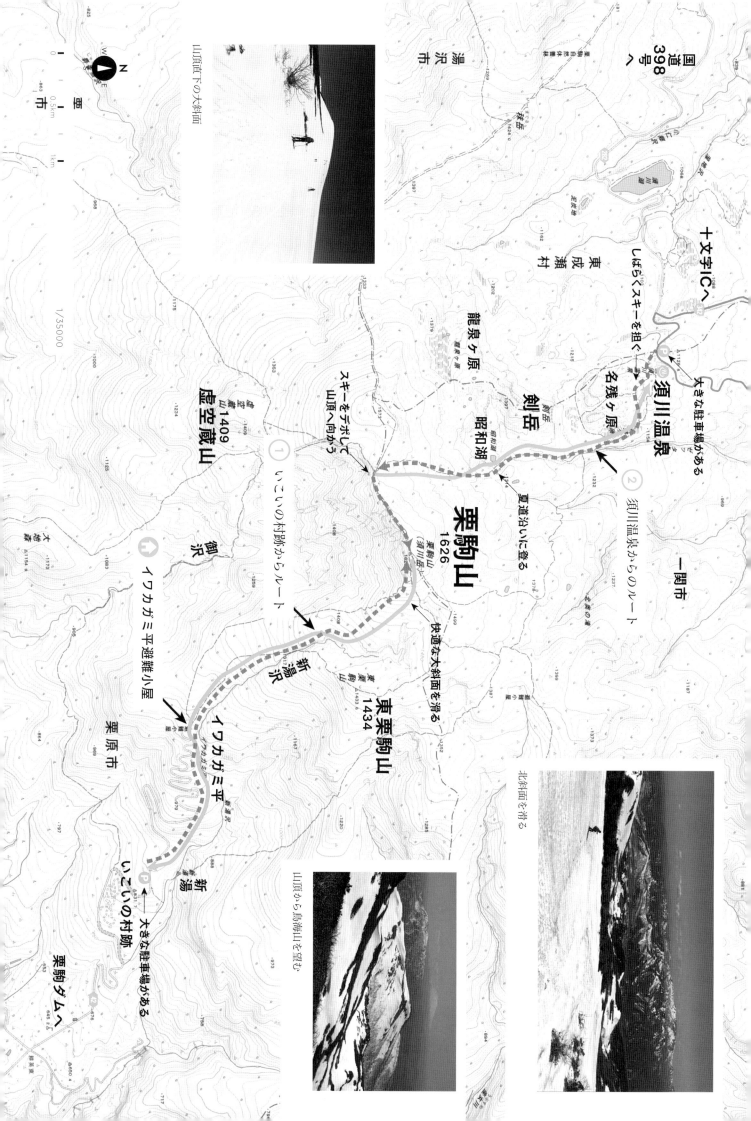

国道398号へ

栗駒山麓自然休養林

小仁郷沢

湯沢市

東成瀬村

須川温泉

十文字ICへ

大きな駐車場がある

しばらくスキーを担ぐ

名残ヶ原

② 須川温泉からのルート

一関市

山頂直下の大斜面

龍泉ヶ原

剣岳

昭和湖

夏道沿いに登る

栗駒山
1626
栗駒山
（須川岳）

スキーをデポして
山頂へ向かう

① いこいの村跡からのルート

虚空蔵山
1409

御沢

快適な大斜面を滑る

東栗駒山
1434

北斜面を滑る

新湯沢

イワカガミ平避難小屋

イワカガミ平

栗原市

山頂から鳥海山を望む

いこいの村跡

大きな駐車場がある

栗駒ダムへ

1/35000

N

0 0.5km 1km

07

鳥海山／北面ルート

祓川〜七高山〜新山〜祓川

● 日帰り ● 適期／4月下旬〜5月上旬

新山の北壁を滑る

　鳥海山は秋田県と山形県にまたがる標高2236mの独立峰。秋田側の登山口は矢島口、猿倉口、象潟口、百宅口があるが、山スキーの対象となるのは矢島口と象潟口が一般的である（百宅口は除雪されないため雪解けの状況によっては、5月中旬以降となる）。

　矢島口の祓川までの除雪が完了するのはGWごろのため、その時期が山スキーの対象となる。山スキーは七高山の往復が一般的だが、新山の北面を滑ると麓からでも滑った斜面が眺められ、優越感に浸ることができる。またその独特の姿から、東北の名だたる山からもその存在を確認することができる。

データ

● アプローチ

日本海東北道酒田みなとICから国道7号、県道58号を経由し約1時間30分で祓川。

● アドバイス

連休中の祓川の駐車場は混雑が予想されるので早めの到着をおすすめする。早朝の路面は凍結しているので慎重に運転しよう。新山からの滑り出しは急なため、気温が上がらず雪がゆるんでいないときは、北面滑走はあきらめて七高山から祓川に戻ること。北壁を滑って祓川に向かう場合は、沢が複雑に入り組んでいるためルートファインディングを確実に。

● 2万5000分ノ1地形図

鳥海山

稲倉岳をバックに北面を滑る

七高山・新山ルート

グレード　　　★★★

新山の急峻な北壁を滑る

　祓川の駐車場から、雪原となっている竜ヶ原湿原を抜けて、ダケカンバの生い茂る懺悔坂、そしてタッチラ坂を過ぎると斜度もない御田に着く。目の前の急斜面を登ると七ツ釜避難小屋となる。避難小屋に着けばほぼ半分、ここからひと登りで七高山の山頂が見える。登るにつれて斜度が増してくるので、ジグを切りながら舎利坂を登りきると七高山に着く。ここまでで雪がゆるんでいない場合は、新山には向かわず往路を戻るのが賢明な判断となる。

　条件がよければ七高山からスキーをザックにつけ、夏道に沿って新山に向かう。残雪がある場合は慎重にクライムダウンしよう。コルまで下りたら再びシール登高で新山へ。新山近くの適当な場所にスキーをデポして山頂を踏む。新山からは雪がつながっている場所まで移動してスキーをつける。

　滑り始めは急斜面で転倒しないよう慎重に、斜度が緩むと広い斜面を自由に滑ることができる。赤川源頭部を横断し、崖マークの下部を通過して石禿川、白雪川の源頭部はヤブこぎとなる（ヤブこぎが嫌なら残雪を滑って、適当な場所から登り返して祓川に戻る）。

　ヤブこぎは沢が複雑に入り組みアップダウンを交えるので、確実なルートファインディングで祓川に戻る。

● 参考タイム／祓川（1時間30分）七ツ釜避難小屋（2時間）七高山（30分）新山（1時間30分）祓川

新山の北面を滑る

.904

飯ヶ森
·1199

竜ヶ原湿原

祓川
P

竜ヶ原湿原
祓川ヒュッテ
懺悔坂
祓川神社
タッチラ坂
赤滝

白雪川

石禿川

·1256

△1402.3

矢島口

棚池
·1231

猿倉

·1351

·1117

赤川

残雪が少ないときは
ヤブこぎをして進む

·1286

·1316

·1572

御田

避難小屋

七ツ釜滝

七ツ釜避難小屋

·1351

·1396

·1694

·1939

残雪の状況に応じて
スキーを装着する場所を
確保する

舎利坂

七高山をバックに滑る

鳥海山

新山
2236

荒神ヶ岳
2236

2229.0

七高山

·1732

·1634

千蛇谷

·2005

大物忌神社

大物忌神社

稜線からのクライムダウンは
雪の状態によって慎重に

避難小屋

文珠岳

伏拝岳

·2159

屏風岩

行者岳

湯ノ台へ

0   0.5km   1km   1/19000

N
W E
S

08

鳥海山／南面ルート

鳥海公園青沢線〜滝ノ小屋〜伏拝岳〜鳥海公園青沢線

●日帰り　●適期／4月下旬〜5月上旬

伏拝岳の広大な南面を滑る

鳥海山は秋田県と山形県にまたがる標高2236mの独立峰。山形側の登山口は吹浦口、長坂口、万助口、二ノ滝口、湯ノ台口、蕨岡口などがあるが、山スキーの対象となるのは吹浦口と湯ノ台口が一般的である。湯ノ台口からの場合は、行者岳、伏拝岳および文殊岳が対象となる。

湯ノ台口からの山スキーは除雪してある湯の台温泉からとなるが、GWになると雪解けが進み標高650mからが対象となる。東北でこれだけの標高差と広大な斜面は他に類を見ないので、一度は滑っておくことをおすすめする。

データ

●アプローチ

日本海東北道酒田みなとICから県道59号・366号・368号を経て湯ノ台まで約50分。さらに鳥海公園青沢線に入り、標高650m（自然融雪終了点）まで約10分。

●アドバイス

その年の雪解けの状況により、どこまで行けるかが決まる。駐車場はないので路肩に駐車するが、ほかの車の妨げにならないこと。それゆえ早めの到着がおすすめ。東北にはまれな標高差1500m弱を登るため早発ちする。滝ノ小屋から上は、目標物となる立ち木などがない。ガスに巻かれた場合は、GPSなどを利用して確実に位置確認をすること。広大な斜面を滑るときは、2カ所あるハイマツの尾根を横断するポイントを見失なわないように。

●2万5000分ノ1地形図

鳥海山、湯ノ台

広大な伏拝岳南面を登る

伏拝岳コース

グレード　★★★

伏拝岳の広大な斜面を自由に滑る

鳥海公園青沢線の雪解け終了点から林道沿いに歩き始め、780m付近からブナ林の中に入り、草津川と荒木川に挟まれた尾根をひたすら登ることになる。ブナ林を抜けると、まもなく滝ノ小屋も近くなるが、小屋には寄らずそのまま右方向にルートをとる（行者岳に行く場合は滝ノ小屋の横を通り八丁坂を登る）。

鹿俣川の源頭の平らな場所で今日のルートを再確認しておく。登っていくとハイマツで雪渓が寸断されているが、ハイマツの薄いところを選んで乗り越して次の雪渓に移動する。すぐにまたハイマツが現われるが、ここも薄いところを選んで乗り越える。すると、広大な斜面が現われる。ひたすら稜線をめざして登るが、なかなか景色が変わらない。我慢しながら一歩一歩登っていくと、雪渓が細くなっていき、ひと登りで稜線に着く。ここにスキーをデポして伏拝岳を往復することになる。

デポ地に戻り滑ることになるが、はじめは幅が狭いため小回りで滑り、徐々に広い斜面になると、どこでも自由に滑れる。あまりにも気持ちよく滑ることができるので、ハイマツを乗り越す場所を通り過ぎないように注意したい。ハイマツの尾根を2カ所越えたら、朝のトレースを確認しながら往路を戻る。

●参考タイム／鳥海公園青沢線650m（2時間）滝ノ小屋（3時間）伏拝岳（1時間）滝ノ小屋（1時間）鳥海公園青沢線650m

1/29000

遊佐町

鳥海山 鳥 海 山
2236
新山
荒神ヶ岳 2236 七高山
2229.0 七高山
2229

干蛇谷 干蛇谷 伏拝岳
大物忌神社
伏拝岳

文珠岳 文珠岳 行者岳
2005 伏拝岳 行者岳 2159

稜線に着いたらスキーをデポして
伏拝岳を往復する

1822

1700m付近でハイマツを越え、
次の雪渓に移動する

1620m付近でハイマツを越え、
次の雪渓に移動する

酒田

八丁坂 八丁坂

白糸ノ滝 白糸

鶴間池
鶴間池

鹿俣川

滝ノ小屋

荒木川

広大な伏拝岳南面を滑る

草津川

道路から外れて
ブナ林に入る

748

鳳来山
858

鳥海公園青沢線

残雪の状況に応じて
駐車する

鳥海公園青沢線を登る

湯の台温泉、酒田市街へ

酒田

09

月山／姥ヶ岳・湯殿山

リフト上駅〜姥ヶ岳〜石跳川〜湯殿山〜南面〜
湯殿山〜石跳川〜県立自然博物園

● 日帰り　● 適期／4月中旬〜下旬

姥ヶ岳と湯殿山（南面、東面）を滑る

　姥ヶ岳と湯殿山は、日本百名山で知られる月山に連なる山である。豪雪地帯であるため雪で覆われた山はどこでも滑ることが可能。特に湯殿山は登山道がないため、残雪期限定で登ることができる。頂上からの眺めも抜群で、月山や朝日連峰、遠くには庄内平野を隔てた鳥海山の姿が美しい。

　また、月山スキー場までの除雪は4月から始まるので、利用できるのは中旬以降となる。それ以前は志津の集落からの登高となり、姥ヶ岳と湯殿山を連続滑走するには体力と時間が必要となる。

データ

● アプローチ

山形道月山ICから国道112号、県道114号を経て約30分で月山スキー場の姥沢駐車場（有料）へ。

● アドバイス

姥ヶ岳と湯殿山を連続して滑走する場合は、始点と終点が異なるためマイカー2台、または公共交通機関（事前にバスの時刻およびバス停を調べ、その時間に間に合うように行動する）を利用することになる。また、単独の場合は石跳川から駐車場にじかに戻ることも可能。豪雪地帯の常として春になるとクラックができるので、落下しないようにして注意して滑りたい。

● 2万5000分ノ1地形図

湯殿山

湯殿山の東面を滑る

姥ヶ岳・湯殿山コース

グレード　★★★

姥ヶ岳と湯殿山の連続滑走

　駐車場から月山スキー場に向かうと、運がよければスキーを雪上車でリフト乗り場まで運んでくれることもある。シールでゲレンデを登ってもいいが、月山スキー場のリフトを利用すれば1時間ほど短縮してゲレンデトップに着くことが可能。姥ヶ岳までは朝日連峰をバックにひと登りで着く。なだらかな頂上で月山、鳥海山、これから向かう湯殿山を眺められる。はじめは緩やかな斜面の南に延びる尾根を滑り、ハイマツが切れた地点から沢状の急斜面に入る。時期が遅いとクラックがあるので注意する（ロープなどが張ってある場合は、さらに南尾根を滑って石跳川に降りる）。

　石跳川で登るルートを確認してからシールを貼る。はじめは急登のためジグを切って登るが、なだらかになり月山が見えてくると頂上も近い。頂上では鳥海山や月山を眺めてからスタート。南面へよい斜面が続き、ノンストップで400mほど滑って斜度が緩くなったら登り返す。3度目の登りは疲れた足にはこたえるが、頑張って頂上に立つ。東面は雪庇が発達しているのでブロック雪崩に注意し、雪庇の切れ間から滑り込む。はじめは急だが徐々に斜度も緩み石跳川に着く。石跳川沿いを滑って県立自然博物園に向かう。

● 参考タイム／リフト上駅（30分）姥ヶ岳（30分）石跳川（1時間30分）湯殿山（20分）南面1100m（1時間30分）湯殿山（20分）石跳川（30分）県立自然博物園

1/20000

·1281

·1386

·1530

姥ヶ岳
1670

·1688

·1523

丹生舘泉

湯殿山神社

1038

·1262

薬師岳

·1421

·1500

姥ヶ岳

仙人岳

·1265

リフト上駅

·1099

湯殿山
1500
湯殿山

雪庇に注意

時期によっては
クラックが
入っているので注意

·1482

月山リフト

月山ペアリフト

西川町

1500

·1285

石跳川

·1102

斜度がなくなったら
登り返す

ブス沼
ブス沼

·1120

·1050

月山スキー場

·1167

姥沢

石跳川

·1008

·1015

カワクルミ沼
カワクルミ沼

·1041

皮松谷地

·1082

田代沢橋

朝日連峰をバックに姥ヶ岳を登る

△953.1

県立自然博物園

·865

県立自然博物園

·879

·812

月山ICへ

784

四ツ谷川

10

村山葉山

畑〜小僧森〜大僧森〜葉山〜大僧森〜小僧森〜畑

● 日帰り　● 適期／4月

雄大な月山を眺めながら滑る

葉山は寒河江市の最高峰（1462m）で、かつては出羽三山のひとつに数えられたこともある霊峰。平安時代から修験の山として知られている。全国各地にある葉山と区別するために村山葉山と呼ばれることもある。

東には山形盆地を挟んで船形山から蔵王山の山並みが続き、西には月山から朝日連峰の山並みが見られる山岳展望の山である。

また、近くには夏スキーで有名な月山があるため、静かな山スキーを楽しむことができる。

データ

● アプローチ

山形道寒河江ICから国道112号、県道286号、広域農道を経て約40分で畑の集落。広域農道は自己責任で通行すること。

● アドバイス

登山口までのアプローチは除雪が完了しても雪崩などの危険があるため、ゲートが設置されている。自己責任で畑集落まで入ること。滑りを楽しむ場合は、主稜線には何本かの沢があるので、それらをつなげて連続滑走も楽しめる。また、東面は偏西風による雪庇が発達しているので、あまり近寄らないようにすること。それとともにクラックにも注意する必要がある。

● 2万5000分ノ1地形図

葉山

大僧森、小僧森を振り返る

葉山コース

グレード　★★★

畑から葉山の爆裂火口の稜線を楽しんで滑る

除雪された駐車場からなだらかな葉山キャンプ場を抜けてコルに向かう。コルから尾根に取り付き、ブナ林にジグを切って登る。気持ちのいいブナ林を登っていくとブナも疎林となり聖仏平に着く。振り返ると真っ白な月山が優美な山容を見せてくれる。ひと登りで夏のお花畑に着くが、そこには行かず巻くように小僧森とのコルに向かう。稜線に着くと、これまで登ってきた尾根と違って爆裂火口の急峻な尾根が連続して見られる。小僧森へは、見た目よりも急な尾根で右がスッパリ切れているの

で、あまり寄らないようにして登る。

大僧森のピークはシールのまま通過し、葉山頂上に到着する。葉山の頂上から西面を滑って遊んでもいいが、時間がない場合はシールのまま大僧森に戻る。ここでシールを剥がして、斜面を200mほど滑ってから小僧森に登り返すことにする。小僧森から今日一番の滑りを楽しむが、アッというまに沢が狭くなり、左岸沿いに滑っていく。大僧森沢と出合うとまもなく斜度も緩くなり広い場所に出る。ここでシールを貼り100mほど登り返すと、朝に登ってきたコルに到着。あとは、ひと滑りで駐車場に戻ることができる。

● 参考タイム／畑（2時間）小僧森（1時間）葉山（15分）大僧森（45分）小僧森（50分）コル（15分）畑

葉山
1462
△1462.1

葉山神社

大僧森
1428
・1428

1428mピークを踏まずに
シールのまま葉山の頂上をめざす

小僧森
1407
・1407

・1298

適当なところで登り返す

・1234

雪崩に注意

大僧森沢

・1358

ピークを踏まずにトラバースする

△1277.9

・914

・968

聖仏平
1243

・1243

・1100

コル
1021
・1021

・808

・1025

立岩

853
・852.6

葉山キャンプ場

実沢川

・759

畑

実沢川

P

△851.0

・802

N
W　E
S

△819.2

0　　　0.5km　　　1km　　1/17000

寒河江市街へ

小僧森を滑る

聖仏平から朝日連峰と月山を望む

11 村山葉山／富並927m峰

大鳥居〜三枚平〜富並927m峰〜大鳥居

● 日帰り　● 適期／1月中旬〜3月下旬

豪雪の里山で遊ぶルート

　1980年代に発行された山スキーのガイドブックに、大鳥居から葉山（村山葉山）を往復するルートが紹介されている。927m峰はこの途中にあり、国土地理院の地図に標高だけが記されている。

　本ルートは距離が短く、山頂の標高が1000m以下である。それでも、雪の多い地域にあるので、延々とラッセルを続けて深い粉雪を滑降すれば、間違いなく充実した山行になる。山頂に立てば、雪に覆われた尾花沢の町が一望できる。この景色に出会うのが、このルートのもうひとつの魅力である。

　残雪期になり雪が安定したら、本書で紹介している葉山（村山葉山）まで縦走すれば、同じ山域の違った姿を見ることができる。

データ

● アプローチ

東北中央道村山本飯田ICから県道36号を経て、村山市大鳥居まで約10km、約15分。

● アドバイス

大鳥居周辺の駐車スペースは限られている。人がいたならば、ひと声かけて確認し、問題にならないように注意しよう。禿岳、神室連峰などが少し北にある。遠方から出かけるならば、これらの山々での活動と組み合わせると、より充実するだろう。

● 2万5000分ノ1地形図

富並

尾花沢方向の眺め

大鳥居から富並927m峰往復

グレード　★★★

樹林帯の粉雪ルート

　集落の人に迷惑をかけないように、車を停めたら、大鳥居の集落の先の除雪終了点から歩き始める。ちょうど、ここに清水が湧き出ているので、雪に埋もれていなければ汲んでいくとよい。富並川左岸の林道を進み、橋を渡った先が三枚平。国土地理院の地図にはその先に"雪の観音郷"と書かれている。周辺は開拓の跡地で、昭和51年まで人が住み、小さな学校まであったようだ。

　棚田があったと思われるなだらかな斜面を越えた先から、植林の尾根に取り付く。927m峰までは標高差500mほどである。厳冬期には、ラッセルになるが、滑りの楽しみを思い浮かべ頑張って登る。登っていくにつれて、木々がカラマツからブナに変わる。

　山頂付近は開けているので、尾花沢方向の雪景色を楽しんでから待望の滑降。少し南側の斜面を紹介しているが、登った尾根を滑ってもいい。さらに、先を進み反対側の斜面を滑るなど、いろいろ楽しめそうだ。短いルートなので、登り返して複数回滑ることも可能である。"雪の観音郷"にまつわる開拓については、ネットに情報があるので調べてみてはどうだろうか。

● 参考タイム／大鳥居（2時間30分）富並927m峰（1時間）大鳥居

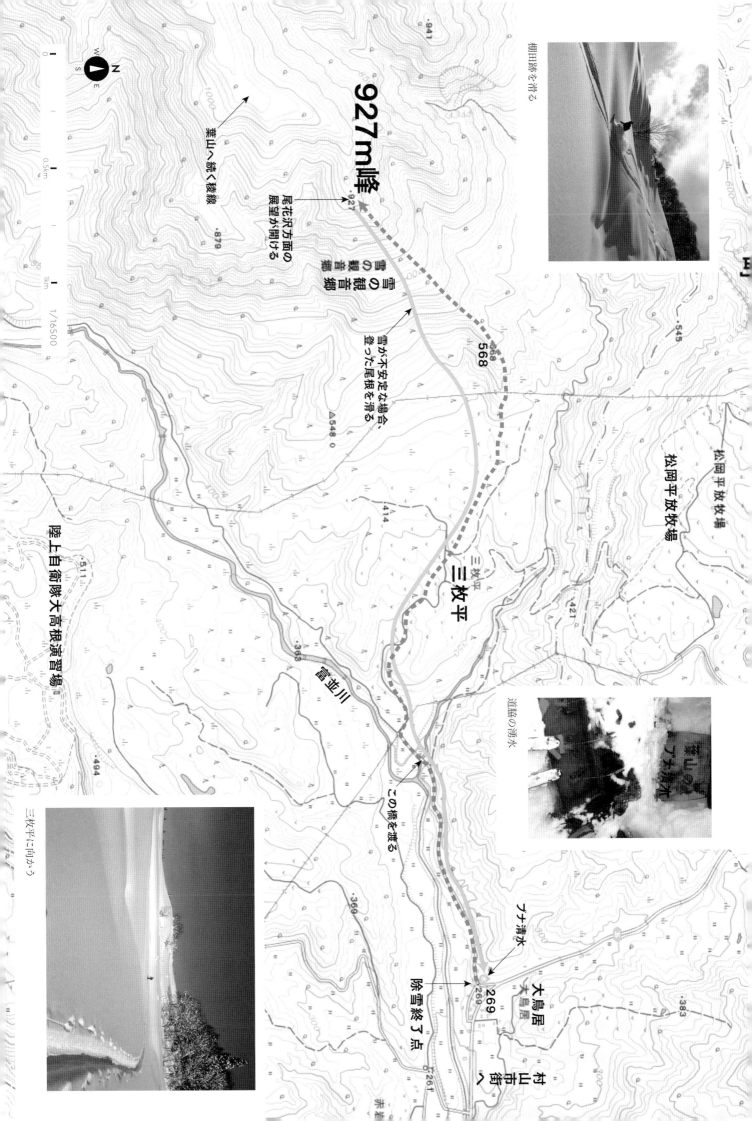

棚田跡を滑る

927m峰

雪の観音郷

尾花沢方面の
展望が開ける

雪が不安定な場合、
登った尾根を滑る

葉山へ続く稜線

568

△548.0

414

三枚平

松岡平放牧場

松岡平放牧場

陸上自衛隊大高根演習場

富並川

この橋を渡る

道脇の湧水

ブナ清水

大鳥居

村山市街へ

除雪終了点

269

三枚平に向かう

N

0　　0.5km　　1km

1/16500

941

.879

.511

.494

.545

.421

.369

.383

.261

12

白太郎山
しろたろう

五味沢〜白太郎山〜五味沢

● 日帰り　● 適期／1月中旬〜3月下旬

山頂から展望と
ブナの森を楽しむ

　白太郎山は、山形県西置賜郡小国町の北方に位置し、朝日連峰の登山口手前にある山だ。山形県の山岳・観光関係者が選定した「やまがた百名山」のひとつでもある。夏道はなく、積雪期のみ行くことができる。過去にあまり紹介されてこなかったが、地元の岳人には古くから、山スキーのルートとして親しまれてきたようである。

　山形県山岳連盟の積雪期登山訓練や、地元NPO法人によるスノートレッキング活動も開催されている。登山口近くの路側帯に4台程度停められるスペースがあるので、民家の前の路側帯には駐車しないようにする。また、除雪車のじゃまにならないような位置に駐車すること。

データ

● アプローチ

東北中央道米沢北ICから国道121号・239号を経て約1時間20分で五味沢。

● アドバイス

公共交通機関だけでも行けるが、東京方面から向かう場合は、JR小国駅から現地までの行動スケジュールを含めて検討しておく必要がある。マイカー利用の場合、路肩駐車時に除雪作業や地元の人の車利用などのじゃまにならないように配慮が必要である。

● 2万5000分ノ1地形図

徳網

白太郎山頂上から見た祝瓶山

五味沢から往復ルート

グレード　　　　　★★★

静かな山を楽しむ

　登山口近くに除雪のじゃまにならないように車を停めて出発する。山頂まで尾根筋にたどれば、特に難しい斜面はないので、それほど困難な状況にならずに頂上に立てる。

　とはいっても、降雪状況や時期によってはラッセルを強いられるケースも想定される。もともと夏道が存在しない山で、樹林が続くので、ルートの確認は怠らないようにしたい。

　山頂からは全方向が見渡せ、特に祝瓶山は眼前に見える。天気がいい日なら時間をかけて展望を楽しんでから滑ることをおすすめする。周囲を見渡せば、朝日連峰、飯豊連峰
いわいがめ
いいで

がよく見える。

　滑りは、登ってきた尾根で楽しめる。厳冬期にラッセルして登れば、パウダーの滑走ができるかもしれない。樹間が狭い箇所では、飛ばしすぎに注意すること。

　JR小国駅からは、冬季でも町営バス北部線が登山口の約4km手前にある、白い森交流センター「りふれ」バス停まで運行している。また、登山口に最も近いバス停の徳網へは、週1回木曜日しか運行されていない。
とくあみ

● 参考タイム／五味沢側道脇駐車スペース（2時間30分〜3時間）白太郎山（1〜2時間）同駐車スペース

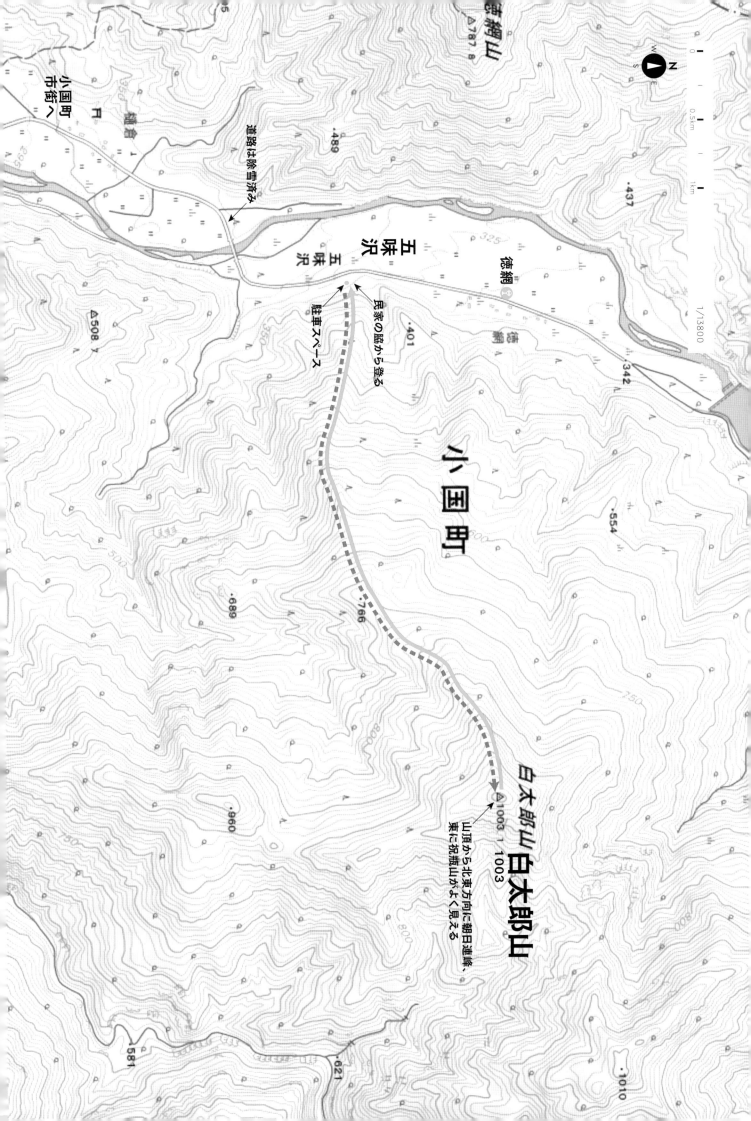

小国町市街へ

△787.8
毒網山

△489

道路は除雪済み

1/13800

五味沢
五味沢

駐車スペース

民家の脇から登る

△508.7

.401

徳網

徳網

.437

.342

.554

.1010

小国町

.689

.766

.960

△581

.621

白太郎山 白太郎山

△1003 1
1003

山頂から北東方向に朝日連峰、
東に祝瓶山がよく見える

13

舟引山・冷水山

菖蒲〜舟引山北側鞍部〜冷水山〜蔵王ライザワールド

● 1泊2日　● 適期／2月上旬〜3月中旬

蔵王の森で遊ぶルート

グレード ★★★

　以前、勤務先の関係で山形県内の岳人と山スキーの交流をする機会があった。そのときに「午前中の天候を見て、午後から近くの里山に出かける」という、まるで皇居ランナーがランニングをするようなノリで出かけていることを聞いた。

　そこで、機会を設けて、テントを担いで里山1泊山スキー行を行なった。コースは、山形側南蔵王から蔵王ライザワールドスキー場に向かうルートである。あくまでも粉雪の、軽い雪質の雪山を堪能することが目的で、必ずしも滑走や風景を楽しむ場所ではない。

データ

● アプローチ

東北中央道山形上山ICから国道13号、県道263号を経て約40分で上山市菖蒲。下山後はシャトルバスで入山点に戻る。

● アドバイス

入・下山口が異なるので、JRかみのやま温泉駅を始・終点とし、2台で行く。1台は駅周辺駐車場に停め、2台目は登山口で除雪最終地点である、菖蒲の先の橋周辺に駐車。スキー場に到着したらシャトルバスで駅まで行き、菖蒲まで戻って車を回収する。ルート上の側溝に注意（本文参照）。

● 2万5000分ノ1地形図

蔵王山

冷水山から蔵王ライザワールドに向かう

1日目

菖蒲〜舟引山北側鞍部

　菖蒲地区の除雪最終地点の橋にじゃまにならないように車を停める。まず林道伝いに登り始める。木々が多く生えており、なかなかショートカットができない。しばらくすると、雪国の常態かもしれないが、林道の上部からスノーモービルの音が響いてきた。やがて10台程度のスノーモービルのグループと、林道の二股部分で出会った。そこから尾根筋に登って進む。このあたりに来ると、木々もややまばらになってくる。

　幕営地を舟引山の北側の鞍部にすることに決め、設営した。周囲は木々で囲まれており、展望はよくない。設営時には、時期によっては、踏み固めることが必要かもしれない。2月中旬の実行時は、膝上まで潜る程度の乾燥した粉雪だった。

● 参考タイム／菖蒲（1時間30分）林道二股（1時間）舟引山北側鞍部

2日目

舟引山北側鞍部〜冷水山〜蔵王ライザワールド

　幕営撤収作業完了後、少し下っていくと、左側から用水路と思える側溝があった。深雪にもかかわらず速い水流で、左の山形側を見るとトンネルもあり、落ちるとかなり危ない状態だ。いったん宮城側に向かって進むと、こちらにもトンネルがあったのでその上を通過した。地形図を見ると、宮城側の一枚石沢から小さな分水嶺を越えて山形側のカン沢につながっている。その後は尾根筋をたどって、冷水山へ向かう。ほどよい疎林帯であり、森を楽しむ風景としてもなかなかいいと感じた。

　ほどなく頂上に着くが、相変わらず展望は悪い。頂上から蔵王ライザワールドへは、問題なく行ける。その後はシャトルバス（1日2便）やタクシーで市内まで戻る。

● 参考タイム／舟引山北側鞍部（2時間30分）冷水山（30分）蔵王ライザワールド

蔵王沢

中丸山
・1562

・1246

左又沢

・886.1

右又沢

・967

かみのやま温泉へ

・1062

蔵王野鳥の森

観音滝

仙人沢

不動滝

・1279

・1545

避難小屋

・1022

蔵王ライザワールド

蔵王高原坊平

蔵王ライザワールド

・1460

蔵王高原坊平

上
山
市

・968

・811

・882

冷水山
△1339.6

冷水山
1340

一枚石沢

一枚石沢

・1254

ヨシカリ沢

・1092

・862

・919

・1101

・1191

・830

カラ沢

水路あり。
滑落すると危険！

高森山
△924.6

・986

・886

・1105

カン沢

1泊目／⛺幕営地

・916

舟引山
△1172.5

舟引山
1173

・757

林道二俣

・1207

・636

・838

・1012

・1181

横川

駐車地点

須川

須川

・763

・1039

菖蒲

菖蒲

・656

・1064

かみのやま温泉へ

・1025

上
山
市

・933

・836

・1203

・704

・943

・1187

・1238

N
W E
S

0 0.5km 1km

1/25000

・1108

14

飯豊川横断連続滑降

飯豊梅花皮荘〜梅花皮小屋〜薬師岳〜大日岳〜
御西小屋〜飯豊川〜烏帽子岳〜飯豊梅花皮荘

● 2泊3日　● 適期／4月下旬〜6月上旬

飯豊川を横断して、
飯豊連峰の最高峰の
大日岳へ登り、飯豊川本流を
源頭から滑降する
熟練者向きのコース

グレード ★★★

　梅花皮小屋より洗濯沢出合への滑降標高差約1100m、洗濯沢出合より大日岳までの登高標高差約1200m。そして、御西小屋より洗濯沢出合までの滑降標高差約1200m、洗濯沢出合より烏帽子岳までの登高標高差約1200m、梅花皮小屋より国民宿舎飯豊梅花皮荘までの滑降標高差約1500mと、体力、技術ともに試されるコース。それだけに達成したときは、飯豊連峰の展望とともに、大きな満足感が得られることだろう。

データ

● アプローチ

東北中央道米沢北ICから県道239号、国道113号、県道260号を経て、飯豊梅花皮荘まで約1時間20分。または、日本海東北道荒川胎内ICから国道113号、県道260号を経て約50分。JR小国駅から路線バスで約40分。

● アドバイス

1日目は長丁場の登りで、梅花皮小屋は混雑するので、なるべく早く出発したい。梅花皮小屋で1日を休養にあて北股岳の斜面で遊ぶのもよい。3日目は飯豊川本流を滑るので、雪崩を警戒して一気に滑り降りる。そして、安全圏の烏帽子岳への登りの斜面に入ってから休むようにする。

● 2万5000分ノ1地形図

長者原・飯豊山

1日目

飯豊梅花皮荘〜石転ビ沢〜梅花皮小屋

　雪が豊富であれば、国民宿舎飯豊梅花皮荘の前の橋を渡ったところからスキーをつけて車道を温身平まで行く。ブナ林を抜けると堰堤がある。ここが温身平である。北股岳がよく見える。温身平からは梅花皮沢にコースをとる。2つ目の堰堤から夏道の登山道に入る。雪が詰まっていれば登山道から沢に下りられる。沢を進むと正面が台地状になっているところが梅花皮滝のある滝沢なので、右にコースをとる。

　入り門内沢を正面に見て進む。入り門内沢出合まで行くと左手に沢が開けてくる。これが石転ビ沢である。濃霧時などは、入り門内沢に入り込まないように注意する。石転ビ沢は、北股岳から門内岳の稜線にかけてデブリが出ているので沢の中央を登る。石転ビ沢の上部は急登になるので慎重に登ろう。急登では電光登高を繰り返さなければならないので、アイゼンに履き替えるのもよいだろう。その場合は、斜面が夕方4時を過ぎるとクラストし始めるので、早めに判断して急登になる前の地点で行なうようにする。梅花皮小屋は稜線に出たところにある。

● 参考タイム／飯豊梅花皮荘(1時間30分)温身平(3時間)石転ビ沢の入り門内沢出合(3時間10分)梅花皮小屋

2日目

梅花皮小屋〜飯豊川本流横断〜大日岳〜御西小屋

　小屋前から100mほど烏帽子岳への縦走路を登り、斜面に出たところでスキーをつける。

　最初は烏帽子岳の西側の鞍部あたりまでトラバースを続けてから下降を始める。早朝の斜面はアイスバーンで、スキーはよく滑り回転が容易だが、気を抜かずに降りる。400mほど下ったあたりの急斜面をトラバースして、今度は烏帽子岳東側の鞍部より発する沢筋の斜面にコースをとる。標高1200mあたりは広大な平地状なっている。これより下は疎林の斜面である。洗濯沢出合まではもうひと息である。

　1200m付近を降り、洗濯沢出合で飯豊川本流を渡る。出合は雪渓が割れて本流の流れがのぞいている場合があり慎重に横断する。スキーを外しひもで引っ張るかシートラーゲンで赤谷沢右岸の尾根に取り付く。200mほど登ってから休憩するのが安全だ。小屋を出発してから初めての休憩になるだろう。前方には主脈縦走路がスカイラインとなって眺められ、滑ってきた南面の斜面がパノラマのように広がっている。

　ゆっくりと休憩したらシールをつけて出発する。支尾根が左側に派生する標高1100mあたりはヤブとなるために右手の沢にトラバースして入り迂回する。再び1400mの場所

御西小屋から飯豊主稜を望む

で元の尾根に合流する。まもなく大日岳北面の広大な斜面に出る。9時ごろになると本流に落下するブロック雪崩の崩壊音が響き渡るのが聞こえるだろう。

薬師岳の肩より大日岳・御西小屋への縦走路に出る。西大日岳に着いたらシールを外し大日岳へ向かう。緩やかな斜面のため歩いてもよい。大日岳からの下りは急斜面である。雪質が悪かったり、ガスに包まれたときなどは、慎重に滑り降りる。文平ノ池の手前でシールを付け御西小屋まで歩く。

● 参考タイム／梅花皮小屋（1時間10分）洗濯沢出合（10分）飯豊川本流横断（3時間30分）薬師岳（1時間）大日岳（1時間）御西小屋

3日目

御西小屋〜飯豊川本流〜石転ビ雪渓〜飯豊梅花皮荘

早朝に小屋の前からスキーをつけて滑降を始める。アイスバーンにスキーは飛ぶように滑るだろう。滝谷沢のあたりからデブリがひどくなる。両岸の崖には今にも落ちそうな雪の塊が付いている。斜面が緩くなっても休まずに先に進む。

飯豊川本流を滑り洗濯沢出合の雪渓が割れているところに着いたらスキーを外し、ただちにひもで引っ張るかシートラーゲンで右岸の尾根に取り付いて50mほど登る。大木のそばで休憩をとるのがよいだろう。

この休憩で、上着も脱いで薄着になってゆっくりしよう。

ここから烏帽子岳まであまり顕著でない尾根上にコースをとって登る。途中、ブロック雪崩の崩壊音が聞こえるだろう。標高1400mあたりまで来たらシールをつけて烏帽子岳まで登り、シールを外す。稜線上を鞍部まで滑り、ここから梅花皮小屋までトラバースする。梅花皮小屋からは石転ビ雪渓をビュンビュン飛ばして国民宿舎飯豊梅花皮荘まで滑る。梅花皮荘で温泉に浸かりさっぱりするとよいだろう。

● 参考タイム／御西小屋（5分）飯豊川本流（50分）洗濯沢出合（3時間20分）烏帽子岳（40分）梅花皮小屋（5分）石転ビ雪渓（2時間30分）飯豊梅花皮荘

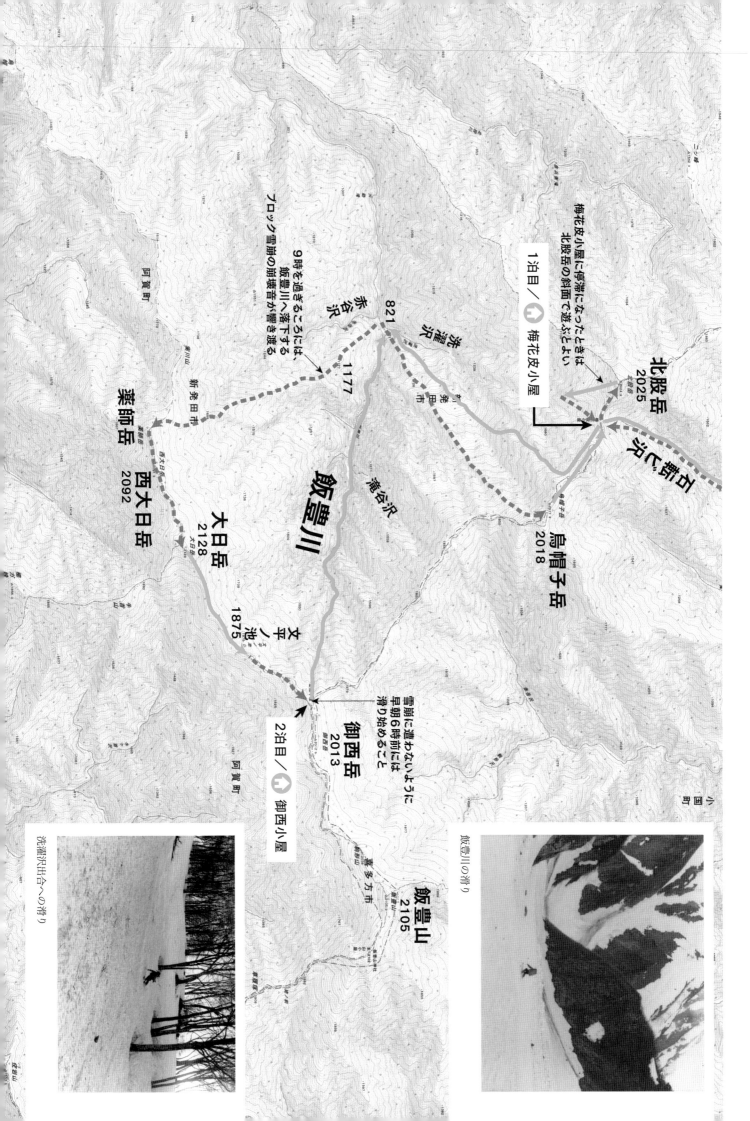

北股岳 2025

石転び沢

烏帽子岳 2018

1泊目／ 梅花皮小屋

梅花皮小屋に停滞になったときは北股岳の斜面で遊ぶとよい

洗濯沢

赤谷沢

821

1177

新発田市

阿賀町

薬師岳

西大日岳 2092

大日岳 2128

飯豊川

滝谷沢

文平ノ池

1875

9時を過ぎるころには、飯豊川へ落下するブロック雪崩の崩壊音が響き渡る

御西岳 2013

2泊目／ 御西小屋

雪崩に遭わないように早朝6時前には滑り始めること

飯豊山 2105

阿賀町

喜多方市

小国町

飯豊川の滑り

洗濯沢出合への滑り

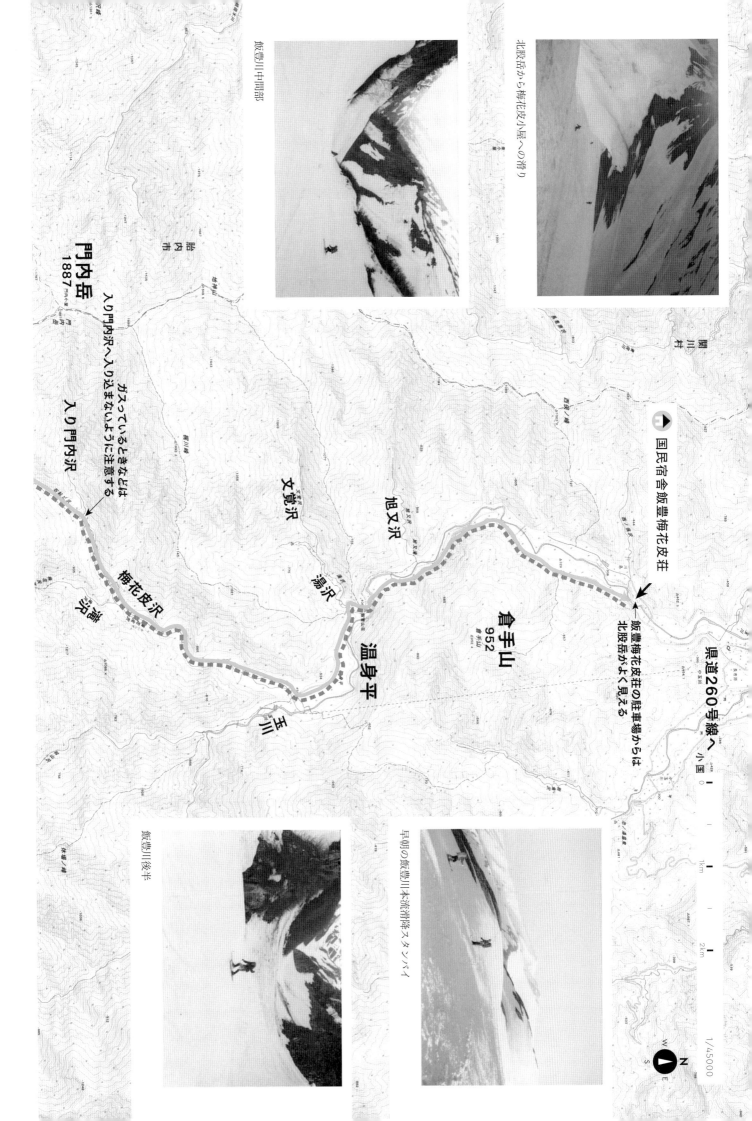

北股岳から梅花皮小屋への滑り

飯豊川中間部

門内岳
1887

入り門内沢

梅花皮沢

滝ノ沢

文覚沢

旭又沢

温身平

湯沢

玉川

倉手山
952

国民宿舎飯豊梅花皮荘

県道260号線へ

飯豊梅花皮荘の駐車場からは
北股岳がよく見える

1/45000

入り門内沢へ入り込まないように注意する
ガスっているときなどは

早朝の飯豊川本流滑降スタンバイ

飯豊川後半

15

西大嶺・西吾妻山
にし だい てん / にし あ づま

グランデコスノーリゾート～西大嶺往復
グランデコスノーリゾート～西大嶺～ボス大嶺～同スキー場
グランデコスノーリゾート～西大嶺～西吾妻山～同スキー場

● 日帰り ● 適期／1月中旬～3月中旬

変化に富んだ多彩なルート

　裏磐梯エリアでも、登山者や山スキーヤーに屈指の人気を誇る西大嶺は、休日ともなると多くの登山者でにぎわう。この山の魅力はゲレンデからの好アクセス、吾妻連峰の絶景、蔵王にも勝るとも劣らない樹氷原の美しさである。

　樹氷ができることからも、この山は強風とガスになることが多い。週末などで、天候が晴れていたら、それは幸運といえよう。またオープンバーンは少なく、競争率も高い。オープンバーン滑走を望むならよその山に変えて、ここでは静かな樹林帯滑走を楽しみたいところだ。今回はそのなかでも旅の要素の強いルートと、あまり人が入らないルートを紹介する。

データ

● アプローチ
磐越道猪苗代磐梯高原ICから国道115号・459号を経て約35分でグランデコスノーリゾート。

● アドバイス
スキー場トップから登ることになるが、チケット売り場が混雑することが多い。登りがお手軽とはいえ、早めのスタートにしたい。また、ゴンドラが動いていない場合はリフトをつないで登ることになるため、チケット購入前に確認したい。

● 2万5000分ノ1地形図
吾妻山・桧原湖

やや密度の濃い樹林帯を登る

① 西大嶺往復ルート

グレード ★★★

定番人気の半日ルート

　いきなりゲレンデトップから樹林帯に入る。この山特有の密林で、滑走するにも場所を選ぶ必要がある。ほどなく、ピークらしきものが前方に見えるのだが、それは通称ニセ大嶺。尾根地形沿いを登りつつ、斜面をトラバース気味に進むと美しい樹氷が見えてくる。樹氷原を進むと、やがて山頂直下の南斜面のオープンバーンに入る。山頂はもうすぐだ。山スキーが初めてであればここをピストンするといい。人気の高い東斜面を滑って登り返してもいい。滑走の際は、登る人に気をつけよう。

● 参考タイム／グランデコスノーリゾートトップ（1時間30分）西大嶺（1時間）グランデコスノーリゾートトップ

② 西大嶺から ボス大嶺ルート

グレード ★★★

変化に富んだ バリエーションルート

　西大嶺から南斜面のオープンバーンを経て樹林帯へ。進路を西に下り、百貫清水を経て大早稲沢山へ。この山はカットして直接1428mから稜線を進んでもよい。ボス大嶺は稜線を進むと出てくる。その若干南側から東面のボウル地形に滑り込むと、短いながらも急斜面滑走が楽しめる。

● 参考タイム／グランデコスノーリゾートトップ（1時間30分）西大嶺（1時間）百貫清水（1時間30分）ボス大嶺（1時間30分）グランデコスノーリゾート

③ 西吾妻山二十日平 ルート

グレード ★★★

旅の要素を含んだ ロングルート

　西大嶺から進路を東北東にとって、西吾妻小屋の脇を通り、樹氷を縫うように登れば西吾妻山だ。冬はどこが山頂かわからない。時間に余裕があるならば小屋で休憩してもよい。二十日平へは比較的緩やかな斜面が続き、滑走が楽しめる。

● 参考タイム／グランデコスノーリゾートトップ（1時間30分）西大嶺（1時間）西吾妻山（2時間）二十日平（1時間）グランデコスノーリゾート

登高者がいないか気をつけよう

立派な看板があり、わかりやすい

16

二岐山
ふた　また

ぶな山荘〜二岐山〜ぶな山荘

● 日帰り　● 適期／12月下旬〜3月下旬

冬型に強いツリーランルート

　福島県天栄村にある二岐山は、男
岳・女岳からなる双耳峰である。標
高は1544mあり、標高差700m強
の滑走が楽しめる。特に上部は比較
的、急な斜面となっており、樹林の
間隔も適度にある。また、駐車スペ
ースからダイレクトに登って、直接
滑り込んでのゴールとなるため、山
スキー向きの山といえる。
　北西風が強い冬型の気圧配置でも
風の影響を受けにくいという地理的
特徴もあるため、ほかの山域では入
山が厳しい条件であっても、ここだ
けは風が穏やかということも多い。
麓の二岐温泉は古くからの名湯であ
るため、下山後の温泉も楽しみのひ
とつである。

データ

● アプローチ

東北道須賀川ICから国道118号を経て約1
時間で山麓。白河ICからの道もある。

● アドバイス

基本的にはピストンとなるが、左右の沢筋
に流されやすいため、特に滑走時にはこま
めに位置確認を行ない、ルートを外さない
ように注意すること。頂上直下の登りは狭
い尾根に樹林が密生しており、登りの難易
度が高い箇所がある。無理に頂上をめざさ
ず、途中から滑っても楽しめる。

● 2万5000分ノ1地形図

甲子山

上部から中間部は極上のパウダーが楽しめる。いい場所を探して思いきり滑ろう

二岐山頂上ピストン

グレード　　　　　　★ ★ ★

ツリーランを楽しむ

　ぶな山荘前の駐車スペースからシ
ール登高が可能。数分歩いたところ
から急登が始まり、最初は樹林の間
隔も狭いが、高度を上げるにつれ樹
間も広くなり、斜度も緩やかになる。
　いったん広い地形に出て快適に登
高できるが、頂上直下で再び斜度が
増してくる。尾根もやせてきて、木
の間を縫うように細かくキックター
ンをしながら登っていく。右手の広
い斜面に出たくなるが、先に行くと
より斜度が増すため、登りづらくて
も尾根地形を忠実にたどること。本
当に登りにくいのは、頂上直下のわ
ずかな部分である。どうしても登れ

ない場合は、頂上をめざさずに途中
からの滑走でも充分だ。
　頂上付近は比較的開けており、視
界がよければ那須の山々や麓の羽鳥
湖を見渡すことができる。冬型の気
圧配置のときは、頂上付近は強風の
ため、一段下がったところで滑走準
備を行なおう。木々や深い雪のため
斜度を感じづらいが、比較的急な斜
面が続くため、滑走前の雪質の確認
は慎重に行ないたい。急斜面かつ直
線的なルートであるため、滑りだし
てしまえばあっという間である。滑
走時に登高ルートを大きく外さない
ように注意。パウダーの日はすばら
しいツリーランが楽しめる。下部は
樹林が濃いため、方向の見誤りと木
の根などに気をつけよう。最後は駐
車スペースの手前まで滑れる。

● 参考タイム／ぶな山荘（3時間）二岐山
男岳（1時間）ぶな山荘

　文・写真／阿部弘志、児島トール

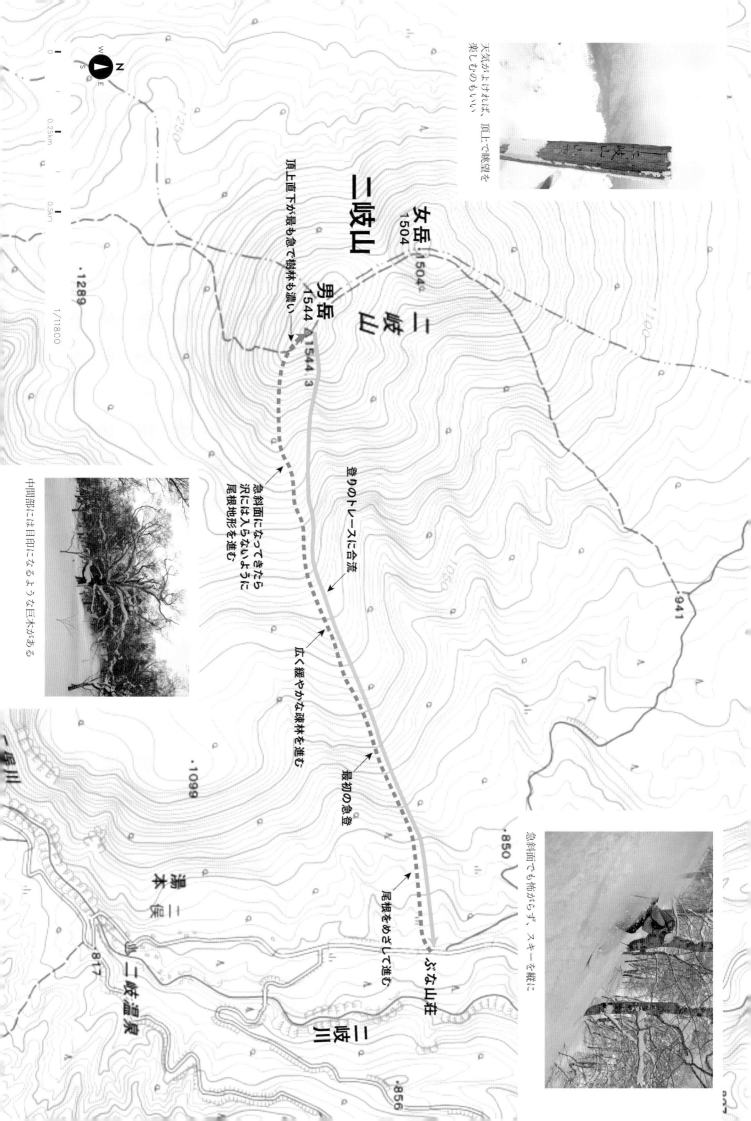

天気がよければ、頂上で眺望を
楽しむのもいい

二・二・四。

二岐山

女岳 1504
△1504

男岳
△1544 1544.3

頂上直下が最も急で樹林も濃い→

急斜面になってきたら
沢には入らないように
尾根地形を進む

登りのトレースに合流

広く緩やかな疎林を進む

最初の急登

尾根をめざして進む

ぶな山荘

中間部には目印になるような巨木がある

急斜面でも怖がらず、スキーを縦に

二岐川

湯元荘

二岐温泉

二岐川

・941

・850

・856

・817

・1099

・1289

・1254

1/11800

W N E
S

0

0.25km

0.5km

17

会津朝日岳
いわなの里〜叶ノ高手〜会津朝日岳〜
叶ノ高手〜赤倉沢〜いわなの里

●日帰り　●適期／4月

静かな山スキーを楽しむ

　会津朝日岳は1700mに満たない山にもかかわらず豪雪で知られる福島県只見町に位置するため、遅くまで残雪が残る。ブナ原生林の新緑と残雪、一面に染まる紅葉の時期はこの山のいちばんいい季節となる。また、アバランチシュートで削られた山肌は標高が低いものの急峻な山容をなしている。

　交通の便が悪く、冬季には新潟に通ずる六十里越が通行できなくなるために、訪れる人はさらに少なくなる。そんな会津朝日岳で、変化に富んだ山スキーを楽しむことができる。

データ

●アプローチ

東北道西那須野塩原ICから国道400号・289号を経て約2時間30分でいわなの里へ。いわなの里では、了承を得てから駐車すること（有料）。4月下旬にはいわなの里まで除雪されるが、それ以前は積雪量によって除雪状況が変化する。

●アドバイス

会津朝日岳は情報が少ないので、無雪期に一度登って山の概要を把握しておくと安心だ。人見ノ松までのブナの原生林は地図で見るよりも急斜面で、雪崩が発生する可能性があるので注意。尾根上に出てからは雪庇が発達しているので、クラックへの滑落や踏み抜きなどに気をつけて登る。

●2万5000分ノ1地形図

会津朝日岳

会津朝日岳を振り返る

赤倉沢ルート

グレード ★★★

叶ノ高手を経由して
赤倉沢を滑る

　いわなの里から夏の駐車場に向かう。駐車場からだと赤倉沢を渡る橋は取り外されているので、徒渉するか、少し上流まで行きスノーブリッジを利用して対岸に渡る。荒禿沢は雪が少ないときは徒渉して赤倉沢の左岸に渡る。その後、豪雪地帯を彷彿とさせるデブリで覆われた赤倉沢を登り、途中で沢から離れてブナの原生林になると斜度も増してくる。

　ジグを切りながら我慢の登りが続き人見ノ松に着く。ここから稜線歩きとなり、叶ノ高手までは片側がスッパリ切れているので慎重に行動しよう。叶ノ高手でシールを剥がしてもいいが、アップダウンがあるので、そのまま雪庇を熊ノ平まで進み小幽沢カッチに向かう。最後の急斜面にジグを切ってヤセ尾根に着き、ここにスキーをデポして頂上に向かう。

　山頂で山岳展望を楽しんだあとは滑りになるが、出だしは急なので慎重に。慣れれば大胆に小餅葉沢の源頭まで滑り、適当な場所から叶ノ高手に登り返す。いったん下って、次のピークでシールを剥がし赤倉沢に滑り込む。沢は曲がって先が見えないのでスピードは出せない。見通しが利くようになるとナメ滝が出ていることがあるので注意。ここを過ぎるとデブリに荒れた斜面を滑り、いわなの里に戻る。

●　参考タイム／いわなの里（3時間）叶ノ高手（2時間）会津朝日岳（1時間）叶ノ高手（1時間）いわなの里

叶ノ高手越しの会津朝日岳

小幽沢カッチから滑った斜面を振り返る

デブリで荒れた赤倉沢

会津朝日岳
1624

長須ヶ玉

長須が玉

会津朝日岳

朝日岳避難小屋

避難小屋

鋸刃
鋸刃

小幽沢カッチ

小餅掾沢

熊ノ平

叶ノ高手
1430

人見ノ松

小幽沢

接線に着いたらスキーをデポして
会津朝日岳を往復する

雪庇に注意

シールのまま滑ってもよい

叶ノ高手からは

雪庇に注意

叶の高手

950m付近のナメ滝が
出ているときは
慎重に行動する

荒売沢

赤倉沢

国道289号へ

赤倉沢の橋は取り外されているので
雪渓を利用して対岸に渡る

いわなの里

沼ノ沢

白沢山

1/21000

0 0.5km 1km

18

窓明山

国道352号＆401号〜窓明山〜
巽沢山〜国道352号＆401号

●日帰り　●適期／1月中旬〜3月中旬

美しいブナの原生林を
堪能できるルート

　高速道路からは遠いが、名峰への
アクセスが多彩な檜枝岐村は、一年
中たくさんのスキーヤーや登山者で
にぎわっている。

　このあたりの山の特徴は、国道か
らのアプローチの序盤に急斜面がや
ってくるところだ。いきなりくる難
所と言っても過言ではない。しかし、
その急斜面を登りきって見られる美
しいブナの林に心が奪われることだ
ろう。ブナ林が似合う山はたくさん
あるが、このエリアは屈指の山域だ。
大きな山、大きな斜面、美しい林と、
山スキーの魅力が三拍子そろったエ
リアである。

データ

●アプローチ

東北道西那須野塩原ICから国道400号・
121号・352号を経て約1時間40分で小豆
温泉。

●アドバイス

この山域に共通していることは、国道か
らのアプローチのため、駐車スペースが少
ないこと。除雪や交通のじゃまにならないよ
う注意をしたい。また、スタート直後に急
斜面の登りがやってくるため、早めにレイ
ヤリングを調整したいところだ。

●2万5000分ノ1地形図

内川

快適な中斜面は、あっという間に滑走する

窓明山から巽沢山へ
抜けるルート

グレード　★★★

体力勝負のロングルート

　国道から、急な斜面を尾根地形に
つめ上げる。いきなりしんどい登り
を我慢して尾根に登ると、斜度が一
定になって、途端にラクになり、き
れいなブナ林に突入する。ここは、
最初の見どころといえよう。

　さらにブナ林に癒やされながら標
高をつめていく。やがて林を抜ける
と斜面が途端に開けてくる。三ツ岩、
窓明山に抜ける稜線がしっかりと見
えてくるはずだ。右手にはすぐにで
も滑りたくなるような魅力的な斜面
が出てくる。その脇を登っていくと
三岩岳との分岐となる。時間と体力
が問題なければ、三岩岳のピストン

を加えてもよい。分岐を北に窓明山
への稜線は、風でうねりがあり登り
にくい場合もある。片側が雪庇にな
ることが多いので移動には注意が必
要。シールをうまく使って登るとや
がて窓明山の山頂に到着する。晴れ
ていれば絶景が堪能できる。

　窓明山からの滑走は快適そのもの。
みるみる標高を下げることになる。
家向山への登りは最後の頑張りどこ
ろ。さっさとシールで登ったほうが
楽。そこから巽沢山方面へ滑り降り
る。下山は、厳冬期だと斜度が急な
うえ、遅い時間になるとクラストに
なりやすい。密林の急斜面で、最後
の難関といえよう。左右の沢は滝が
出ていることが多いので、忠実に登
山道を下るほうがいい。

● 参考タイム／国道352号＆401号（3時
間）窓明分岐（1時間）窓明山（1時間50分）
巽沢山（30分）国道352号＆401号

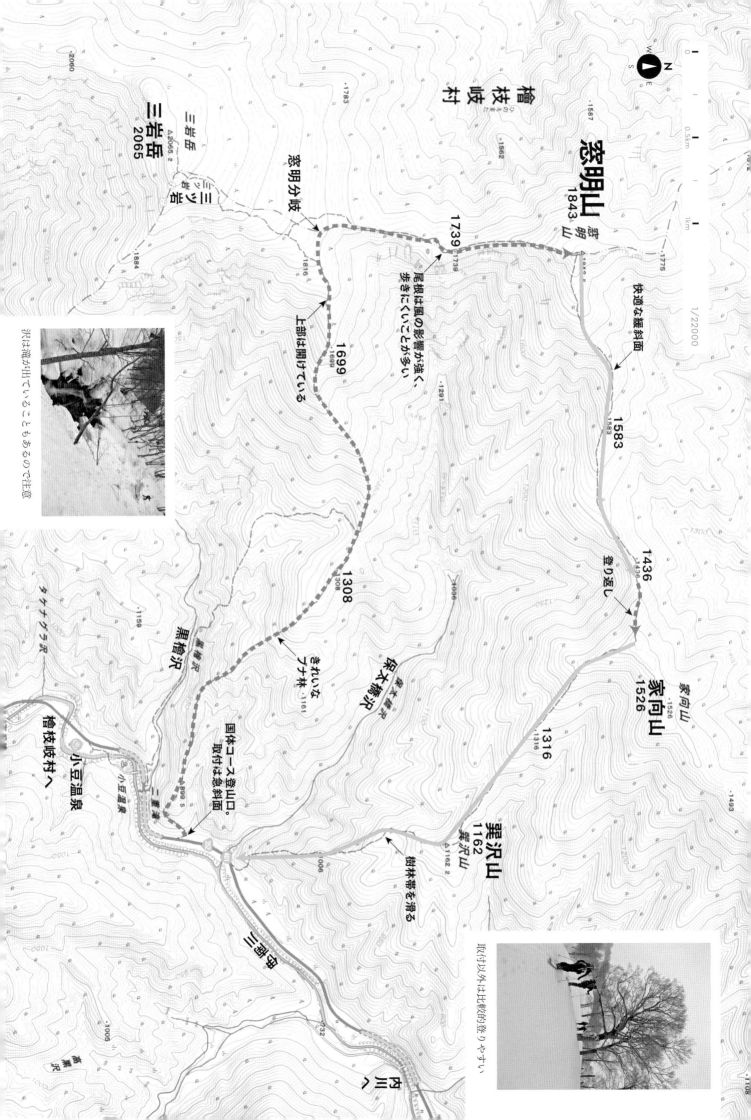

恣明山 1843

檜枝岐村

三岩岳 2065

三岩岳 △2065.2

三ツ岩

快適な緩斜面

1739

恣明分岐 尾根は風の影響が強く、歩きにくいことが多い

1699 上部は開けている

1308

沢は滝が出ていることもあるので注意

黒檜沢 黒檜沢

きれいなブナ林 ・1161

1583

1436 登り返し

家向山 1526

保太橋沢 保太橋沢

国体コース登山口。取付は急斜面

裳沢山 1162 △1162.2

裳沢山 樹林帯を滑る

取付以外は比較的登りやすい

タケナグラ沢

小豆温泉 小豆温泉

檜枝岐村へ

三国山

内川

高菜沢

1/22000

19

会津駒ヶ岳
（あいづこま）

滝沢登山口〜会津駒ヶ岳〜滝沢登山口

● 日帰り　● 適期／1月〜4月中旬

檜枝岐屈指の名峰！
人気の百名山ルート

　奥会津の豪雪地帯である檜枝岐村（ひのえまた）を代表する屈指の名峰・会津駒ヶ岳。春夏秋冬、登山者でにぎわうこの山は山スキーに非常に向いている山といえる。

　登りで見られる美しいブナ林、山頂から見渡す絶景、全体的に快適な中斜面、心地よいツリーラン、山頂直下の無木立のオープンバーンと、滑り手の欲求を大いに満たしてくれる。厳冬期はラッセルを頑張れば快適なパウダーランが楽しめることもあり、朝からラッセルを楽しむ!?人も多い。

データ

● アプローチ

東北道西那須野塩原ICから国道400号・121号・352号を経て約1時間50分で檜枝岐村。

● アドバイス

この山域全体に言えることであるが、駐車スペースには充分注意をしていただきたい。人気の山ということもあり、登山口付近の駐車可能なスペースは埋まってしまうことも多い。除雪スペース、バスや車などの交通の妨げになるような駐車はしないように気をつけよう。

● 2万5000分ノ1地形図

会津駒ヶ岳・檜枝岐

上部のオープンバーンを滑る。視界があれば自由に滑ろう

会津駒ヶ岳から
源六郎沢ルート

グレード　　　　　★★★

滑り応えのある斜面
快適な樹林帯を堪能する

　会津駒ヶ岳の滝沢登山口から林道（たきざわ）を進み、沢を渡る。その後、尾根に出るため急斜面に取り付く。檜枝岐村を中心とする山域に共通することは、スタート序盤の急斜面。ここが、いちばんの頑張りどころである。序盤の急斜面をクリアすれば、あとは一定斜度の樹林帯の登りとなり快適になる。厳冬期ともなると激しいラッセルになるが、急斜面に比べれば進みやすく、ソロでもテンポよく進めるだろう。天気がいいと燧ヶ岳が（ひうち）見え隠れする。

　忠実に尾根地形をつめていくと、

1800m付近から木が少なくなる。また、斜度も緩くなりスピードが上がることだろう。やがて山頂部が見えてくる。どこの斜面を滑るか考えながら進むとあっという間に小屋に到着。山頂まではあとわずかで、天気がよければ尾瀬や魚沼の山々（おぜ）（うおぬま）、飯豊連峰など大パノラマが楽しめる。（でいい）

　山頂は広く滑走準備がしやすいが、天気が悪いと視界が落ちるので注意が必要だ。その場合は来た道を滑ろう。天気がよければ源六郎沢へ滑り込む。（げんろくろう）厳冬期のパウダーランを当てたら、それはどこまでも滑りたくなるような斜面が続く。ただし、沢を滑り降りすぎないこと。滝が出ていることも多いので、適当なところで尾根に戻ろう。

● 参考タイム／滝沢登山口（3時間30分）会津駒ヶ岳（30分）源六郎沢（2時間）滝沢登山口

　文・写真／阿部弘志、児島トール

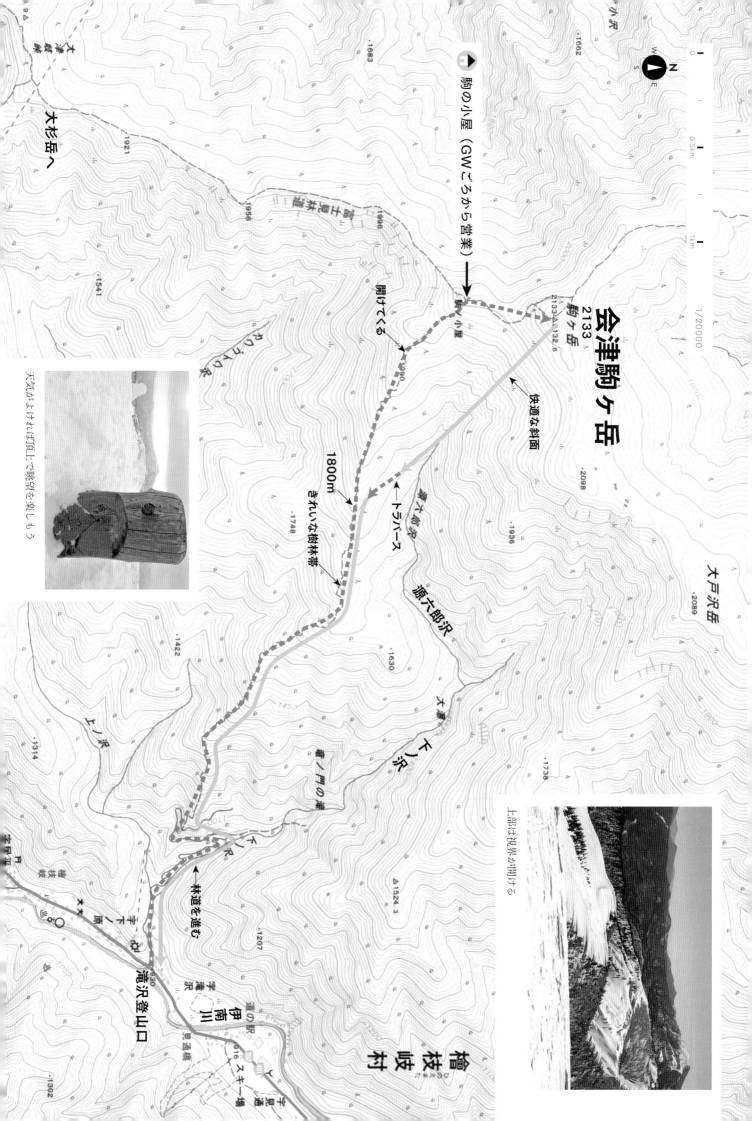

会津駒ヶ岳

駒の小屋（GWごろから営業）

会津駒ヶ岳
2133
駒ケ岳
2133△132.6

快適な斜面

源六郎沢

源六郎沢

トラバース

開けてくる

1800m

きれいな樹林帯

大戸沢岳

大杉岳へ

大戸沢岳

黒ノ門の滝

林道を進む

滝沢登山口

檜枝岐村

伊南川

天気がよければ頂上で眺望を楽しもう

上部は視界が開ける

1/20000

0   0.5km   1km

N
W   E
S

大杉岳

御池〜大杉岳〜樒平〜御池

● 日帰り　● 適期／4月中旬〜5月上旬

尾瀬御池起点の
初心者向けルート

　毎年、ゴールデンウィークの前ごろに御池までの除雪が終わると、たくさんの山スキーヤー・登山者がここから燧ヶ岳をめざし、駐車場が大にぎわいになる。大杉岳は、御池から燧ヶ岳と逆方向（北側）、会津駒ヶ岳まで続く稜線のいちばん手前にある目立たないピークである。

　檜枝岐の集落から御池へのドライブで、七入を越えると、しばらくヘアピンカーブが続き、樒平に着く。大杉岳はここの裏山でもある。大杉岳から樒平へ滑り、しばらくXC（歩く）スキー風に散策しても半日の活動。すばらしいブナの森で遊ぶことのできる初心者向けルートである。

データ

● アプローチ

東北道西那須野塩原ICから国道400号・352号を経て、檜枝岐を抜けて沼田街道を尾瀬方向に進み、尾瀬御池駐車場まで約1時間50分。

● アドバイス

同じ御池を起点にする燧ヶ岳と組み合わせて計画するとよい。天候に恵まれない、あるいは早めに天気が崩れる場合、燧ヶ岳をあきらめてここで遊ぶのもいい。御池までの除雪が終わる前でも、1日あれば七入から往復できる。

● 2万5000分ノ1地形図

燧ヶ岳

樒平付近の森を滑る

① 大杉沢ルート

グレード　★★★

展望の稜線を進み、
二本の沢を滑り樒平へ

　駐車場を出て、北側の尾根をシールで登る。針葉樹とブナの巨木が混ざる森を進む。振り返ると木々の間に燧ヶ岳と至仏山が並んで見える。局所的に斜度がきつい箇所があるが、右に左に避けて進めば、ほどなく大杉岳に着く。この先は尾根が細く、微妙なアップダウンがあり、進みにくい。右側の雪庇に注意して1871m峰まで進む。ここから七入沢の上部を滑り、1888m峰に小尾根で登り返す。

　続いて南東方向の尾根を滑り、途中から大杉沢に移る。ほどなく斜度がなくなり樒平に着く。道路の手前で沢が出ていたら、スノーブリッジを探して渡り、歩いて御池へ戻る。

● 参考タイム／御池（3時間）1871m峰（1時間）1888m峰（30分）樒平（30分）御池

② 山頂からのルート

グレード　★★★

展望を楽しんだあとに
山頂から樒平へ

　大杉岳までの登りは、先のルートと同じ。滑降は樒平の方向に向かえばどこでもよく、例えば、南東方向の尾根、この尾根の途中から西側の沢へ移る。登った尾根と山頂からの尾根の間の沢などがある。登ってきた尾根を滑ってもよい。どこも特別に危険な箇所はないので、樹間の広い場所を探して滑るとよい。

　早朝に出発すれば、滑った斜面をシールで登り返して、もう一回滑るか、樒平をXCスキー風に散策する（この場合、シールはつけなくてもいい）など、遊んでから御池に戻る余裕があるはず。

● 参考タイム／御池（2時間）大杉岳（30分）樒平（30分）御池

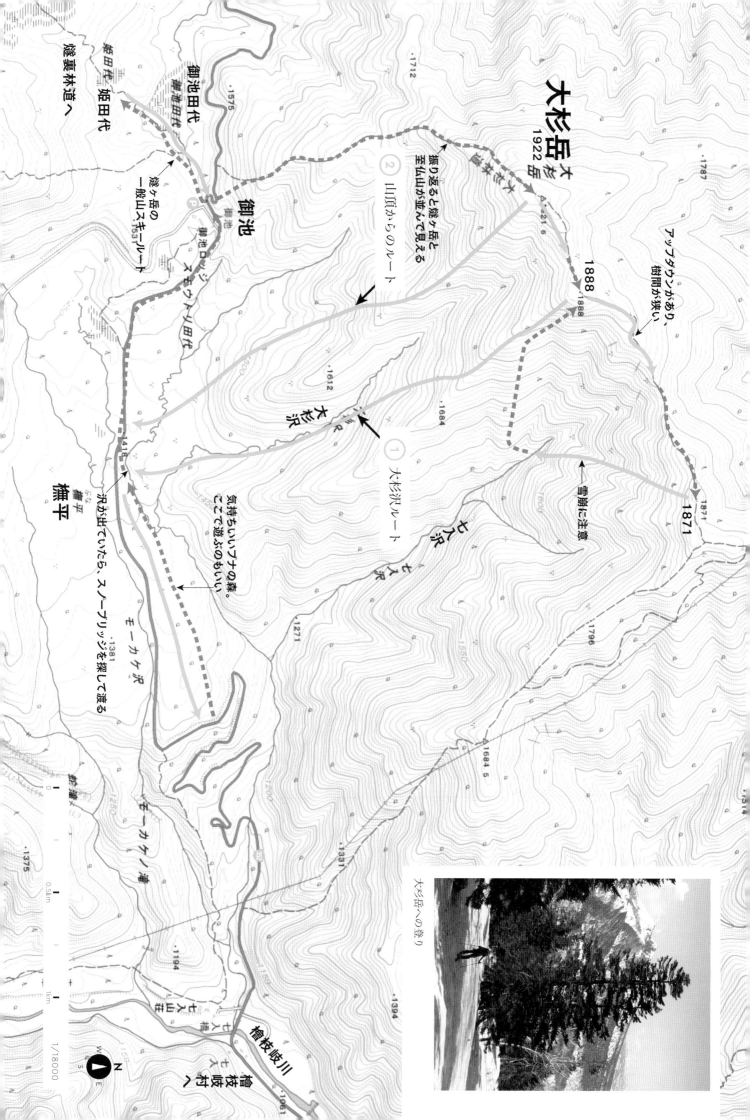

大杉岳 1922

アップダウンがあり、樹間が狭い

大杉尾根

1888

1871

雪崩に注意

② 山頂からのルート
振り返ると燧ヶ岳と至仏山が並んで見える

① 大杉沢ルート

大杉沢

七入沢

七入沢

気持ちいいブナの森。ここで遊ぶのもいい

御池

御池田代　御池田代

御池ロッジ

スモウトリ田代

燧ヶ岳の一般登山スキールート

姫田代　姫田代

燧裏林道へ

姫田代　姫田代へ

沢が出ていたら、スノーブリッジを探して渡る

モーカケ沢

モーカケ沢

橅平　橅平

モーカケノ滝

檜枝岐川

檜枝岐村へ

橅平

七入キャンプ場へ

七入　大杉橋

七入　大杉橋へ

七入山荘

大杉岳への登り

0　0.5km　1km

1/18000

N

1712　1575　1787　1888　1871　1684　1612　1271　1796　1684.5　1381　1394　1331　1194　1375　1061

た みや こう せい
田宮公成

1965年、大阪生まれ。山スキー歴34年、沢登り歴22年。尾瀬周辺を囲む新潟、群馬、福島と東北の山々を好む。夫婦共にテレマーカー＆沢ヤ。東京都調布市在住。

Column

1

山スキーと沢登りで通った
福島・群馬県境の山々

　福島・群馬県境は、只見川（阿賀野川）、利根川の源流をなす山々で形成されている。尾瀬ヶ原、日本百名山の会津駒ヶ岳、燧ヶ岳、至仏山など、夏には登山者でにぎわうが、これらは山域全体のなかでは例外的存在で、ほとんどの山に登山道はなく、原始の森である。

　このエリアに魅せられ、特にここ10年ほど通い続けている。雪の季節の山スキー、雪がない季節の沢登りは、この山域を遊びつくすのに最適な手段であり、季節を変えて同じ場所に立つことで、森や自然を深く知ることができ、感動が増した。これまでの活動の一部を紹介する。同じような活動は全国の山スキーフィールドで可能なので、トライしてみてはどうだろうか。

Part 1
群馬編

1　上州武尊山周辺
● 塗川西俣沢 G-1
山スキーは4月上旬でも粉雪滑降が楽しめ、『山スキー百山』P115で紹介。沢登りは逢瀬橋の先から山中1泊で山頂に立てる。大きな滝はなく源頭の密ヤブで苦労する。

● 薄根川川場谷 G-2
山スキーは開けた南斜面を滑るので、早い時期に天気がいいとモナカ雪で苦労する。残雪期にザラメ雪を狙うとよい。『山スキー百山』P117で紹介。沢登りは、桐の木平キャンプ場から。滑ったあたりを含めナメと小滝が連続する沢で、山中1泊で山頂に立ち、登山道で戻る。

2　笠ヶ岳・悪沢岳周辺
● 楢俣川洗ノ沢 G-3
山スキーは沢の左岸の尾根を滑る。本書でルートを紹介している。沢登りは楢俣湖畔を越えた先からで、山中で1泊して山頂に立ち、左岸の尾根の登山道で戻る。ナメがきれいな沢で難しい滝はない。源頭は湿原である。

● 笠科川引上悪沢、スリバナ沢 G-4
山スキーは雪で埋まった沢を滑る。本書でルートを紹介している。沢登りは笠科川の橋から、どちらの沢も小さなナメが連続して難しい滝はなく、日帰りで遡行可能。

どちらかを遡行して、別の沢の下降もできる。

3　鳩待峠〜三伏峠間の山々
● 小赤沢（沢登り）、アヤメ平（スキー） G-5
山スキーは富士見下から往復する。『山スキールート212』（山と溪谷社）のP120に紹介されている。小赤沢の沢登りは、津奈木橋の付近から。ナメがきれいな沢で、大きな滝がひとつある。稜線のササヤブを抜けるのに1時間ぐらいかかる。

4　白尾山、荷鞍山、皿伏山周辺
● 片品川柳沢、センノ沢 G-6
山スキーは柳沢、センノ沢とも周辺の尾根を滑る。上部は沢を滑ることも可能で、ルートは本書で紹介している。沢登りは沼田街道脇の橋から。どちらもナメが続く沢。柳沢に大きな滝があるが、簡単に巻ける。どちらも日帰りで遡行可能。

5　利根川源流域
● 利根川水長沢、割沢、楢俣川 G-7
利根川の源流域は山スキーでは行きにくく、私はまだスキーで滑っていない。至仏山から平ヶ岳へのロングルートの途中をベースにして滑ると楽しめそうである。

笠ヶ岳付近の湿原(冬)

檜枝岐村　中門岳

大津岐峠

中門岳

赤岩高山

大杉岳
大杉岳

台倉山

越後山脈

熊ノ巣山

白沢山

白沢ノ池

渋沢温泉小屋

ぶな平

重兵衛池

三条ノ滝

燧ヶ岳
燧ヶ岳

F-6

実川

水長沢
水長沢

利根郡

利根川

赤倉岳

赤倉
片沢山

景鶴山

東電小屋

温泉小屋

沼山峠休憩所

大江山

G-7

矢種山

日崎山

岳ヶ倉山

尾瀬ヶ原

尾瀬ヶ原

沼尻川

沼尻休憩所

尾瀬沼
長蔵小屋
稲荷高山

赤安山

幽の沢山

幽の沢

奥利根湖

洞元湖

楢俣川
楢俣川

奈良俣ダム

至仏山

G-4

笠ヶ岳
笠ヶ岳

湯ノ小屋温泉

G-3

木の根沢

山の鼻小屋

至仏山

中ノ原

鳩待ち

アヤメ平

アヤメ平

皿伏山
皿伏

富士見峠

アヤメ平

一ノ瀬休憩所

荷鞍山
荷鞍山

大行山

大清水小屋

G-5

鳩待峠

竜宮小屋

治右衛門池

片品村

三平峠

袴腰山

取滝

鬼怒沼

物見山

鬼怒沼

日光沢

G-6

坤六峠

笠山

堂平山

片品川

四郎岳
利根郡

車沢

唐沢山

赤沢山

丸沼温泉

宝台樹山

宝台樹山

上州
武尊山

G-1

武尊田代

武尊山

大尻沼

菅沼

日光白根山

鹿俣山

鹿俣山

獅子ヶ鼻山

前

G-2

菖蒲川福谷

玉原

玉原ダム

高手山

川場温泉

赤倉山

武尊温泉

川場村

利根郡

片品村

宇楚田峠

大立沢

小立沢

沼上山

白根温泉

仁下又沢

発知川

桜川

田代山

不動滝

水行寺山

吹割瀑

沢登り　- - - →

山スキー　──→

小赤沢のナメ滝

Column 1

山スキーと
沢登りで通った
福島・群馬県境の
山々

Part 2

福島編

中門沢で沢登り

中門沢で山スキー

1　黒谷川流域

●稲子山周辺（梯子沢）F-1

山スキーは残雪の多いGWに入山。安越又沢沿いの林道から入山し、小沢山を経て稲子山へ登り、梯子沢左俣を滑って黒谷川へ出る。沢登りは安越又沢沿いに遡行を続けて稜線へ、梯子沢右俣を下降して黒谷川に出る。

●東実入／西実入の出合 F-2

山スキーはGWにスギゾネ沢と東実入を滑って、ここに達する。一部は『山スキー百山』のP74で紹介。沢登りは黒谷の集落からしばらく車で入る。崩壊地から先は、徒歩で林道を進み、一日がかりでここに立つ。ブナの森に囲まれたゆるやかな流れが、厳しい活動を癒やしてくれる。

2　窓明山、三岩岳、会津駒ヶ岳周辺

●伊南川保太橋沢 F-3

山スキーはGWに窓明山から滑る。国道までは滑れないので、途中で登山道のある尾根に登り返す。沢登りは国道脇から入り稜線へ抜ける。10mほどのいくつかの滝と小さなゴルジュがある。

●袖沢ミチギノ沢〜御神楽沢 F-4

山スキーはGWにそれぞれの沢を何度か滑っている。滝が出てくるまでは快適斜面である。沢登りは三岩岳〜窓明山間の稜線からヤブを西方向に下ればミチギノ沢。御神楽沢の近くにゴルジュがあるが巻いて下りられる。ここから会津駒ヶ岳まで御神楽沢はきれいなナメと滝が続く。山頂直下のササヤブで少し苦労する。

●袖沢中門沢 F-5

山スキーは檜枝岐から日帰りではきつく、GWに御神楽沢の上部で1泊して中門沢を滑っている。沢登りは、ナメと小さな滝が続く。中門沢の源頭は上の写真左の坪入山をバックに登る。銀山平からのルートだと戻るのが大変で、大津岐ダムから隣の沢を遡行して尾根を乗っ越して入るルートだと、戻るのが少し楽である。

3　燧ヶ岳周辺

●硫黄沢 F-6

山スキーはGWとその後に何度か滑っている。硫黄沢の源頭を滑るルートが気持ちよい。『山スキー百山』のP79で紹介している。沢登りは七入からで、硫黄沢の下部を御池から沼山峠間の道路まで遡行する。日帰りも可能であるが、1泊してブナの森の一夜を楽しむとよい。いくつかある滝は快適に登れ、2つの大きな滝の巻きだけロープを使うほうがいい。

1/105000

沢登り
山スキー

黒谷川

東実入/西実入の出合（GW）

大博多山
▲1315

高倉山
・1574
会津朝日岳
・1624
・1206

関の

大幽山
・1401
大幽沢

恵羅窪山
・1429
丸山
・1488

小手沢山
▲1519

火燈山
・1375

布引山
・1700

丸山岳
丸山岳
・1820

F-2

駒ノ滝

稲子山

山毛欅沢山
▲1523

北沢

大内巣山
・1459

沼田街道

高幽山

高幽山
・1747

坪入山

F-1

安越又川
安越又川

倉瀬山
・1244

三仏沢山
▲1314

南沢

柚沢

坪入山
・1774

西根川

片貝沢

F-4

窓明山

窓明山
・1842

F-3

佐倉山

唐沢山
・1016

御神楽沢

沢山
・1162

獅滝

高畑山
・1294

伊南川

御神楽沢

中門沢

三岩岳

三岩岳
・2065

南会津町

飯盛山
・1364

南会津郡

中
門
沢

羽毛山
・1348

袴腰山
・1424

檜枝岐村

中ツ沢
・2060

F-5

中門岳

駒ヶ岳
・2

会津駒ヶ岳

大津岐ダム

大津岐ダム

小峠

大沢高森山
・1376

岩嵩山
・1497

大津岐峠

大津岐峠

大杉岳

大杉岳
・1922

F-6はP51に示す

ぶな平

重兵衛池

長須ヶ玉山

東実入/西実入の出合（秋）

上信越

頸城山塊

21 白尾山・荷鞍山

白尾山 (しらおやま)・荷鞍山 (にくらやま)

大清水〜荷鞍山〜大清水
大清水〜白尾山〜大清水

● 日帰り　● 適期／4月中旬〜5月上旬

尾瀬周辺で静かな滑りを楽しむ

荷鞍山と白尾山は尾瀬の鳩待峠と尾瀬沼の間に位置する目立たない山で、荷鞍山には登山道がない。例年4月、尾瀬戸倉から鳩待峠間の道路の除雪が終わると、大勢の山スキーヤーが至仏山をめざすが、この2つの山で人を見るのはまれである。

立ち木のない大斜面はないが、展望がよくて、気持ちよく滑れる樹林があり、初心者でも楽しめるエリアである。本書では、大清水まで除雪されて車で入れるようになってから、これらの山をそれぞれ往復するルートを紹介する。これでは物足りないと感じるのであれば、山を登り滑りして、2つの山を1日でつなぐ、あるいは富士見下まで滑る周回ルートをおすすめする。

データ

● アプローチ

関越道沼田ICから国道120号・401号を経て、大清水まで約1時間。

● アドバイス

例年、大清水までの道路の開通は4月中旬。この直後に滑ることをおすすめする。雪が減ると林道から尾根への取り付き（と、滑り）で苦労する。道路開通の情報は、ネットで調べられる。大清水から林道をしばらく進んでも、まったく残雪がないようなら、スキーはあきらめたほうがいい。

● 2万5000分ノ1地形図

三平峠

柳沢の左岸の尾根を登る

① 荷鞍山ルート

グレード ★★★

気持ちのよい樹林帯を登り滑る

大清水から歩き始めて、雪が出てきたらシールで進む。トマブドウ沢を越えた先の尾根の雪がつながっていれば、ここを進む。しばらくはカラマツの植林で、やがてブナの森に変わる。びっくりするくらい大きなブナが残っている。稜線手前からトラバースして山頂手前の鞍部に出るのがいい。ここここまで来れば山頂までは、すぐである。

山頂は樹林に囲まれて展望がない。滑りは、柳沢の右岸の尾根が気持ちいい。方向だけ見定めて、滑りだせば適度な樹間の森が続く。林道に出るところだけは、少し急斜面なので注意する。この尾根を登って滑るのもいい。

● 参考タイム／大清水（3時間30分）荷鞍山（1時間30分）大清水

② 白尾山ルート

グレード ★★★

燧岳の展望を楽しみ登り滑る

大清水を出て、荷鞍山へのルートからさらに三平峠方面に進む。柳沢を越えた先の尾根から山頂をめざす。台地に上がるまでが急斜面で、残雪の少ない年だと登りに苦労する。台地の先は緩やかな斜面を進む。晴れていれば、北側に目をやると木々の間に燧ヶ岳（ひうち）が見える。登るにつれ少しずつ斜度が増し、滑りが楽しみになる。最後の急斜面を登れば大展望の山頂に着く。

滑りは登ってきたルート沿い。一気に滑るのはもったいないので、台地のどこかで休憩するといい。山頂から白尾山と荷鞍山の間を流れる柳沢を途中まで滑って、尾根に登ることもできる。

● 参考タイム／大清水（3時間30分）白尾山（1時間30分）大清水

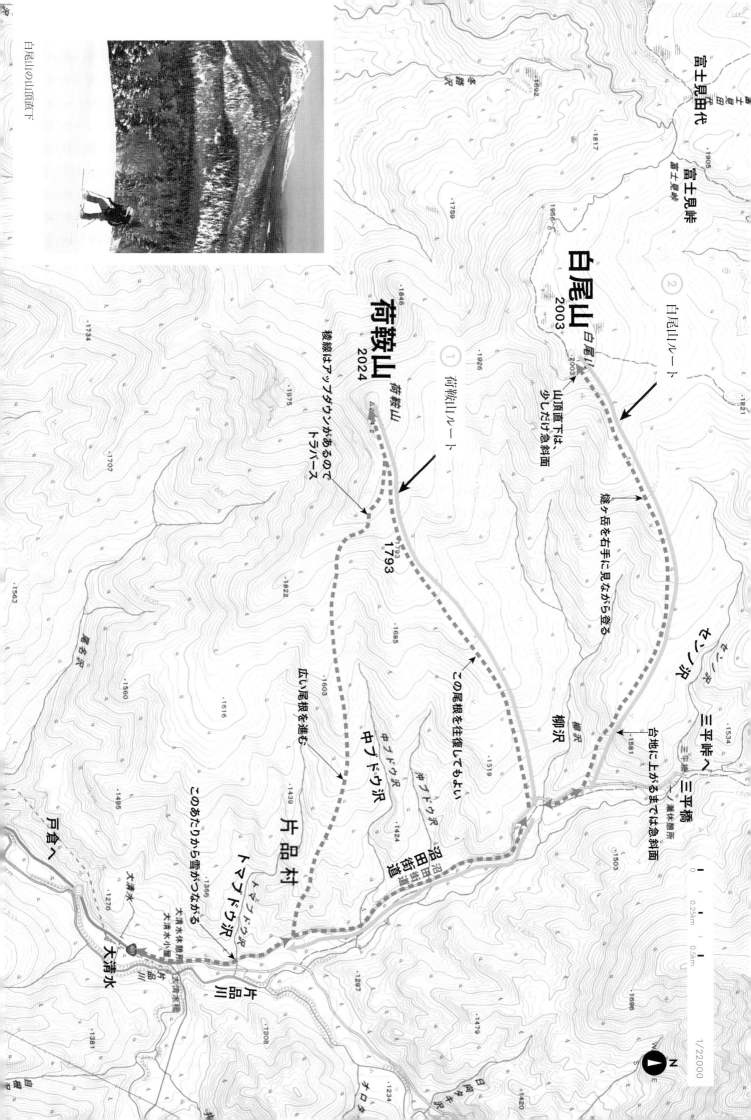

白尾山の山頂直下

富士見田代

・1905

富士見峠

富士見小屋

② 白尾山ルート

白尾山
2003

白尾山

2003

山頂直下は、
少しだけ急斜面

① 荷鞍山ルート

荷鞍山
2024

荷鞍山

稜線はアッブダウンがあるので
トラバース

1793

広い尾根を進む

燧ヶ岳を右手に見ながら登る

この尾根を往復してもよい

セン沢

セン沢

三平峠へ
三平橋

三平橋

一ノ瀬休憩所

台地に上がるまでは急斜面

柳沢

柳沢

中ブドウ沢

中ブドウ沢

片品村

沼田街道

沼田街道

大清水へ

トマブドウ沢

トマブドウ沢

このあたりから雪がつながる

片品川

片品川

大清水

大清水休憩所

大清水小屋

大清水

戸倉へ

1/22000

0 0.25km 0.5km

N

景鶴山

22

富士見下〜アヤメ平〜白尾山〜
景鶴山〜アヤメ平〜富士見下

● 1泊2日　● 適期／4月下旬〜5月上旬

尾瀬ヶ原を横断して
残雪期限定の景鶴山を滑る

グレード　　　　★★★

尾瀬の山スキーといえば燧ヶ岳や至仏山が一般的だが、いずれも入山者が多い。そこで、静かな尾瀬を楽しみながら滑れそうな場所を探すと、白尾山、景鶴山が候補に挙がる。

景鶴山は植生保護の観点から1966年より登山禁止となっている。そのため登山道もなく、残雪期以外は登頂できない(厳密には残雪期も登山は禁止だが、黙認されている)。尾瀬全域は植生保護の観点から木道などの登山道以外は立ち入り禁止になっているが、GW前後は残雪に覆われるため、普段は立ち入り禁止地域でも歩くことが可能になる。

データ

● アプローチ

関越道沼田ICから国道120号・401号を経て約50分でスノーパーク尾瀬戸倉に着く。そこから林道を約15分で富士見下に到着。

● アドバイス

残雪に覆われた尾瀬は憧れでもあるが、その年の天候などによって積雪量が変わってくるので、事前の調査をしてから入山することをすすめる。宿泊する場合は、開業する山小屋は限られるので事前に確認して予約を取ること。アヤメ平への登り返しは長沢新道を利用してもいい。

● 2万5000分ノ1地形図

尾瀬ヶ原・至仏山・三平峠・燧ヶ岳

1日目

アヤメ平から見晴へ

富士見下から林道沿いに登るが、残雪が充分あれば十二曲りはショートカットできる。途中から沢状の場所を経て、林道を離れ残雪期しか入れない田代原に入る。雪原からはこれから登るアヤメ平が彼方に確認できる。田代原を抜けてブナ林を登ると再び林道に出合うが、すぐに離れて1730mのコルをめざして登ることになる。樹相がシラビソに変わるとコルも近くなる。尾根上は見通しが利かなく、高みをめざして登るとアヤメ平に着く。

アヤメ平からは尾瀬の名峰・燧ヶ岳や至仏山、尾瀬ヶ原を挟み翌日登る景鶴山が見られる。ここでシールを剥がしてもいいのだが、移動するだけなので装着したまま白尾山に向かう。富士見田代を通り廃業した富士見小屋に着くと、林道に出合い、そのまま白尾山に向かう。

白尾山に着いたらシールを剥がし、尾瀬ヶ原に向かって滑る。広大な斜面を自由に滑り八木沢に向かう。八木沢に入ると自由度はなくなり、標高が下がると沢の流れも見えるようになる。雪割れを避けて滑っていくと斜度もなくなり、沢も開けてくるころに右岸に移動、尾瀬ヶ原の一角に出る。あとは本日の宿泊施設、見晴の山小屋へスキーを滑らせる。

● 参考タイム／富士見下(3時間)アヤメ平(1時間)白尾山(1時間30分)見晴

2日目

見晴から景鶴山、アヤメ平へ

山小屋から雪原をストレートに東電尾瀬橋へ向かう。橋は雪に覆われているが渡るには問題ない。

1538m地点を巻くように県境尾根に向かい、アップダウンを越えて与作岳に着くと、景鶴山がすっくと尖って見える。ここでシールを剥がしてもいいが、脱着が面倒なのでそのまま景鶴山の肩まで行く。山頂はヤセ尾根の先にあるので、肩にスキーをデポして空身で景鶴山を往復する。

肩に戻って、楽しみの滑降だ。滑り出しは斜度があるが、無木立で安心して滑れる。尾瀬ヶ原が近づくと斜度が落ちヨッピ吊橋に向けてスキーを滑らせる。ここは敷板が取り外されているため、スキーをザックにつけて慎重に渡る。ヨッピ吊橋を渡ったら、シールを貼ってもいいが、セン沢の取付までシートラーゲンで行っても時間的に変わらない。取付でシールを貼りセン沢を登る。途中で左岸に取り付きジグを切って登り、斜度が緩くなるとアヤメ平に着く。

アヤメ平からの滑りは、東端の雪のつながった斜面を林道へと滑り込む。林道は雪が締まっていてスキーが走るのでスピードに注意する。田代原からは前日のトレースに沿って滑り、途中から林道をショートカットして富士見下に戻る。

● 参考タイム／見晴(20分)東電尾瀬橋(2時間)与作岳(30分)景鶴山(3時間30分)アヤメ平(1時間30分)富士見下

景鶴山から燧ヶ岳、尾瀬ヶ原を俯瞰する

尾瀬ヶ原から景鶴山を振り返る

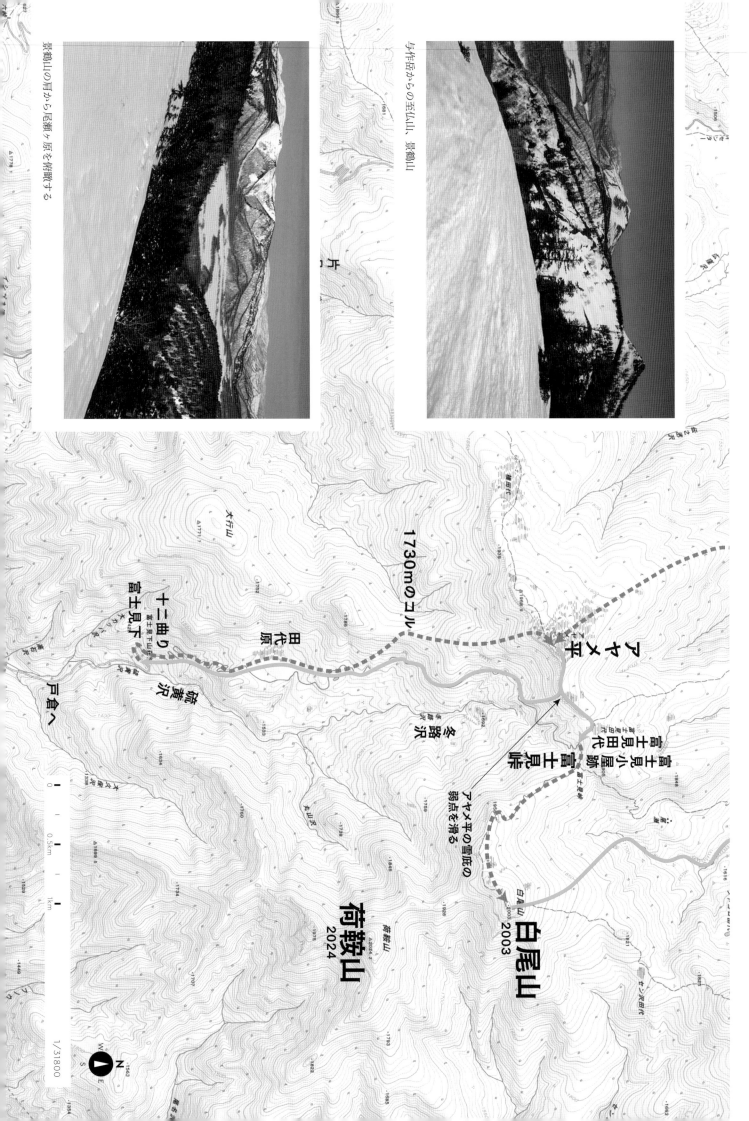

景鶴山の肩から尾瀬ヶ原を俯瞰する

与作岳からの至仏山、景鶴山

十三曲り
富士見下

富士見下山荘跡

田代原

戸倉へ

荒裏沢

冬路沢

大行山

1730mのコル

アヤメ平

富士見小屋
富士見田代屋跡

富士見峠

アヤメ平の雪庇の弱点を滑る

白尾山
2003

荷鞍山
2024

0   0.5km   1km

1/31800

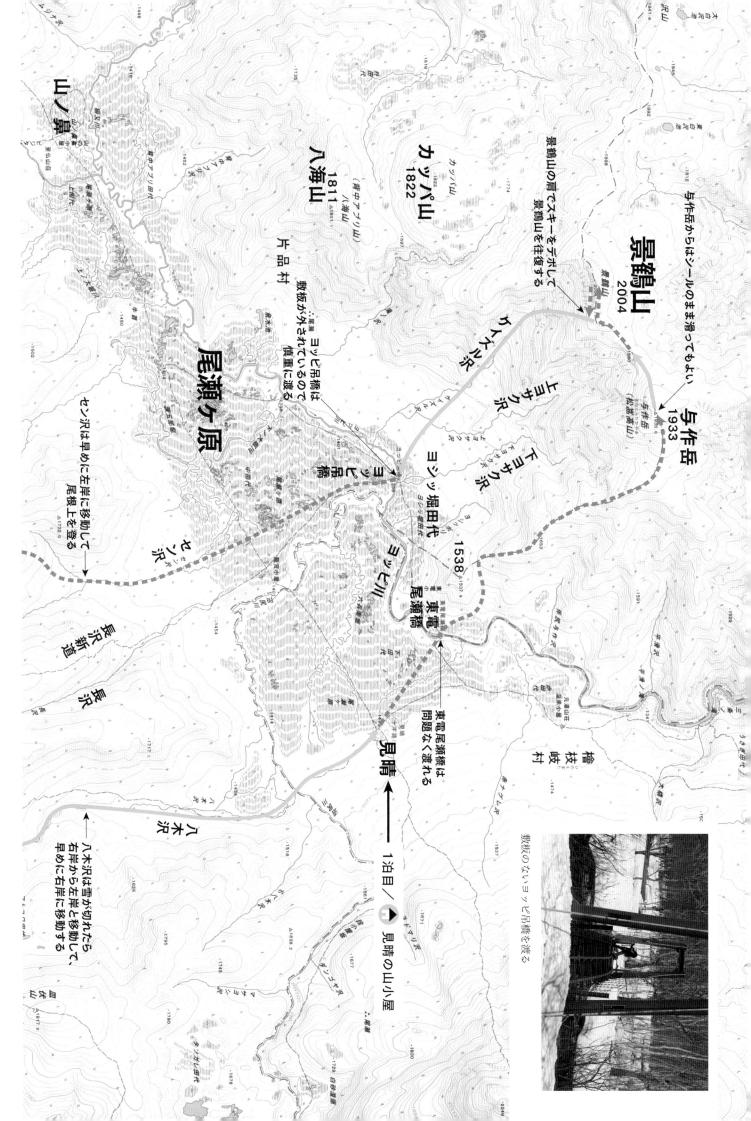

与作岳からはシールのまま滑ってもよい

景鶴山の肩でスキーをデポして景鶴山を往復する

景鶴山 2004

与作岳 1933
(松並高山)

カツパ山 1822

八海山 1811
(背中アブリ山)
(八海山△1851.Y)

片品村

尾瀬ヶ原

山ノ鼻

ヨッピ吊橋は敷板が外されているので慎重に渡る

センノ沢は早めに左岸に移動して尾根上を登る

ケイズル沢

ヨサク沢

上ヨサク沢

下ヨサク沢

ヨッピ堀田代

ヨッピ橋

ヨッピ川

1538

尾瀬橋

東電尾瀬橋は問題なく渡れる

東電

見晴

1泊目／見晴の山小屋

長沢新道

長沢

セン沢

八木沢

八木沢は雪が切れたら右岸から左岸に移動して、早めに右岸に移動する

檜枝岐村

敷板のないヨッピ吊橋を渡る

23

笠ヶ岳・悪沢岳

尾瀬戸倉～鳩待峠～悪沢岳～笠ヶ岳～湯ノ小屋温泉

● 1泊2日　● 適期／3月上旬～4月下旬

尾瀬前衛の山をつなぐ
ツアールート

グレード　　　　　　★★★

　1980年代に発行されたガイドブックに、尾瀬から笠ヶ岳を越えて湯ノ小屋温泉に抜けるルートが紹介されている。稜線沿いに進むこのルートは、アップダウンがあり快適な滑りが期待できず、滑った人は多くないと思われる。

　起点の尾瀬戸倉、終点の湯ノ小屋温泉ともバスの便があるので、これを利用して1泊2日で、より滑りを楽しむルートを紹介する。このエリア、アプローチが長く入山者が少ない。沢筋、尾根とも自由に滑降できるので、地図を見て独自のルートを組むといい。

データ

● アプローチ

関越道沼田ICから国道120号・401号で尾瀬戸倉まで約37km、約50分。下山地点の湯ノ小屋温泉へは、関越道水上ICから国道291号で約24.5km、約30分。

● アドバイス

マイカーを利用する場合は、先に湯ノ小屋温泉に車をまわしておけばいい。その際は、除雪のじゃまにならないように駐車すること。湯ノ小屋温泉まで抜けず、悪沢岳から川上川方向、笠ヶ岳から笠科川方向に滑って戻っても楽しい。

● 2万5000分ノ1地形図

至仏山・藤原

1日目

尾瀬戸倉～鳩待峠～
悪沢岳の稜線

　尾瀬戸倉のスキー場に向かう道の分岐点付近に冬期閉鎖のゲートがあり、ここから歩き始める。バスでスキー場に着いたら、そこまで車道を戻る。橋の手前まで少しだけ滑って、シールをつけて車道をひたすら進む。スノーモービルのトレースを見かけることがあり、あれば、粉雪の状態でもラッセルなしである。

　スノーシェッド付近で側壁からの雪崩にさえ注意すれば、ほかに危険な箇所はない。1泊分の荷物を背負っていると、普段のようには進まないだろうから、ゆっくり進めばいい。津奈木橋付近で雪の状態がよければ水を汲める。ここでひと休みしてから、鳩待峠に向かう道沿いに進むか、すぐ裏の尾根を登る。雪が充分にあれば、後者をおすすめする。びっくりするくらいのブナの巨樹が残っていたりして、雰囲気のいいルートである。

　鳩待峠から悪沢岳の間は広い尾根で、幕営場所に困らない。早めに着いたならば、テント（あるいはツェルト）を組み立て、身軽になって、川上川の方向、あるいは登ってきた尾根を滑って遊ぶといい。条件がよければ、尾瀬ならではの極上のドライパウダーが楽しめるだろう。

● 参考タイム／尾瀬戸倉（4時間）鳩待峠（1時間30分）悪沢岳の稜線

2日目

悪沢岳の稜線～悪沢岳～
笠科川～片藤沼～登山道
尾根～湯ノ小屋温泉

　悪沢岳までは広い尾根を進み、山頂に着いたら、南斜面を笠科川に向けて滑る。ここは気持ちのよい斜面なので、樹林の滑降を楽しんでほしい。沢は埋まっているので、尾根でなく、沢のなかを滑ってもよく、スリバナ沢と悪沢の出合まで滑る。ここでシールをつけ、笠ヶ岳の脇の片藤沼をめざして登る。滑れば気持ちよい斜面を登るのはつらいが、今回は湯ノ小屋温泉までのツアーなのでひたすら我慢する。沼は平原状になっている。時間に余裕があり、笠ヶ岳を往復する場合は、ここに荷物をおいていけばよい。

　湯ノ小屋温泉に向けては、しばらく登山道のある広い尾根を滑る。尾根が2方向に分かれるあたりから南側の斜面に移り、木ノ根沢脇の車道に向かう。傾斜がきつい場所を避けながら滑ると、ほどなく車道に着く。車道直前が崖っぽくなっている可能性があるので注意する。あとは湯ノ小屋温泉に向けてXCスキー風に進むだけ。冬期閉鎖のゲートで板を外し、担いで歩けば、ほどなく湯ノ小屋温泉のバス停に着く。

● 参考タイム／悪沢岳の稜線（1時間30分）悪沢岳（30分）笠科川（2時間）片藤沼（30分）登山道尾根（30分）林道（1時間30分）湯ノ小屋温泉

木の根沢沿いの車道に向けて滑る

本ルートのハイライト、悪沢岳を滑る

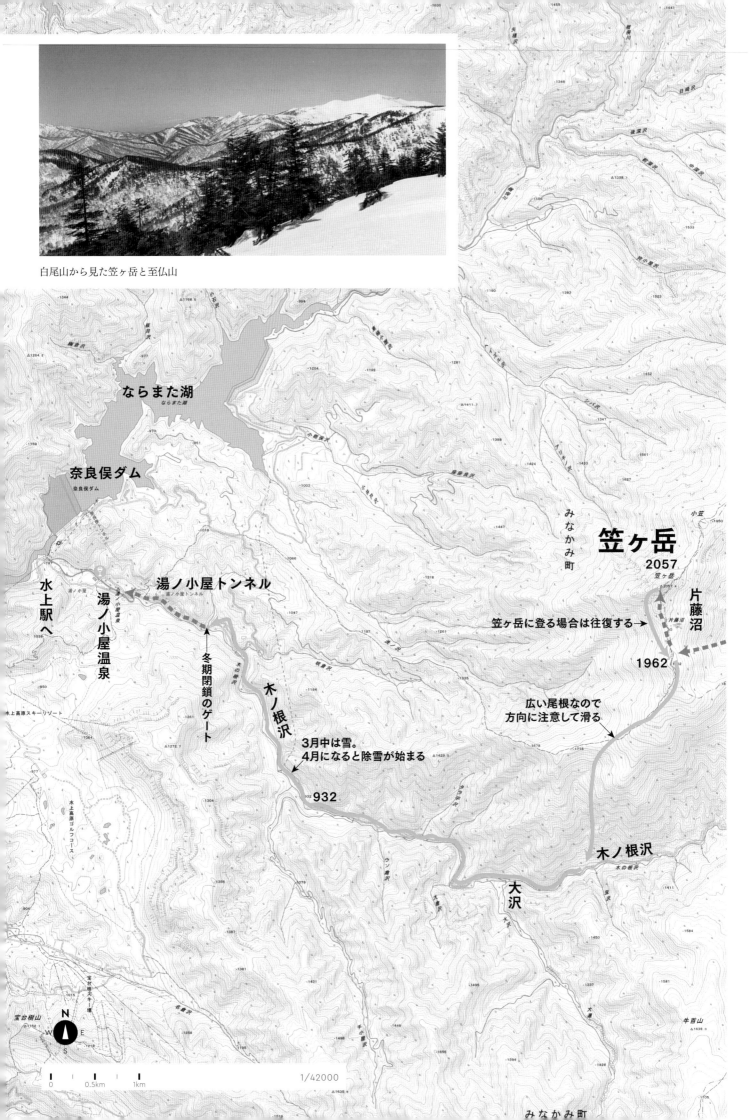

白尾山から見た笠ヶ岳と至仏山

ならまた湖

奈良俣ダム

水上駅へ

湯ノ小屋温泉

湯ノ小屋トンネル

冬期閉鎖のゲート

木ノ根沢

3月中は雪。
4月になると除雪が始まる

932

みなかみ町

笠ヶ岳
2057

片藤沼

笠ヶ岳に登る場合は往復する→

1962

広い尾根なので
方向に注意して滑る

木ノ根沢

大沢

1/42000

0   0.5km   1km

みなかみ町

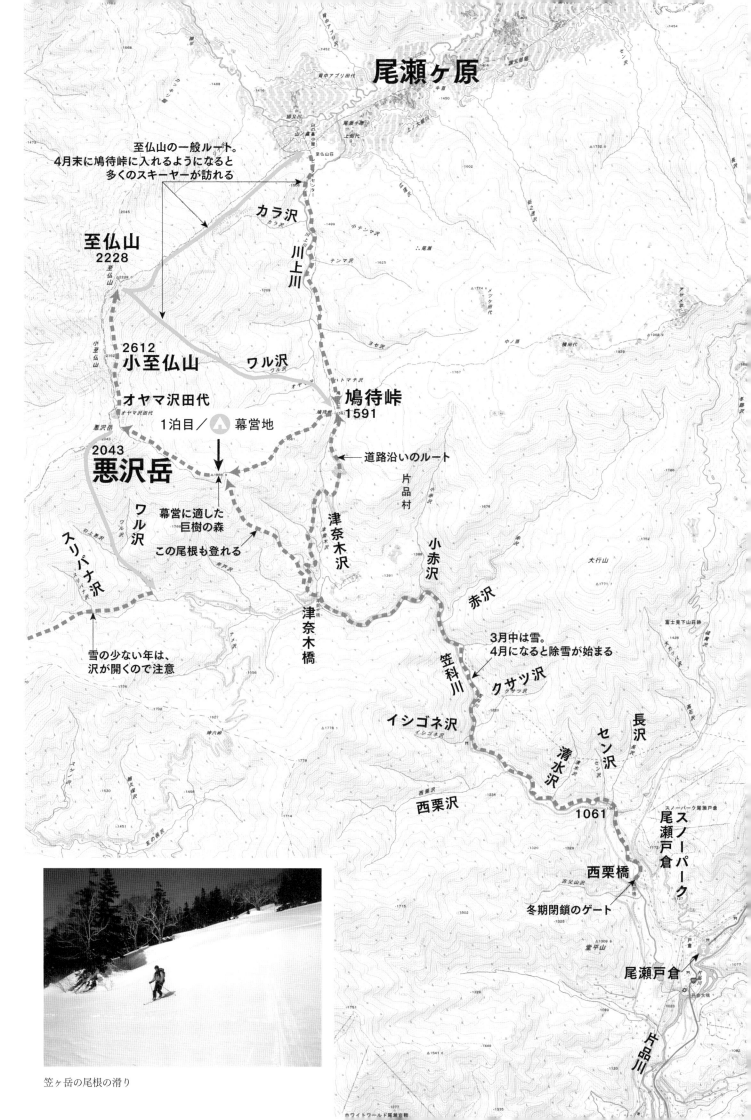

尾瀬ヶ原

至仏山の一般ルート。
4月末に鳩待峠に入れるようになると
多くのスキーヤーが訪れる

カラ沢

川上川

至仏山
2228

ワル沢

2612
小至仏山

オヤマ沢田代

1泊目／🏕幕営地

鳩待峠
1591

道路沿いのルート

2043
悪沢岳

ワル沢

幕営に適した
巨樹の森

この尾根も登れる

スリバナ沢

津奈木沢

片品村

小赤沢

雪の少ない年は、
沢が開くので注意

赤沢

津奈木橋

笠科川

クサツ沢

3月中は雪。
4月になると除雪が始まる

イシゴネ沢

清水沢

セン沢

長沢

西栗沢

1061

スノーパーク
尾瀬戸倉

西栗橋

冬期閉鎖のゲート

尾瀬戸倉

片品川

笠ヶ岳の尾根の滑り

24

上州武尊山／鹿俣山

たんばらスキーパーク〜夜後沢〜たんばらスキーパーク
川場スキー場〜鹿俣沢〜たんばらスキーパーク

●日帰り　●適期／1月下旬〜4月上旬

上州武尊山周辺の初心者向けルート

　上州武尊山周辺にはたくさんのスキー場があり、それぞれのスキー場を起点にする山スキールートがある。ここでは、たんばらスキーパークと川場スキー場を起点にするルートを紹介する。関東から日帰り圏内で、リフトによってゲレンデトップまで登れるので気軽に楽しめる半面、事故も多いので注意を要する。

　スキー場トップから少し登った地点から滑りだす。ほどなく斜度が緩くなり、ここを気持ちよく滑れば登り返し地点に達する。晴れていれば、獅子ヶ鼻山の岩峰を眺めながらの登りと滑りに加えて、西の方向に屏風のように連なる谷川連峰の眺めが楽しめる。スキー場周辺をXC（歩く）スキーで散策するのも楽しい。

データ

●アプローチ

関越道沼田ICから県道263号を経て、川場スキー場まで約25分。たんばらスキーパークへは県道266号を経て、約30分。

●アドバイス

計画書提出などは、スキー場のルールに従うこと。川場スキー場は"ココヘリ"装着を前提に、登山者のゲレンデ利用を受け入れている。レンタルもあるが、ここを滑る前に購入し、ルートにかかわらず山スキー中に常時装着すると安心だ。

●2万5000分ノ1地形図

藤原湖

谷川連峰に向かって滑る

① 夜後沢ルート

グレード　★★★

谷川連峰の展望を楽しみつつ滑る

　リフト2本を乗り継いでゲレンデトップに出る。ここからシールを装着し、すぐそこの鹿俣山を通り越して尾根を進む。風でたたかれて雪がうねうねしているのと、鹿俣沢側は雪庇なので、左寄りの樹林の脇を進むといい。

　1685m峰に着いたら、滑る前に屏風のように重なる谷川連峰を眺めよう。夜後沢の滑り出しは少し樹間が狭いがすぐに広がり、気持ちのいい斜面になる。狭い沢沿いを進むと、やがて沢の水が出てくるので、左岸へ移れるように進む。左から沢が出合うあたりで尾根を登り返し、美しいブナ林を抜けてゲレンデに戻る。

● 参考タイム／たんばらスキーパーク（1時間）1685m峰（45分）夜後沢（1時間）たんばらスキーパーク

② 鹿俣沢ルート

グレード　★★★

少しの登りで滑降を楽しむ

　スキー場トップからひと登りで鹿俣沢の源頭に着く。板を担いで登ってもよい。ここまではたくさんの登山者がいる。鹿俣沢は立ち木のない広い斜面。雪の状態に注意して、なるべく傾斜の緩いラインで滑りだす。危険を感じたら、引き返すことも考えること。ひと滑りすれば傾斜が緩むので、獅子ヶ鼻山の岩峰を振り返るとよい。登山者はこの位置から見ることはない。

　沢が狭まってからは側壁からの雪崩に注意しながら滑る。地図上に林道が出ているあたりまで滑って、シールをつけて尾根を登り、たんばらスキーパークに出る。さらに道路まで滑っている記録がある。

● 参考タイム／川場スキー場（30分）2020m峰手前（1時間）鹿俣沢（1時間）たんばらスキーパーク

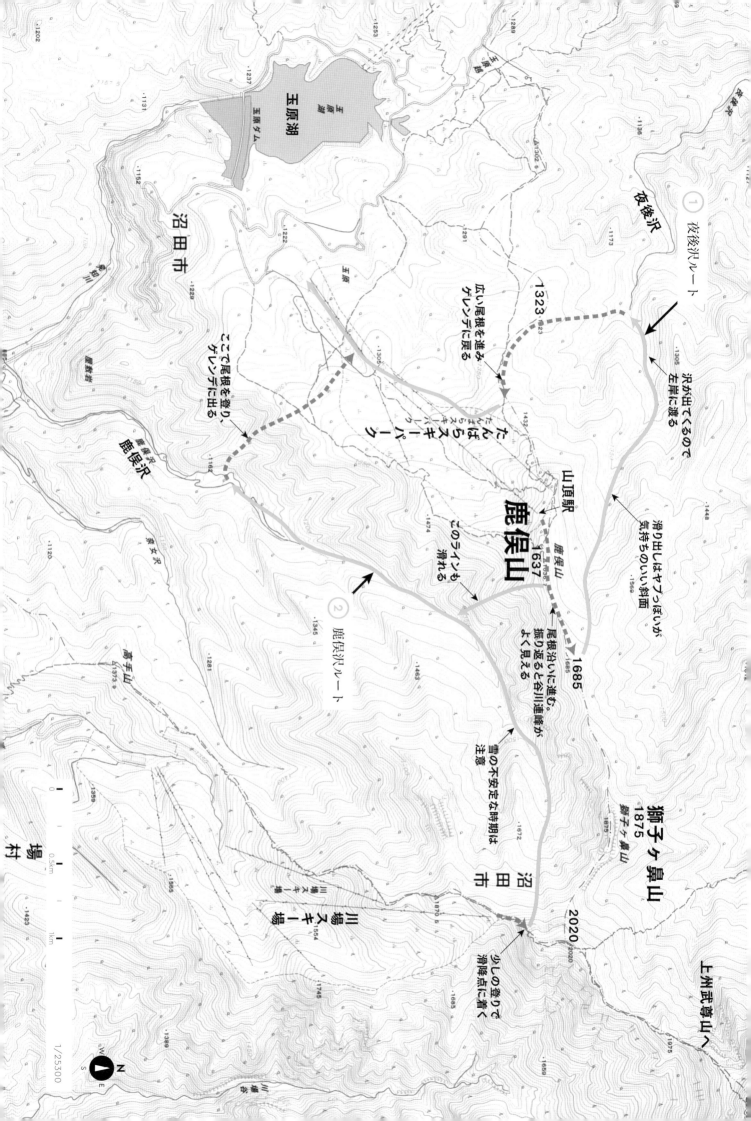

① 夜後沢ルート

夜後沢

沢が出てくるので
左岸に渡る

滑り出しはヤブっぽいが
気持ちのいい斜面

1323

広い尾根を進み
ゲレンデに戻る

ここで尾根を登り、
ゲレンデに出る

玉原湖

玉原ダム

沼田市

鹿俣沢

鹿俣沢

② 鹿俣沢ルート

たかはらスキーパーク

このラインも
滑れる

山頂駅

1637
鹿俣山

鹿俣山

1685

尾根沿いに進む。
振り返ると谷川連峰が
よく見える

雪の不安定な時期は
注意

獅子ヶ鼻山

1875
獅子ヶ鼻山

2020

少しの登りで
滑降点に着く

沼田市

川場スキー場

川場スキー場

上州武尊山へ

1/25300

0
0.5km
1km

25

朝日岳・大鳥帽子山

宝川温泉〜布引尾根〜大鳥帽子山〜朝日岳〜宝川温泉

●日帰り　●適期／3月中旬〜4月中旬

宝川源流を日帰りで極める

宝川温泉を起点とする朝日岳、大鳥帽子山へのルートは、雪が多いエリアであるうえに、移動距離が長く、一般的に厳冬期の日帰りは厳しいといわれている。近くの谷川岳周辺のように、登山者が多くて先行者のトラックがあるなんてことは、まずないからだ。

しかし、若手を中心に多くのスキーヤーが試みているように、夜、あるいは日の出前の早朝に出発するスタイルなら可能である。実際、著者も2月に日帰りで往復している。

本ガイドを参考にしてメンバーの経験とスタイルに合わせて、ザラメの季節に登ったり、厳冬期に布引尾根まで往復するなどの計画を立てることをおすすめする。

データ

●アプローチ

関越道水上ICから国道291号、県道63号を経て約40分で宝川温泉。

●アドバイス

宝川温泉に迷惑をかけないよう車を停めること。ロングルートなので事前に積雪情報をチェックしておくこと。ラッセルのないザラメの季節でも、山頂往復をめざすのであれば、早い時間に出発すること。

●2万5000分ノ1地形図

藤原・茂倉岳

大鳥帽子山をめざして登る

宝川温泉から大鳥帽子山往復

グレード　★★★

源流の大斜面を滑る

宝川温泉から林道をしばらく行くとトンネルがあるので、雪でふさがっていないところから中に入って通過する。積雪次第では入り口がふさがっているので注意が必要である。この先、宝川森林理水試験地のあたりで尾根に取り付く。筆者は午前3時30分に出発して、このあたりで夜明けとなった。板幽沢を渡り対岸の尾根を進んで、1626mピークの手前の鞍部まで登る。ここから最初の滑りで、ナルミズ沢に滑り込む。

大鳥帽子山に向けては、完全に埋まったナルミズ沢の源頭を進む。山頂では360度の大展望が待ってい

る。次にめざす朝日岳への稜線は雪が硬く、クトーを付けてスキーで進むか、板を背負いアイゼンで歩く状況だった。朝日岳からの滑降ルートはいくつか考えられるが、雪質をチェックして安全と判断した東面を滑った。ナルミズ沢まで一直線、粉雪が続く最高の斜面だった。あとは登りのルートをたどるのだが、日射で悪化したストップ雪で疲れた。それでも、滑ってきた朝日岳を何度も振り返って目に焼きつけながら進めば、やがて林道へ。あとは宝川温泉までシールをつけて滑った。

参考タイムは厳冬期（2月）のものなので、ザラメの季節であればもう少し短くなるだろう。厳冬期のグレードは、★★★である。

●参考タイム／宝川温泉（6時間）大鳥帽子山（2時間）朝日岳（5時間30分）宝川温泉

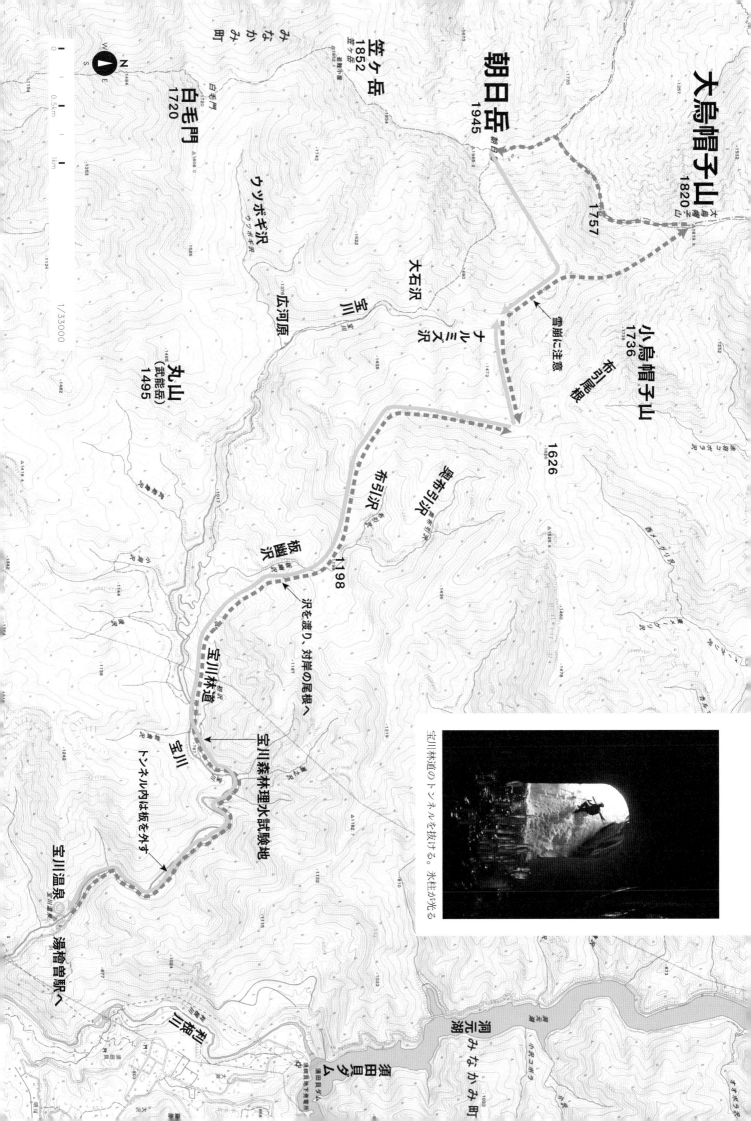

大烏帽子山 1820

朝日岳 1945

空ケ岳 1852

白毛門 1720

みなかみ町

小鳥帽子山 1736

1757

雪崩に注意

布引尾根

1626

大石沢

ナルミズ沢

宝川

ウツボギ半沢

広河原

丸山
(武能岳)
1495

裏布引沢

布引沢

1198

板幽沢

沢を渡り、対岸の尾根へ

宝川森林理水試験地

宝川林道

宝川

トンネル内は板を外す

宝川温泉

白毛門沢

宝川

利根川

湯檜曽駅へ

洞元湖

須田貝ダム
元みなかみ町

1/33000

0 0.5km 1km

宝川林道のトンネルを抜ける。水柱が光る

26

大烏帽子山

土合～大烏帽子山～宝川温泉

● 日帰り ● 適期／3月上旬～4月上旬

土合から山越えして
大烏帽子山にアクセス

　朝日岳から巻機山に至る長大な国境稜線には、稜線から直接滑走できる無立木のピークが連なる。

　ナルミズ沢源頭の大烏帽子山もそのひとつだ。滑走意欲をそそる白いピラミッドのような姿とナルミズ沢の大斜面は、残念だが遠くからは全貌をとらえにくい。

　このエリアに入るアプローチの遠さも、注目を引かなかった理由かもしれない。従来は、宝川温泉からの林道の途中から布引尾根に登る小烏帽子山経由での往復が一般的で、アップダウンの多い長いコースだ。今回紹介するのは土合から東黒沢、丸山沢を経由して大烏帽子山を直接めざすルートである。

データ

● アプローチ

関越道水上ICから国道291号を経由し約20分で土合。JR上越線水上駅から谷川岳ロープウェイ駅行きバスで土合橋下車。

● アドバイス

東黒沢のハナゲノ滝を越えて白毛門沢出合付近までの狭い谷の通過に注意。両岸からの雪が落ちて水流付近が雪で埋まっている3月が適期。丸山(武能岳)を越えるまでは上方斜面からの雪崩に注意。行動時間が長いので二俣あたりでの幕営を予定した計画のほうが無理がない。

● 2万5000分ノ1地形図

藤原・茂倉岳

丸山からの大烏帽子山とナルミズ沢の滑走ライン

東黒沢経由で
ナルミズ沢にアプローチ

グレード　　　　　★★★

雪のナルミズ沢を登る

　土合の白毛門登山口でスキーをつけ東黒沢に入る。丸山沢出合まではずっと水流脇の雪をたどって進める。白毛門沢出合まで水平距離は短いが、雪の付いた滝やデブリを越えたりするので時間は少しかかる。

　白毛門沢の広い出合は年によってはものすごい量のデブリで埋まっている。丸山沢出合までの東黒沢は開けており、丸山沢はさらに大きいので入り口を間違えることはないだろう。

　丸山沢に入ってすぐに滝が現われ、丸山(武能岳)の稜線が見え始める。そのまま沢沿いに登るが、丸山と白

毛門をつなぐ丸山尾根のコル(丸山乗越)近くで沢が細く急になるので、右手の丸山頂上のほうをめざす。

　丸山頂上に上がると、初めて宝川源流部や大烏帽子山が展望できる。シールを外したら広河原までの高度差300mの滑走だ。広河原から先はところどころに水流が現われている宝川沿いに再びシール登高。大石沢出合付近の二俣も開けていてビバークの適地だ。二俣から先は大烏帽子山に突き上げるナルミズ沢に入る。斜度は増してくるが、シール登高で充分登頂できる。山頂からの滑りは、アップダウンがあるが快適。P68の「朝日岳・大烏帽子山」を参照のこと。

● 参考タイム／土合(2時間)丸山沢出合(3時間50分)広河原(1時間10分)二俣(1時間30分)大烏帽子山(4時間)宝川温泉

檜倉山へ

← 檜倉山へ抜ける記録がある

1614

大烏帽子山
1820

小烏帽子山
1736

沢沿いに進む →

布引尾根

1626

朝日岳
1945

ナルミズ沢

奥布引沢

布引沢

大石沢

二俣

幕営適地

1198

笠ヶ岳
1852

板幽沢

みなかみ町

幕営適地

広河原

宝川森林理水試験地

宝川温泉へ

白毛門
1720

ウツボギ沢

丸山
（武能岳）
1495

宝川

丸山乗越

宝川林道

白毛門沢

沢を離れ、
武能岳をめざす

丸山沢

東黒沢

沢の雪が悪ければ
引き返すこと

ハナゲノ滝

白毛門登山口

土合橋

土合駅

湯檜曽川

湯檜曽駅へ

27

白毛門・丸山

土合～白毛門～ウツボギ沢～広河原～
丸山（武能岳）～宝川温泉

● 日帰り　● 適期／3月上旬～下旬

土合から宝川へ抜ける
ロングルート

　白毛門は湯檜曽川をはさみ、谷川岳の東隣にある山で、厳冬期はかなりのラッセルを強いられる。しかし、3月ともなると土合から3～4時間で登頂が可能となる。

　白毛門から朝日岳、大鳥帽子山の稜線から東面の宝川源流域には、ウツボギ沢、ナルミズ沢などの大雪面が広がり、広河原まで600～700mの滑走を楽しんで宝川温泉へ下ることができる。なお、稜線をたどらず土合から白毛門沢をつめて白毛門をめざしたり、東黒沢をつめて広河原から直接大鳥帽子山をめざすこともできるが、時期は限られる。

データ

● アプローチ

関越道水上ICから国道291号を経て約13km、約20分で土合。事前に宝川温泉へ車をデポする。関越道水上ICからを国道291号、県道63号を経て約18km、約40分で宝川温泉。

● アドバイス

白毛門は雪稜登山なのでアイゼン・ピッケルは必携。ロングルートなので体力も必要だ。このルートのポイントは、宝川の徒渉点でのスノーブリッジの状況である。積雪の状況や実施時期などにより不安がある場合は、広河原から丸山を登らずに、宝川左岸の尾根を登り、尾根沿いに宝川林道へ合流するほうがよい。（P68参照）。

● 2万5000分ノ1地形図

藤原・茂倉岳

ウツボギ沢滑降

土合から
白毛門を越えるルート

グレード　　　　★★★

スキーの機動力を生かした
本格コース

　車1台を宝川温泉先の林道終点に車をデポし、もう1台の車で土合の白毛門登山口の駐車場へ戻る。スキーを担いで登山道どおりにひたすら登っていく。松ノ木沢ノ頭あたりからは、アイゼンをつけよう。頂上直下にシュルンドがあることが多く、通過に注意したい。

　天気がよければ、山頂では谷川岳、笠ヶ岳、朝日岳などの大展望が期待できる。ウツボギ沢の上部は広く適度な傾斜で快適に滑ることができる。ウツボギ沢に出ると水流が出ていることもあるので、落ちないようにコ

ース取りに注意したい。

　広河原はキャンプ適地で、ここをベースにして周辺の斜面を滑るのも楽しいだろう。シールをつけ直してブナ林を丸山（武能岳）へ登る。丸山からは武能倉沢の左岸の尾根筋を滑る。上部は快適だが、下部は雪解けが進むとルート取りは難しくなる。

　宝川徒渉地点でスノーブリッジを慎重に渡る。雪が少なく徒渉地点に降りる斜面に雪がないと難儀するので、パーティに1本、補助ロープ（10～20m）を持参すると安心だ。対岸を登り林道に出たら、あとはひたすら林道を宝川温泉まで滑る。林道はヒールフリーにして滑るほうが楽である。

● 参考タイム／土合（3～4時間）白毛門（1時間）広河原（1時間）丸山（1時間）宝川徒渉地点（1時間）宝川温泉

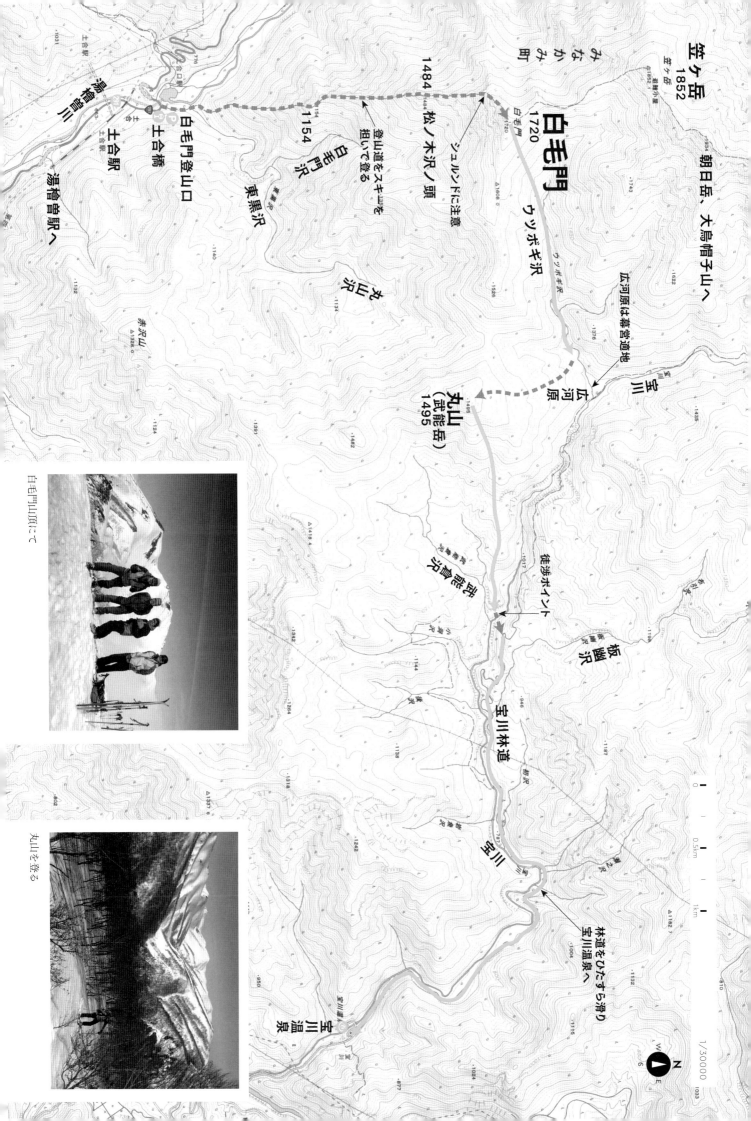

笠ヶ岳
1852

朝日岳、大烏帽子山へ

空ヶ岳

みなかみ町

白毛門
1720

ウツボギ沢

白毛門

1484 松ノ木沢ノ頭

1154 白毛門沢

シュルツドに注意

登山道をスキーを担いで登る

丸山沢

東黒沢

赤沢山

湯檜曽川

白毛門登山口

土合橋

土合駅

湯檜曽駅へ

広河原は幕営適地

宝川

広河原

丸山 (武能岳)
1495

武能沢

徒歩ポイント

板幽沢

宝川林道

宝川

林道をひたすら滑り
宝川温泉へ

宝川温泉

宝川温泉

白毛門山頂にて

丸山を登る

N
W   E
S

1/30000

0   0.5km   1km

28

武能岳 武能沢

天神平スキー場～一ノ倉岳～芝倉沢右俣～
武能岳～武能沢～土合

● 日帰り　● 適期／2月下旬～3月中旬

天神平から谷川主脈、武能岳を経て土合への周回

　谷川岳周辺は日本屈指の山スキーエリアで、平標山、仙ノ倉山、白毛門、朝日岳、蓬峠方面など数多くのルートがあり、技術、体力に応じたコースが選択できる。

　そのなかでも谷川岳ロープウェイを使った谷川岳を絡めたルートは、登りの標高が少なく多くの山スキーヤーや登山者でにぎわっている。特に、芝倉沢左俣は人気だが、隣の右俣はスキーヤーも少なく静かな山行が楽しめる。今回のルートは、右俣上部と急斜面の武能沢を組み合わせたロングルートで、土合への周回コースが楽しめる。

データ

● アプローチ

起点の谷川岳天神平スキー場へは、関越道水上ICから国道291号で約25分。JR上越線水上駅または上越新幹線上毛高原駅からのバス便もある。

● アドバイス

谷川岳ロープウェイの始発は時期・曜日によって異なるので要確認。茂倉岳への稜線と武能岳への登りにはクラックがあるので要注意。近年の少雪で湯檜曽川ルートが埋まらない場合もあるので事前に確認を。

● 2万5000分ノ1地形図

茂倉岳・水上

武能沢の中間部斜面

芝倉沢右俣と武能沢

グレード　★★★

芝倉沢右俣上部から武能沢上部の急斜面へ

　天神平スキー場から天神尾根を登り谷川岳へ。通常であればシールで登高できる。谷川岳からはアイゼンで、一ノ倉沢側の雪庇に注意しながらほぼ夏道どおりに一ノ倉岳へ。茂倉岳へは斜度も緩くなり20分ほどだ。山頂からは新潟方面の山々が近い。展望を満喫したら芝倉沢右俣の滑降。最初はクラストしているので、横滑りを交えて右の雪庇にも注意しながら滑る。大岩を巻き尾根の雪庇が切れたところが芝倉沢右俣の最上部。斜度は手頃で、標高差200mほど滑る。このまま滑っていくと左俣に合流するが、今回は左にトラバースし笹平付近の最低鞍部へ。

　ここから武能岳の登りは短いが、急斜面なのでアイゼン・ピッケルでクリアする。山頂から振り返ると芝倉沢のシュプールが見える。ひと息ついたら山頂のやや北側から滑降開始。正面左は白樺沢で、右寄りが武能沢。すぐに急斜面で岩の下の通過となる。ここはノド状になっており、最も急で核心部である。その後、ルートはやや左にカーブすると広い沢が一直線に下っており、雪質がよければ快適な斜面だろう。やがて右に大きくカーブすると斜度も緩み、開放感のある滑りが楽しめる。湯檜曽川に合流したら1時間ほどスキーを滑らせれば土合に到着。

● 参考タイム／天神平スキー場（2時間30分）谷川岳（1時間30分）茂倉岳（1時間30分）武能岳（1時間30分）土合

武能沢の中間部をのぞく

芝倉沢右俣を滑降

1/31500

29

谷川岳 マチガ沢

天神平スキー場～熊穴沢避難小屋～肩ノ小屋～
オキノ耳～マチガ沢～マチガ沢出合～土合口駅

● 日帰り　● 適期／3月

スキー場からは見えない西黒尾根の裏側、マチガ沢のスティープラインを滑る

　厳冬期の入山は、谷川岳遭難防止条令および天神平スキー場のHPにあるローカルルールを確認してから計画しよう。首都圏からのアクセスもよく、スティープからリスクの高くない斜面までコンディションに合わせてさまざまなラインをとれる。

　山頂付近は雲に覆われることも多いが、逆に日射の影響を受けず雪がくさらない。マチガ沢北面の賞味期限は意外と長い。コースタイムとしては短いので、体力的、気持ち的に余裕をもって滑ることができる。スティープ入門としてもおすすめな山域である。

データ

● アプローチ

起点の天神平スキー場へは、関越道水上ICから国道291号で約25分。JR上越線水上駅または上越新幹線上毛高原駅からのバス便もある。

● アドバイス

上越国境は天気の変化が早く、崩れ始めるとあっというまに雲に覆われてしまう。また、標高は低いが降雪量は多い山域なので、クラスト面やアイスバーンが降雪によって埋没してしまう。継続的に気象データを確認し、積雪構造を予測してから入山するのが理想である。

● 2万5000分ノ1地形図

茂倉岳・水上

 本谷

グレード　★★★

双耳峰の間のギャラリーバーン

　オキノ耳直下の南面、双耳峰のコルの東面、トマノ耳側の北東面と複数の場所からエントリーできる。日射の影響を受けやすく、斜面方位により雪質が大きく異なる。ノドまでは雪崩リスクが高いので、慎重かつ大胆に滑り抜けたい。下部は気持ちよいスロープが出合まで続いている。

● 参考タイム／天神平スキー場(40分)熊穴沢避難小屋(1時間10分)肩ノ小屋(20分)オキノ耳

 四ノ沢

グレード　★★★

マチガ沢を滑るならまずはここから

　積雪量と時期によっては埋まっていることもあるが、道標の裏側がエントリーポイントとなる。道標を支点にして雪質のチェックをしたい。ボトムが見えないのでエントリーには度胸が必要だ。トマノ耳側、本谷側のデブリが新雪の下で見えないこともあるので注意。西黒尾根側が雪が軟らかく気持ちよく滑れるだろう。

● 参考タイム／肩ノ小屋(3分)四ノ沢エントリーポイント

 三ノ沢

グレード　★★★

エントリーからボトムまで長い急斜面

　最上部から下部まで長い急斜面が続く。四ノ沢から一段下りた場所がエントリーだが、ロープを張る支点が取りづらいので、そこまでに雪崩リスクの判断をしておこう。四ノ沢との間は通称3.5といわれる沢ラインやリッジラインなどさまざまなラインが滑れる。ボトムからすべてのラインが見えるので研究されたい。

● 参考タイム／肩ノ小屋(5分)三ノ沢エントリーポイント

---

④ 六ノ沢

グレード　★★★

オキノ耳直下を滑る

　オキノ耳からダイレクトに滑り込むのは難しいので、南側の本谷側から回り込んでのエントリーになる。南面でもあり、良コンディションをつかむのが難しい。かなりの急斜面で下部は雪付きが悪いことがあり、岩が出ていることもあるので注意。マチガ沢出合からは湯檜曽川まで滑らず、林道経由でロープウェイの駅まで戻るのが効率的である。

● 参考タイム／オキノ耳(40分)マチガ沢出合(15分)ロープウェイ土合口駅

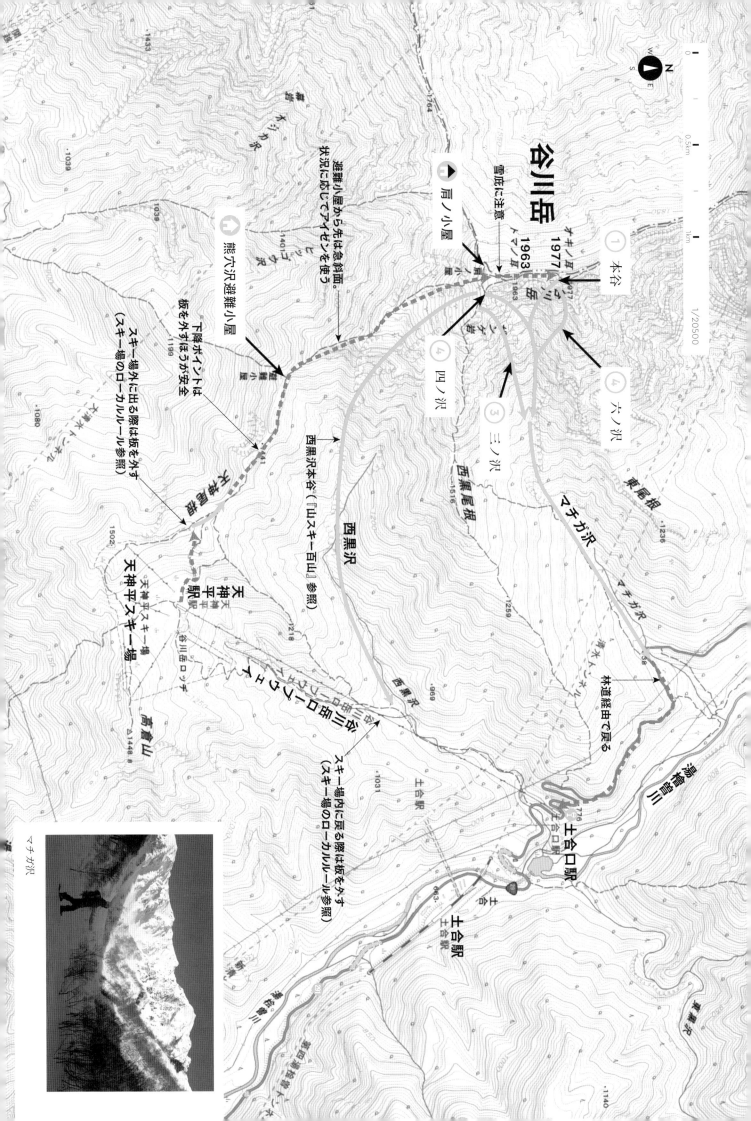

30

谷川岳 オジカ沢

天神平スキー場〜オジカ沢ノ頭〜オジカ沢〜
熊穴沢避難小屋〜熊穴沢〜土合口駅

●日帰り　●適期／2月中旬〜3月下旬

オジカ沢と熊穴沢の
2本の滑走

　オジカ沢はクラシックルートにもかかわらず、人気の谷川岳周辺のなかでも山スキーヤーを見ることが少ない静かなルートである。天神平スキー場から谷川岳を眺めると、オジカ沢ノ頭へ延びる稜線から山スキー向きのオープンバーンが眺められる。中央の中ゴー尾根で東側のヒツゴウ沢と西側のオジカ沢を分ける。オジカ沢上部から中間部斜面は正面に見えるので状況を確認できるが、核心部はその下となる。

　オジカ沢ノ頭を通るルートとしては、ほかに赤谷川源流から万太郎山を越えて土樽に抜けるルートもあり、こちらはロングコースだが近年人気がある。

データ

●アプローチ

起点の谷川岳天神平スキー場へは、関越道水上ICから国道291号で約25分。JR上越線水上駅または上越新幹線上毛高原駅からのバス便もある。

●アドバイス

人の少ないエリアなので、トレースは期待できない。特に二俣からの登り返しは降雪直後だとラッセルがきついので、残雪期のザラメ狙いが無難。また、オジカ沢は谷川岳遭難防止条例のエリア内になるので従うこと。

●2万5000分ノ1地形図

水上

オジカ沢の滑走斜面をのぞく

天神平からの
オジカ沢、熊穴沢

グレード　　　　　　　★★★

オジカ沢の広い斜面から
ルンゼ状の急斜面

　天神平スキー場から天神尾根を肩ノ小屋まで登る。通常ならここまでシールを使える。谷川岳を往復するなら10分ほど。オジカ沢ノ頭へはアイゼンでいったん下り、登り返しとなる。ピークまではヤセ尾根が続くので慎重に。オジカ沢ノ頭に到着すると正面の万太郎山、苗場山方面と、眼下に赤谷川源流のすばらしい斜面が眺められる。風が強い場合は少し下ったところに避難小屋があるので風を避けて滑降準備ができる。

　ルートを確認すると、上部は広いが、その下は見えない。滑り出しは広い斜面にターンを刻む。右にカーブすると徐々に狭くなり斜度も増してくる。デブリ状の急斜面を通過し、さらに下ると大滝のかかるノドとなる。3月ごろは雪に埋もれているが、狭い部分はスキーの長さプラスアルファしかなく慎重に滑る。ここを通過すればひと安心。振り返ると狙嵓と幕岩の大岩壁が見事。ここからは広い緩斜面となり、やがて二俣到着。ひと息ついたら天神尾根に登り上げる北東側の尾根を熊穴沢避難小屋めざしてシール登高開始。高低差約600mの登りは疲れた体にはこたえる。到着したらシールを外して最後の滑り。まずは熊穴沢そして西黒沢と滑降すると土合に到着。

●　参考タイム／天神平スキー場（2時間30分）肩ノ小屋（1時間）オジカ沢ノ頭（30分）二俣（1時間30分）熊穴沢避難小屋（30分）土合

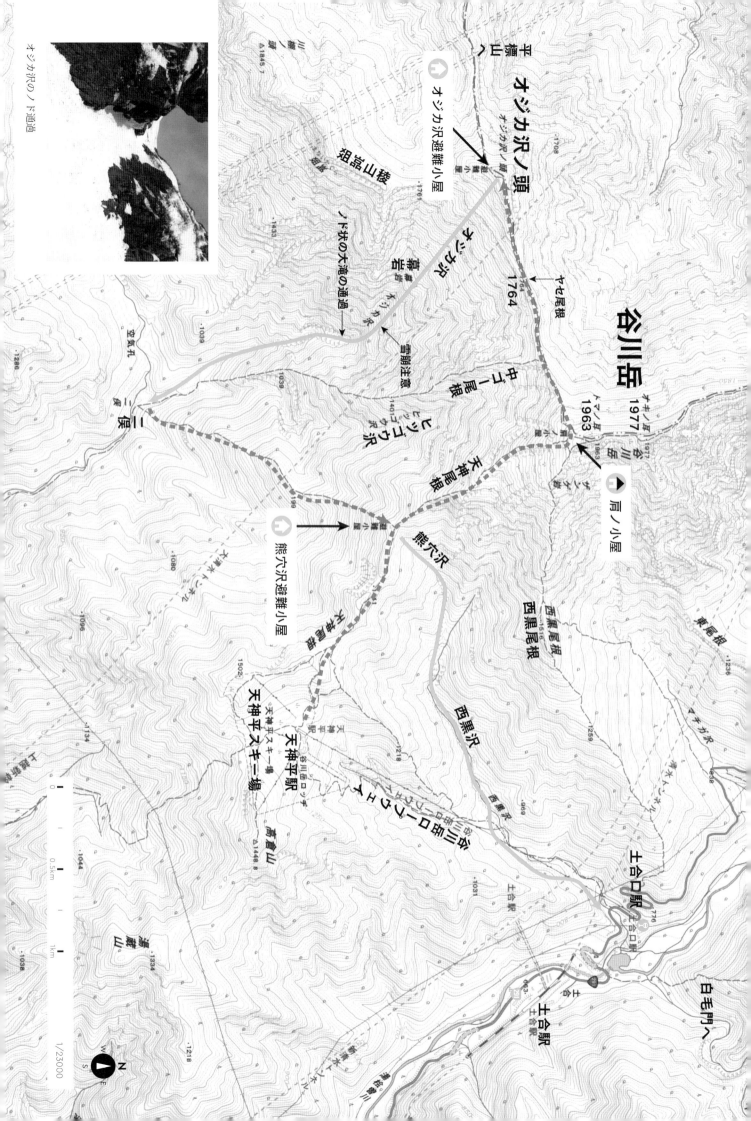

谷川岳
1977

オキノ耳 1977
トマノ耳 1963
谷川岳 1963

平標山へ
平標山
△1845.7

川棚ノ頭
△1761

オジカ沢ノ頭
オジカ沢ノ頭

オジカ沢避難小屋

三峰三角縦走路

オジカ沢幕岩

雪崩注意

ド状の大滝の通過

中ゴー尾根

ヤセ尾根

1764

ヒツゴー沢
140・ヒツゴー沢

肩ノ小屋

西黒尾根

西黒尾根
1516

東尾根

マチガ沢

二俣

・1039

二俣

熊穴沢避難小屋

天神尾根

熊穴沢

西黒沢

・1199

・1502

天神尾根路

天神平スキー場

天神平駅

天神平スキー場

谷川岳ロープウェイ

谷川岳ロープウェイ

土合口駅
土合口駅

土合

土合駅
土合駅

白毛門へ

高倉山
△1448.8

天神平駅

・1031

・1218

・1334
湯蔵山

空気孔

三峰・1286

・1039

・1433

・1096

・1080

・1134

・1044

・1038

・969

・1259

・1236

・776

0.5km
1km
0
1/25000

N
W E
S

オジカ沢のノド通過

31

平標山
たいらっぴょう

火打峠〜平標山〜笹穴沢〜県境尾根〜火打峠

●日帰り　●適期／4月

平標山から笹穴沢を滑って周遊する

　平標山は谷川連峰の西端に位置し、山スキーのメジャーな山である。山頂からは四方の沢へ滑ることができるが、笹穴沢だけは途中に大滝があり雪も少ない沢筋のため、雪で沢が埋まることはまれである。そのため赤谷川出合まで行くには、相当の体力が必要となる。

　大雪の年、筆者も一度だけスキーを外さず川古温泉まで滑ることができたが、その後は暖冬などの影響でなかなか滑る機会がない。そこで、滑りを楽しめる部分だけを抽出し、火打峠に戻るルートを紹介する。

データ

●アプローチ

群馬県側からは関越道月夜野ICから国道17号を経て約1時間、新潟県側からは関越道湯沢ICから国道17号を経て約45分で火打峠に着く。2022年は夏季駐車場が除雪されていたため駐車可能だったが、2023年以降は未定。公共交通機関の場合は、JR上越線越後湯沢駅から浅貝行きのバスに乗り、平標登山口で下車。

●アドバイス

近年、山スキーでメジャーとなった平標山は晴れていればトレースができているので、ラッセルすることなく頂上に立てる。笹穴沢を滑られるかどうかは、その年の積雪量による。ただし、途中（1600m）までならば積雪が少ない1月から2月でも滑りを楽しむことができる。

●2万5000分ノ1地形図

三国峠

大源太山を眼前に笹穴沢源頭を滑る

① 笹穴沢1260m

グレード　★★★

大滝越え

　夏の駐車場から別荘地内の林道をたどり、河内橋を渡って小川を過ぎるとすぐに左の切り通しに入る。1300m付近でカンバの木が2本見えたら右からの尾根を巻くように進み、高度を上げる。県境尾根まで進むと30分ほどで頂上だ。笹穴沢に滑り込むと、広い斜面が徐々に沢状になる。右に曲がり大源太山を正面に見ながら滑る。斜度が緩くなり大滝に着いたら、滝が雪で隠れていることを確認し、慎重に滑り降りる。沢底で休憩したら、シールをつけて適当な場所から県境尾根に向けて登り返す。

　県境尾根は雪庇の弱点を突いて乗っ越し、ブナの疎林を滑り、カラマツ林になると、まもなく林道に出る。

●参考タイム／火打峠（4時間）平標山（1時間）笹穴沢1260m（1時間30分）県境尾根1630m（1時間）火打峠

② 笹穴沢1500m

グレード　★★★

大滝が埋まっていないとき

　1月から2月の積雪が少ない時期は、大滝が雪で埋まっておらず通過が困難。その場合は、笹穴沢源頭部を滑って右から沢が出合う1650m付近で滑走を終了し登り返す。

　また、3月になり大滝が雪で埋まると、滑ることができる。ただし、年によっては積雪が少なく1500m付近で滝の音が聞こえることも。その場合は大滝が雪で埋まっていないので、あきらめて登り返そう。

　1650m付近で左からの沢に入り、左岸に登り上げ県境尾根の1850m付近をめざす。ここからひと滑りで平標山の家。さらにブナ林を夏道どおりに林道まで滑り、火打峠に戻る。

●参考タイム／火打峠（4時間）平標山（1時間）笹穴沢1500m（1時間）県境尾根1850m（10分）平標山の家（1時間）火打峠

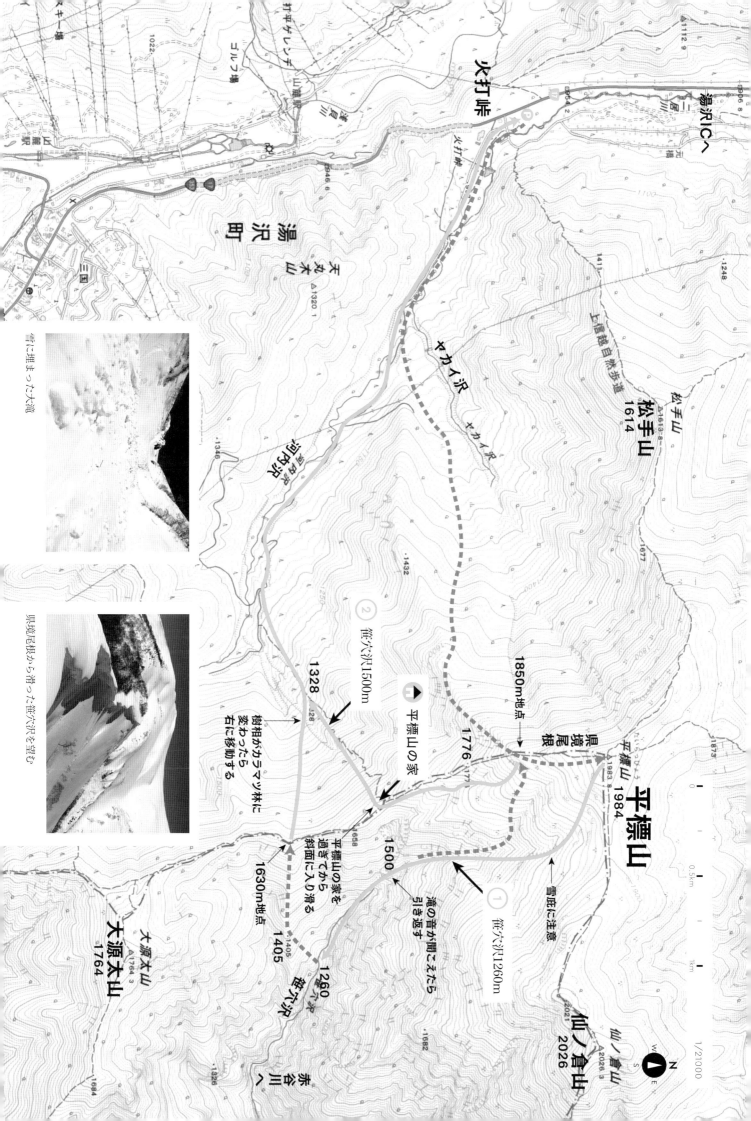

湯沢IC へ

火打峠

湯沢町

上信越自然歩道

松手山 1613-8

松手山 1614

県境尾根

1850m地点

平標山の家

笹穴沢1500m

樹相がカラマツ林に
変わったら
右に移動する

1328

1260

笹穴沢1260m

滝の音が聞こえたら
引き返す

雪庇に注意

1500

平標山の家を
過ぎてから
斜面に入り滑る

1630m地点

1405

笹穴沢

赤谷川へ

平標山 1984.

仙ノ倉山 2026

大源太山 1764

大源太山 1764 3

雪に埋まった大滝

県境尾根から滑った笹穴沢を望む

1/21000

32

神楽ヶ峰・霧ノ塔

かぐらスキー場〜神楽ヶ峰〜同スキー場
かぐらスキー場〜中尾根ノ頭〜同スキー場
かぐらスキー場〜霧ノ塔〜雁ヶ峰〜同スキー場

● 日帰り　● 適期／1月中旬〜4月中旬

山スキー定番の入門ルート

　山スキー入門者の定番コース。ゲレンデのリフトなどの機動力のおかげで、この山深い山域もお手軽に楽しめるのが魅力だ。

　山のルートバリエーションは豊かで、数時間から半日で滑ることのできるルートから、山域の裏にあたる津南まで抜けるスキー旅を楽しめる1日ルートまでさまざまある。また雪さえ積もれば、厳冬期から残雪期まで長い期間滑ることができるのもうれしい。装備をそろえ、しっかり準備をして臨めばこの山域のすばらしさを味わえることだろう。今回は定番中の定番から比較的長めにとれるルートまで、3本を紹介したい。

データ

● アプローチ

関越道湯沢ICから国道17号を経て約30分でかぐらスキー場。

● アドバイス

この山域は入山者も多く、容易に思われがちであるが、雪崩事故やルートミスによる遭難事故など、多数発生している。初級者ルートと侮らずしっかりとした装備の携行と、天候の確認をしながら入山してもらいたい。また、天候の状況次第では入山できないこともあるので、スキー場の指示に従うこと。

● 2万5000分ノ1地形図

苗場山

スキー場を眼下に

① 神楽ヶ峰周辺ルート

グレード　★★★

好アクセスを
利用した半日ルート

　第5ロマンスリフトが動けば、のんびり登っても山頂まで1時間もかからないであろう。山頂付近からは苗場山の魅力的な北面が見え隠れする。

　山頂部からの滑走方向にはくれぐれも注意してもらいたい。特に、赤湯方面の棒沢に下ってしまうと戻れなくなる。地図とコンパスとGPSでしっかりと確認しよう。進路さえ間違えなければスキー場へ下ることができる。沢地形を下るルートから反射板のある尾根ルートなど多様。沢地形は、沢が出ているときもあるので注意したい。

● 参考タイム／かぐらスキー場トップ(30分)神楽ヶ峰(1時間)かぐらスキー場

② 中尾根ルート

グレード　★★★

山スキー入門者向けの
定番ルート

　スキー場トップから神楽ヶ峰に向かわず、進路を北にとる。大きな沢地形をトラバース気味に進むと中尾根ノ頭。滑走は尾根地形を下って沢地形を滑ったり、最初から沢に滑り込むなど自由にとれる。沢を滑っていくとゴンドラ降り場の脇に着く。厳冬期は雪崩事故も発生しているため積雪を確認しルートを決めたい。

● 参考タイム／かぐらスキー場トップ(30分)中尾根ノ頭(1時間)かぐらスキー場

③ 霧ノ塔から
雁ヶ峰(長峰)ルート

グレード　★★★

ルート取りが肝となる
ロングルート

　スキー場トップから中尾根ノ頭を経て、尾根地形を行く。ピークに登りきれば奥に霧ノ塔が見えてくる。進路を東にとり、黒岩ノ平を滑る。快適な緩斜面から地形が変化し沢が狭くなるので、頃合いを見て雁ヶ峰への稜線へ乗ろう。ピークからの滑りは東南東へ。途中からは比較的斜度のあるオープンバーンもある。

● 参考タイム／かぐらスキー場トップ(30分)中尾根ノ頭(1時間)霧ノ塔(1時間)雁ヶ峰(長峰)(1時間)かぐらスキー場

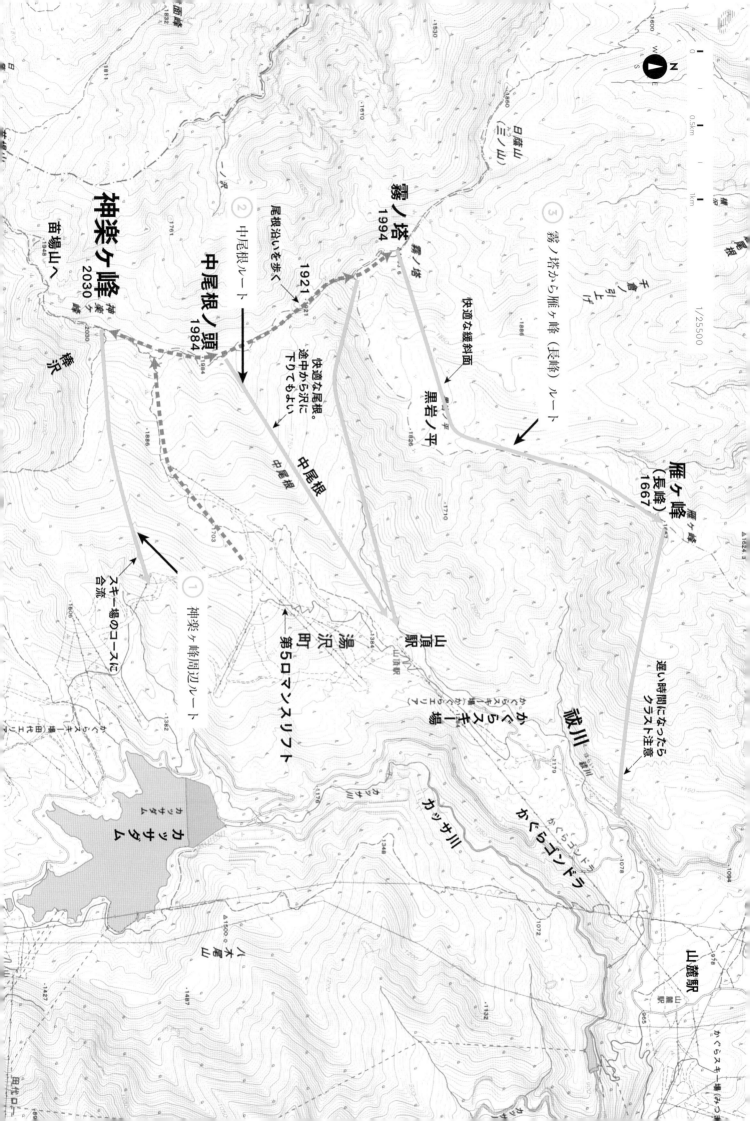

33

志賀高原／笠ヶ岳

熊の湯スキー場〜笠ヶ岳北面〜
ヤマボクワイルドスノーパーク〜タコチコース〜林道終点

● 日帰り　● 適期／1月〜3月

志賀高原から山越えして
山田温泉へ
標高差1000mを滑る

　志賀高原一帯には、横手越え、竜王越え、笠越えなど戦前から知られた山スキーのクラシックコースが多い。現在は麓にスキー場があるので登りにスキーリフトを利用し、下りはスキー場でフィナーレを迎えられる。笠越え（熊の湯〜山田温泉）はとびきりのロングコースとして知られている。コースは熊の湯スキー場トップにリフトで上がり、背後にそびえ立つ笠ヶ岳の岩峰を見上げながら直下の斜面を横断する。この横断はスリリングだ。山田牧場側に抜けると景観はガラリと変わる。タコチコースは、スタート地点の標高が1750m、山田温泉まで高度差800mを圧雪された林間の林道を利用して滑り降りる、全長13kmの有料のツアーコースだ。

データ

● アプローチ

熊の湯スキー場へは上信越道信州中野ICから国道292号で湯田中温泉、サンバレースキー場経由で約40分。

● アドバイス

山田温泉に下りた場合、長野電鉄須坂駅へのバスの本数が少ないので、タクシーを林道終点まで迎車予約しておいたほうがよい。

● 2万5000分ノ1地形図

中野東部・御飯岳

笠ヶ岳

志賀高原から
山田温泉ルート

グレード　　★★★

タコチコースまでは
雪崩に注意

　熊の湯スキー場の第2リフトトップから下の第4リフトトップまで降り、ゲレンデを離れ笠ヶ岳の岩峰直下に滑り込む。ここからシール登高で1900mの等高線沿いに急斜面の密な樹林帯をトラバースする。雪崩の注意箇所なので素早く通過したい。

　途中、見通しのよい北尾根の斜面を横切る。樹林帯を横断して抜けたところで笠越林道に合流する。林道沿いに少し登ると笠ヶ岳の西肩に出る。標高1920mでコース中の最高点だ。強風の通り道なので、早々にシールを外し滑走の準備をする。ヤ

マボクワイルドスノーパークのゲレンデまでは笠越林道沿いに降りる。道路外は急斜面で雪が深い。途中、崖際を通るところでは、過去に事故が起きているので注意すること。

　スキー場のリフト乗り場脇を下って、タコチコースの入り口（看板あり）まで滑り降りる。タコチコースは降雪があるとトップから出口まで圧雪されるので、非常に滑りやすい。滑走が続くので、休みながら行こう。

　タコチコースは標高900mくらいで左手の山田温泉への林道に分かれて入っていく。タクシーを呼んだ場合、曲がらずに林道をそのまま川沿いに少し行くと除雪された道路に出る。そこでスキーを外すと、ちょうどタクシーの待機場所になっている。

● 参考タイム／熊の湯スキー場リフトトップ（1時間）峠ノ茶屋（40分）タコチコース入口（1時間）林道終点（880m）

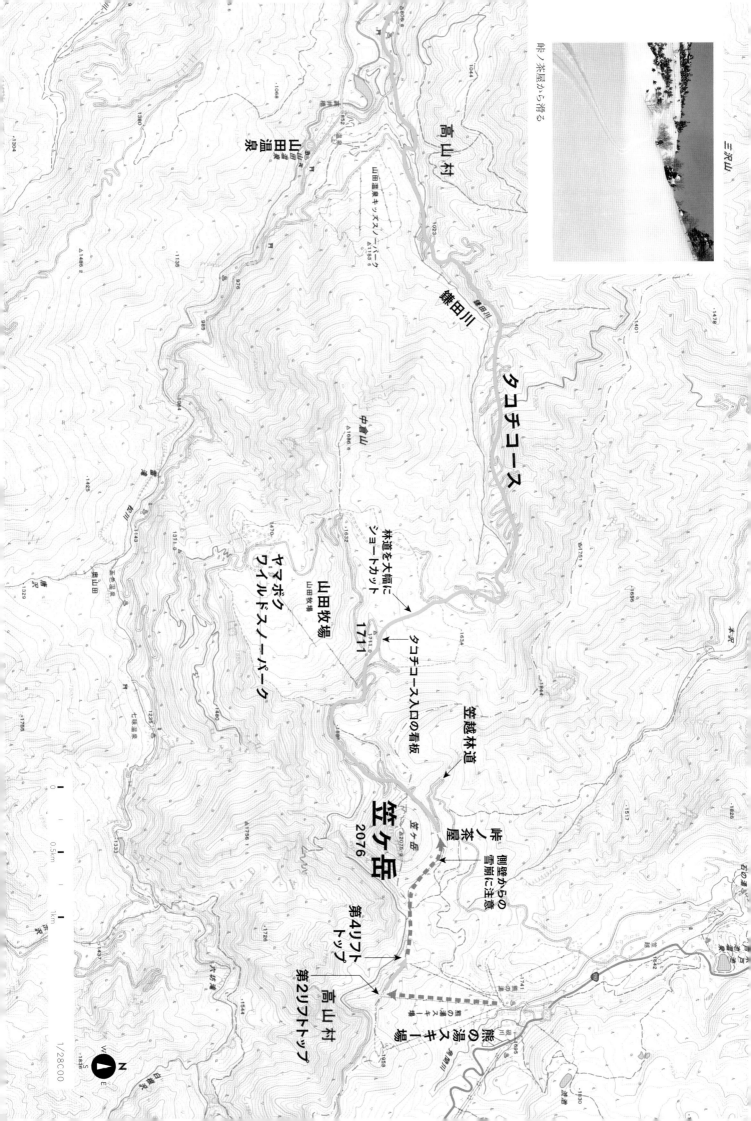

三沢山

峠ノ茶屋から滑る

高山村

山田温泉
山田温泉

鎌田川

クコチコース

1711

山田牧場

ヤマボク
ワイルドスノーパーク

林道を大幅に
ショートカット

クコチコース入口の看板

笠越林道

中倉山

空ヶ岳

笠ヶ岳
2076

峠ノ茶屋

側壁からの
雪崩に注意

第4リフト
トップ

高山村
第2リフトトップ

熊の湯スキー場

N
W   E
S

1/28C00

34

草津白根山／芳ヶ平

横手山・渋峠スキー場〜芳ヶ平〜横手山・渋峠スキー場
草津温泉スキー場〜芳ヶ平〜草津温泉スキー場

● 日帰り　● 適期／1月下旬〜4月上旬

群馬・長野県境の双方からアプローチできる初心者向けルート

　活動エリアは日本一標高が高い場所を通る国道292号（志賀草津高原ルート）の周辺である。

　志賀高原から草津へ抜けるクラシック山スキールートは、1日で楽しめるが、抜けたあとに草津から志賀高原へ戻る手段がなく、個人で実行する人はほとんどいない。本書では、志賀高原から芳ヶ平と、草津から芳ヶ平に分けて紹介する。ゴールの芳ヶ平には冬の間も有人の小屋があり、宿泊すると食事の提供を受けられる。利用する場合は、事前に小屋に連絡すること。ほかに渋峠から万座温泉スキー場へ滑るルートもある。

データ

● アプローチ
草津温泉へは、関越道渋川伊香保ICから国道353号・145号で長野原を経て国道292号で草津温泉まで約70km、約1時間30分。志賀高原へは、上信越道信州中野ICから国道292号で約30km、約40分。

● アドバイス
芳ヶ平方面の入山は、草津白根山の噴火警戒レベルで規制を受ける。2022年現在、ここで紹介するルートの入山は可能だが、草津温泉スキー場トップからの入山は規制されている。入山前に火山の情報を収集して活動すること。

● 2万5000分ノ1地形図
上野草津・岩菅山

芳ヶ平へ向かって滑る

① 志賀高原からのルート

グレード　★★★

横手山・渋峠スキー場から芳ヶ平へ向かう

　志賀高原の横手山・渋峠スキー場からアプローチする。熊の湯からリフトで横手山の山頂に上ってから、渋峠エリアを滑る。ここまではスキー場内である。ゲレンデを出たら国道沿いに滑降地点まで平行移動する。多少アップダウンがあるが、シールをつけていなくても進める。国道が曲がるあたりから沢か尾根で、芳ヶ平まで滑る。雪が不安定な場合は、尾根を滑ること。

　時間に余裕があれば、登り返してもう一回滑ってもよい。渋峠に戻るのは、夏道沿いがいい。ところどころに登山、もしくはスキーツアーの案内板がある。

● 参考タイム／横手山・渋峠スキー場（30分）国道滑降地点（30分）芳ヶ平（2時間）横手山・渋峠スキー場

② 草津温泉からのルート

グレード　★★★

草津温泉スキー場の脇から芳ヶ平へ向かう

　草津温泉スキー場の脇の車道から歩き始め、谷沢川の橋を渡り、対岸の尾根の上へ出る。このあたりは雪が少ないと板を担ぐ。ここからしばらく、切り開かれた登山道を進み、小さな橋で沢を渡った先から斜度が出てくるので、崖を左手に見ながら進むと芳ヶ平に着く。

　滑りは登ってきたルートを戻るか、少しだけ尾根を登り大平湿原へ滑る。ここで飛び石伝いに大沢川を渡れば、登った登山道に戻れる。徒渉点はピンポイントで探す必要があり、GPSを使っても、多少うろうろするかもしれない。

● 参考タイム／草津温泉スキー場（2時間30分）芳ヶ平（30分）徒渉点（1時間）草津温泉スキー場

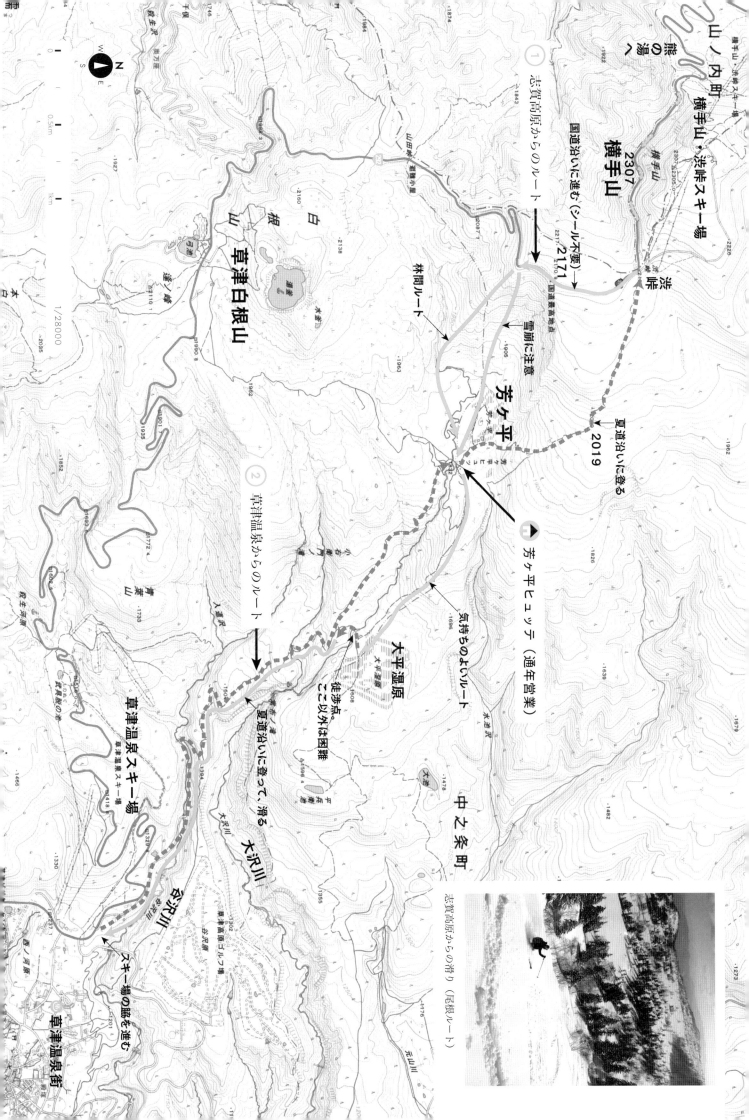

山ノ内町

熊の湯

横手山・渋峠スキー場

横手山 2307

① 志賀高原からのルート

国道沿いに進む（シール不要）

国道最高地点 2171

林間ルート

雪崩に注意

芳ケ平

渋峠

夏道沿いに登る 2019

横手山

1/28000

白根山

草津白根山

逢ノ峰

② 草津温泉からのルート

芳ケ平ヒュッテ（通年営業）

芳ケ平ヒュッテ

気持ちのよいルート

大平湿原 大平温泉

徒渉点。ここ以外は困難

中之条町

夏道沿いに登って、滑る

草津温泉スキー場 草津温泉街

草津白根山

大沢川

草津白根山

谷沢川

スキー場の脇を進む

草津温泉街

志賀高原からの滑り（尾根ルート）

35

カヤノ平<ruby>平<rt>だいら</rt></ruby>

奥志賀高原スキー場～竜王山裏～カヤノ平～糠塚
X-JAM高井富士スキー場～糠塚～カヤノ平～糠塚

● 日帰り、1泊2日　● 適期／1月下旬～3月中旬

少しヘビーな
スキーハイクコース

　山スキーを始めたころは北八ヶ岳<ruby>岳<rt>きたやつ</rt></ruby>周辺に通っていたが、そのうちに物足りなさを覚え、もう少し山スキーらしいコースとして、カヤノ平に行ってみた。カヤノ平は、古くから志賀<ruby>賀<rt>が</rt></ruby>高原<ruby>原<rt>のざわ</rt></ruby>～野沢温泉へのロングルートの中継場所として知られてきたエリアだ。奥志賀高原からカヤノ平は、細かいアップダウンはないが、カヤノ平から野沢温泉へは、それなりにヘビーな行程だ。

　ルートの始・終点が異なっていても、両方ともスキー場であれば、アクセスは容易だ。そうでない場合は、車の回収の点で厄介である。そこで本稿では、スキーバスを使ってスキー場を始・終点にして、カヤノ平に行ってきた2つのルートを紹介する。

データ

● アプローチ

上信越道信州中野ICから国道292号などを経て、約1時間で奥志賀高原スキー場。糠塚へは、同ICから国道403号・292号を経て、約25分。X-JAM高井富士へは、同ICから国道403号・292号を経て、約30分。

● アドバイス

山行に関しては、天候と時期を選ぶことになる。シーズン前半では、スキー場の積雪量は充分でも、伐採や切り株の斜面が雪で覆われていないことも多かった。3月の連休前後は、経験上、低気圧が通過することが多かった。

● 2万5000分ノ1地形図

切明・夜間瀬

---

① 奥志賀高原スキー場からのルート

グレード　★★☆

比較的平坦なルート

　奥志賀高原までは、夜行スキーバスを使って向かった。スキー場では、山スキーの装備だとリフトの搭乗で配慮してくれた。リフトを降りたら歩いて焼額<ruby>額<rt>やけびたい</rt></ruby>山に向かう。1月連休の小雪時に焼額山北斜面を降りると、一定の幅で伐採が施されており、これはラッキーと思った。しかし切り株は完全に雪に埋まっておらず、大部分が竹で危険なため、結局はスキーを担いで下りる羽目になった。

　コルまで下りたら、なだらかな登りを経て、竜王<ruby>王<rt>りゅうおう</rt></ruby>スキーパーク（竜王山裏）に至る。スキー場には近寄らずに、そのまま北尾根を滑る。最初の斜面とは異なり、高標<ruby>標<rt>たかっぴょう</rt></ruby>山からはブナの疎林で快適に滑ることができる。ほどなくカヤノ平。林道よりも少し高い位置を幕営地にする。

　2日目の午前中は、カヤノ平周辺を歩いたり滑ったりした。南・北ドブ湿原から奥志賀林道などへまわった。奥志賀林道はどの斜面から降りても必ず見つけられ、戻ることができると思う。カヤノ平に戻り林道沿いを降りる。林道をそのまま降りても谷筋を降りても、立ち木に衝突しなければ特に危険はない。糠塚に到着後、タクシーでJR飯山駅<ruby>駅<rt>いいやま</rt></ruby>に戻る。

● 参考タイム／奥志賀高原スキー場（2～3時間）竜王山裏（3時間）カヤノ平（3～4時間）糠塚

---

② X-JAM高井富士からのルート

グレード　★★☆

起伏のあるロングコース

　たまたま、駅のスキーツアーパンフレットを見ていたら、X-JAM高<ruby>高<rt>たか</rt></ruby>井富士<ruby>富士<rt>いふじ</rt></ruby>へスキーバスが運行されているのを知った。前回のようにスキーを担いで下りたくないので、焼額山を経由しない方法で行くことにした。

　スキー場到着後、逆方向に歩き糠塚からスキーをつける。途中で出会った女性に「カヤノ平へ行く」と言ったら、「こんな時期にスキーで」と驚かれた。たしかに変なルートかもしれないが、RSSAは過去にも丹<ruby>丹<rt>たん</rt></ruby>沢<ruby>沢<rt>ざわ</rt></ruby>や奥多摩<ruby>摩<rt>おくたま</rt></ruby>で滑った記録があるので、このようなマニアックなルートを滑ることもいいと思う。

　淡々と林道を登るだけだが、後方から木島平<ruby>平<rt>きじまだいら</rt></ruby>スキー場の音楽が聞こえる。周囲の木立もほどよい間隔で空いてルートの見通しもよく、快調に歩みを進めることができる。適当な場所でツエルトを張って、公称－29℃対応のシュラフを試す。大きなサイズと重量だったが、テントではなくツエルトを携行したことを考えるとプラスマイナスゼロ。むしろ快適さでは、厳冬期用シュラフ＋ツエルトが正解だったと思う。カヤノ平からは、①奥志賀高原スキー場からのルートと同じコースを滑る。

● 参考タイム／X-JAM高井富士（1時間30分～2時間）糠塚（5時間～5時間30分）カヤノ平（3～4時間）糠塚

雪に埋まったロッジ

カヤノ平全景

飯山駅へ

糠塚

木島平村

立ち木にぶつからなければ
特に危険はない

淡々と林道を登る

クロスカントリー競技場

やまびこの丘公園

三ッ子山
982

X-JAM
高井富士

飯盛山
1064

信州中野ICへ

② X-JAM高井富士からのルート

小丸山スキー場

竜王スキーパーク

竜王ロープウェイ

山ノ内町

竜王スキーパーク

N
W E
S

0　0.5km　1km
1/38000

広い雪原のカヤノ平

木島平村

北ドブ湿原へ

周辺を散策しても楽しい

カヤノ平

奥志賀林道

←　　　1泊目／▲幕営地

南ドブ湿原

ブナの疎林を
快適に滑ることができる

木島平村

高標山
1747

剣沢ダム

スキー場には寄らず、
北尾根を滑る

① 奥志賀高原スキー場からのルート

竜王
スキーパーク

奥志賀高原スキー場

竜王山
1900

焼額山
2009

小雪時は
ブッシュの切り株が
うるさい

N
W　E
S

0　　0.5km　　1km

1/38000

36

妙高前山・三田原山

赤倉観光リゾートスキー場トップ〜前山〜同スキー場
妙高杉ノ原スキー場トップ〜三田原山〜同スキー場

● 日帰り　● 適期／1月上旬〜3月下旬

スキー場からアプローチ できる定番ルート

　妙高山群は日本でも有数の豪雪地帯に位置し、すばらしい山スキーフィールドを提供している。スキーの機動力を生かして、日帰りで火打山を越えて日本海側へ出るロングルートなども魅力的である。

　そのなかでも妙高外輪山は山麓からのアプローチが短く、スキー場リフトトップから手軽にアクセスすることができる。今回紹介する2ルートは、新雪期でも容易に入山できるため人気も高い。とはいっても新雪時の雪崩リスクなどは同じなので、慎重に行動し、スキー場管理者に迷惑をかけないようにしたい。

データ

● アプローチ

上信越道妙高高原ICから国道18号、県道39号を経て約5分で赤倉観光リゾートスキー場。同様に約10分で妙高杉ノ原スキー場。

● アドバイス

手軽にアクセスできる分、多くのスキーヤーが山に入ってくるので、ビーコンなどの基本装備も忘れずに、また事故などを起こさないようにすること。妙高山域は一晩で50cm以上の積雪となることもあり、ドカ雪直後の新雪雪崩には、特に注意が必要である。

● 2万5000分ノ1地形図

妙高山・赤倉

三田原山へ向かう

① 赤倉観光リゾート スキー場のルート

グレード　★★★

前山を滑る

　赤倉観光リゾートスキー場の正面にそびえる前衛峰が前山である。前山第3リフトトップでシールをつけ、ハイクアップする。尾根に忠実に登っていくと、右手からの主尾根に合流し、ひと頑張りで前山山頂に到着。

　滝沢尾根方向の滑り出しはヤセ尾根なので慎重にスタートする。しばらくするとブナ林の快適な斜面となる。その後は1211mポイントを目安に東方向へ滑っていく。視界が悪いと迷いやすいので、GPSなどで位置を確認すること。

　急斜面を降りて滝沢を横断するが、時期が早いと水流が出ていることもあるので注意する。1000mの小ピークを目印に、左岸の尾根をトラバース気味に登り、スキー場へと戻る。

● 参考タイム／リフトトップ（1時間30分）前山（1時間）スキー場

② 妙高杉ノ原 スキー場のルート

グレード　★★★

三田原山を滑る

　杉ノ原スキー場の第3リフトトップでシールをつけハイクアップ開始。10分ほどで沢を横断するが、過去に雪崩事故があったので、新雪直後は特に慎重に。グループの場合はひとりひとり横断すること。その後、妙高外輪山の斜面を登り、2300mピークあたりが終了点の目安となる。

　池ノ峰を目印に南方向に滑っていく。滑り出しは無木立の斜面だがクラストしていることも多い。しばらくするとダケカンバ林、ブナ林となり雪質もよくなる。尾根の終わる手前で右の沢に下るほうが楽だ。その後、カラマツ林の緩斜面を滑るが、夏道沿いのほうが開けて滑りやすい。最後は林道沿いにスキー場に戻るが、一度リフトに乗る必要がある。

● 参考タイム／リフトトップ（1時間30分）2300mピーク（1時間30分）スキー場

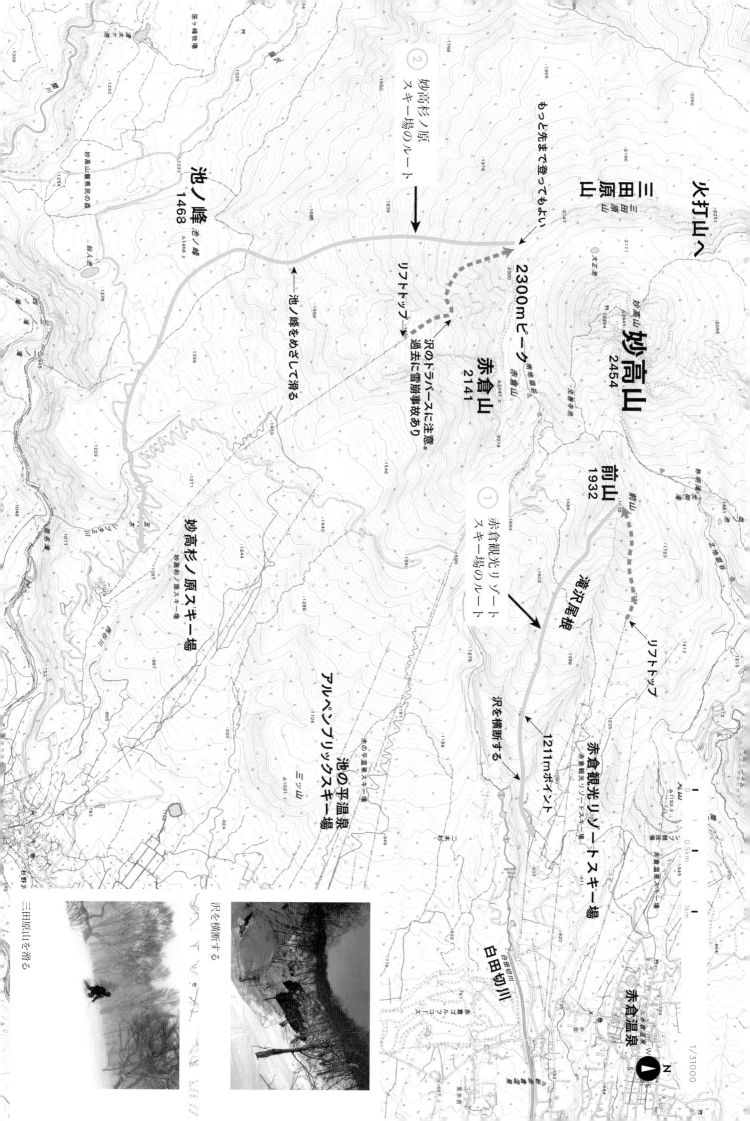

火打山へ

三田原山
三田原山

妙高杉ノ原
スキー場のルート

②

もっと先まで登ってもよい

2300mピーク

リフトトップ

沢のドラバースに注意。
過去に雪崩事故あり

妙高山
2454

赤倉山
2141

池ノ峰
1468

池ノ峰をめざして滑る

妙高杉ノ原スキー場

アルペンブリックスキー場

池の平温泉

前山
1932

滝沢尾根

1211mポイント

沢を横断する

赤倉観光リゾート
スキー場のルート

①

リフトトップ

赤倉観光リゾートスキー場

赤倉温泉

白田切川

沢を横断する

三田原山を滑る

1/31000

N

37

火打山
ひうちやま

笹倉温泉〜北面台地〜賽ノ河原〜火打山〜
影火打（火打山北側尾根）〜笹倉温泉

● 日帰り　● 適期／1月下旬〜5月上旬

すばらしい景色の
北面台地からアプローチ
するロングルート

　隣の焼山は近年でも噴火があった。行政から出される火山情報には注意しよう。日帰りでのロングコースでもあり夜明け前出発が望ましい。
　笹倉温泉の駐車場を利用させていただくが、体調管理も含めて前泊するのが理想である。宿の駐車場でもあるので出発の際には騒々しくならないよう注意しよう。豪雪エリアで、降雪直後はラッセルも大変だが、北面台地で迎える夜明けは絶景である。稜線から日本海に向かっての滑走はどのルートもすばらしい。一度とは言わずに、毎年訪れたくなるすばらしい山域である。

データ

● アプローチ

笹倉温泉まで北陸道糸魚川ICから国道8号、県道270号を経て約30分。能生ICから県道88号、国道8号、県道270号を経て約35分。

● アドバイス

北面台地までは林道が通っているが、効率よくショートカットしたい。地形を考えてトレースをつくれば帰路が楽になる。1350m近辺での賽ノ河原横断も往路でうまくトレースをつくれば帰路はシールを使わずに戻れる。ロングコースなので、いかに効率よく行動できるかが重要。

● 2万5000分ノ1地形図

湯川内

火打山北面ルンゼ

① 火打山北面ルンゼ

グレード　★★★

山頂直下からつながる
ルンゼライン

　北側の尾根1740m手前では雪崩に注意。尾根上は風の影響で雪が飛ばされていることがある。雪の硬さ、斜度、植生などの状況に合わせてシールかアイゼンかを判断したいが、頻繁にはき替えるのはロスが大きくなるので判断が難しい。山頂付近で積雪が薄い場合は無理に板をはかず、ルンゼ入り口までアイゼン下降したほうが安全である。ルンゼ内は新雪がたまっていて気持ちよく滑れる。幅は狭めで側壁はクラックが隠れていることがあるので注意したい。

● 参考タイム／笹倉温泉（3時間）北面台地（2時間30分）1740m（3時間）火打山（2時間30分）笹倉温泉

② 影火打とのコルからの
滑走ルート

グレード　★★★

滑走充実度満点

　溶岩流跡を通りエントリーポイントまでシールで登ることができる。1800mより上は斜度がきつくなるので雪崩に注意したい。滑走ラインは今回紹介するルートのなかではいちばん幅広く、斜度も適度で気持ちよく滑れるだろう。左右にエスケープするスペースも充分にあるので、うまく使ってリスクを負わないようにしたい。

● 参考タイム／笹倉温泉（7時間30分）影火打とのコル（2時間30分）笹倉温泉

③ 影火打北西
滑走ルート

グレード　★★★

焼山を見ながら
溶岩流跡を滑る

　まっすぐ滑り降りるルートではないが、溶岩流跡も含めるとほかの2ルートよりかなり下部まで滑ることができる。登りのときは気づきにくいが、沢芯のいちばん滑りやすいラインの下部は崖である。標高2050mをめどにスキーヤーズライト側に滑り込みたい。ほかの2ルートより斜度は緩いので、エスケープルートとしても使いやすい。

● 参考タイム／笹倉温泉（7時間30分）影火打とのコル（2時間30分）笹倉温泉

早川

笹倉温泉 Ⓟ

林道はショートカット

新田山
924

焼山川

糸魚川市

一ノ倉川

池ノ平

復路のため標高を維持してトラバース

アマナ平

空沢山
1421

高松山
1725

北面台地

北面台地の夜明け

リグループポイント

標高1350mあたりで
賽ノ河原を横断

賽ノ河原

1740mより上は
雪の状況、植生に合わせて
アイゼン歩行に切り替える

① 火打山北面ルンゼ

雪崩に注意

1740

山頂直下は雪が薄いので、
状況に合わせてアイゼン下降

③ 影火打北西滑走ルート →

雪崩に注意

② 影火打とのコルからの滑走ルート →

焼山
2400

影火打
2384

妙高市

火打山
2462

糸魚川市

1/33000

38 焼山・昼闇山

笹倉温泉〜焼山北面台地〜焼山〜昼闇山〜笹倉温泉

● 日帰り　● 適期／1月中旬〜4月中旬

静かで滑走充実度が高いロングルート

　笹倉温泉を起点として焼山北面台地へ向かうと、火打山、焼山、高松山が望める。どの山も滑走に適した斜面を有し、北面のため標高のわりに雪質がよく、滑走充実度が高い人気の山域である。春になると笹ヶ峰方面から火打山を経由して焼山北面台地への滑走が可能になるため人が増えてくるが、厳冬期はいたって静かな山域である。しかし、下部の林道や北面台地手前までの滑走は、歩きが長いわりに楽しめる区間が短いという人もいる。

　そこで、焼山滑走後に夏道がない昼闇山方面へ尾根を歩き、昼闇山から昼闇谷を滑り、笹倉温泉に周回するコースを紹介したい。焼山温泉から昼闇山を直接めざすと昼闇山ピークに立つのは難易度が高いが、焼山経由であれば比較的容易に山頂からの滑走が可能である。

データ

● アプローチ

北陸道糸魚川ICまたは能生ICから国道8号経由、約30〜35分で笹倉温泉。

● アドバイス

日帰りの場合、焼山北面台地で夜明けとなるペースが理想。林道下部のつづら折り区間と焼山山頂手前は、特に雪崩に注意したい。

● 2万5000分ノ1地形図

湯川内

昼闇山に向かう尾根から、先ほど滑走した焼山を眺める

焼山〜昼闇周回ルート

グレード　★★★

ツアー要素と滑走要素を兼ね備える

　厳冬期の除雪は笹倉温泉まで。しばらく行くと橋があり、春はここまで車で入れる。その先の林道では、つづら折り区間ののり面からの雪崩と埋まった道路の急なトラバースに注意したい。その後はできるだけ緩い登りとなるよう、地形をよく確認しながら登る。焼山北面台地に出ると絶景が目に飛び込んでくる。焼山の登りを避ける場合は、高松山をめざして滑走後、昼闇山に向かうのもよい。焼山をめざす場合は、最後の登りに注意。シールで登るには斜度があるが、アイゼンで歩くと厳しいラッセルとなることもある。

　焼山山頂からの火打山や後立山連峰の景色を楽しんだあとは、北面を滑走。ここは風にたたかれていることが多いが、標高を下げるにつれ次第に雪質がよくなる。滑走後は昼闇山をめざして尾根に取り付く。ここから昼闇山までは斜度が緩く歩きやすく絶景である。昼闇山山頂直下は急峻で、コンディションがよくないと滑走は厳しい。そんなときは数十m西に移動して探ると、快適なルンゼが見えてくる。ここから昼闇谷に向けた滑走が、このルートのクライマックス。雪質は焼山直下よりもよいことが多い。昼闇山滑走後は林道沿いに焼山温泉方面へ。途中で笹倉温泉方面に向かえば、川を渡ってそのまま笹倉温泉に周回できる。

● 参考タイム／笹倉温泉（5時間）焼山（2時間30分）昼闇山（1時間30分）笹倉温泉

焼山温泉へ

西尾野川

笹倉温泉

笹倉温泉旅館の
対岸から徒渉可能

つづら折りの林道。
雪崩注意

アケビ平

新田山
924

昼闇谷

一ノ倉川

焼山川

糸魚川市

火打山川

アマナ平

視界が開け、
焼山北面台地が一望できる

山頂付近、
滑走ライン複数あり

昼闇山
1841

高松山
1725

北面台地

真ノ河原

水無谷

急斜面。登りのルート注意

焼山
2400

火打山へ

妙高

0   0.5km   1km

N
W E
S

充実度の高い滑走

ご とう とも かず
後藤知一

1980年、福岡生まれ。冬山登
山とスキーを両方楽しむべく山
スキーを始めて16年。ディープ
パウダーから新緑のブナ林ま
で、シーズンを通してテレマー
クを楽しむ。

テレマークが好き！

ドライパウダーの中で大きな浮き沈みを楽しむ

　私はテレマークが好きだ。山スキーを始めて2年目にテレマークと出会い、翌シーズンからはもっぱらテレマークでスキーを楽しんでいる。もう15年近くになるが飽きの気配はこれっぽっちも感じることなく、「好き」がますます深まる一方である。

　「なぜテレマーク？」とは、よく聞かれる。「スキーアルピニズムの実践」の手段としては、テックビンディングの台頭で「軽い」道具とは言えなくなり、NTNビンディングの登場で高剛性化を経てなお、弱い道具としての位置付けに変わりはない。多くの方がテレマークを選ばないのは自然で合理的だと思う。私自身、まれにATビンディングの付いた板をはいては、その圧倒的な安定感と力強さにほれぼれしてしまう。そんな道具で山に入っていたころは、まっさらな緩斜面をテレマークでゆっくりと、おっかなびっくり滑ってくる仲間たちが不思議で仕方がなかった。ともすれば、ターンに失敗することのほうが多く、転んでは大声で笑い、ターンが成功すれば全員が歓声を上げていた。

　ものは試しとやってみて納得、テレマークは楽しい。まずはファミリーゲレンデがエクストリームスキーの様

相を呈してくる。立っていることすら難しく、滑り始めた瞬間に顔から雪面に突っ込んだ。しかしそこはファミリーゲレンデ、滑落も雪崩もない。不思議と笑いが込み上げてくる。やがて斜滑降ができるようになり、初めてテレマークターンに成功したときの感覚は鮮烈だった。かかとが固定されていない緊張感はそのままに、かかとが上がることによって解放感が全身からあふれ出す感覚は、まさに新体験であった。

　それから約15年、ATやテックの仲間と遜色ないレベルで滑ることができるようになってきたが、それでも緊張感は当時のままに、解放感はますます増大する一方である。滑走技術が上がっても、力で押しきれる道具でないことには変わりなく、刻一刻と変わっていく斜面の形や雪質を丁寧に読み取りながら滑る楽しさもすばらしい。

　また、少しずつではあるが、テレマーカーの仲間も年々増えている。山で、ゲレンデで、仲間の心理状態や状況判断を想像しながら、ひとつひとつのターンに歓声を上げる時間は、何物にも代え難い楽しみである。緊張感と解放感、そして雪と仲間、結局はスキーアルピニズムの魅力そのものである。

旭川の極上パウダーをスーパーファットで滑る。テレマーク特有の浮遊感がすばらしい

春の八甲田にて。仲間に向かって大斜面を細板で滑り降りていく

Backcountry
Skiing
100
Mountains

2

RSSA

北アルプス

奥美濃

富士山

39

五輪山

蓮華温泉〜白高地沢〜五輪山〜蓮華温泉

● 日帰り　● 適期／4月上旬〜5月上旬

蓮華温泉を起点に展望の山をめざす

　例年3月下旬から営業を始める蓮華温泉。雪が安定してきたらここを起点に、雪倉岳、朝日岳を滑るルートが人気である。天然温泉に泊まり、食事の提供が受けられる山スキーのベース。山スキーのシーズン中に車で入れない場所でこのような条件の場所は、全国を探しても、ほかにほとんどない。

　五輪山は、朝日岳から日本海の親不知へ続く栂海新道の東側の尾根にあり、北に黒負山、聖山が連なっている。蓮華温泉を起点にすれば、日帰りで活動できる山であり、展望がすばらしく、もっと滑られてもいいのではと思う。

データ

● アプローチ

蓮華温泉は、山スキーの時期には車でアクセスできないので、栂池高原スキー場か木地屋から山スキーでアプローチする。上信越道長野ICから木地屋へは、国道19号・148号で約100km、約2時間。

● アドバイス

ゴールデンウィークに休暇が取れたら蓮華温泉に連泊して、雪倉岳、朝日岳に加えて計画するとよい。温泉に泊まらずに、瀬戸川を渡った先のヒョウタン池付近で幕営すれば、短時間で往復できるので、活動に余裕ができる。

● 2万5000分ノ1地形図

白馬岳・黒薙温泉

白高地沢の右岸を滑る

蓮華温泉からの往復ルート

グレード　★★★

五輪山から五輪高原へ滑り込む

　蓮華温泉から兵馬ノ平を越え、瀬戸川までは緩い斜面を滑る。瀬戸川の川岸は急で、雪が少ないと斜面へ下りる前に板を外して担ぎ、鉄製の橋を渡る。ここからシールをつけて白高地沢の右岸を進む。ここまでのルートは朝日岳をめざすルートと同じである。ヒョウタン池の先あたりで、白高地沢が埋まり始めるので、滑りのために徒渉地点と斜面の雪の状態を確認しておくとよい。

　沢沿いをさらに進み、適当なところで五輪山へ向かう斜面に取り付く。地形図の1983m地点から先は右手に五輪高原を見ながら山頂まで進む。山頂からの展望はすばらしい。南を向けば朝日岳、雪倉岳が近くに見え、北を向けば、黒負山、聖山が連なっている。時間に余裕があるなら、北側の斜面を滑って登り返すといい。

　滑降は、朝日岳、雪倉岳を見ながら五輪高原をめざす。台地から少しトラバースして、登りでチェックした斜面を白高地沢まで滑る。しばらく白高地沢沿いに滑り、川岸が立ってきたらシールをつけて登りのルートへひと登り。あとはのんびりと蓮華温泉に向かえばいい。ビールと温泉が待っている。

● 参考タイム／蓮華温泉（1時間30分）瀬戸川（3時間）五輪山（1時間30分）瀬戸川（1時間30分）蓮華温泉

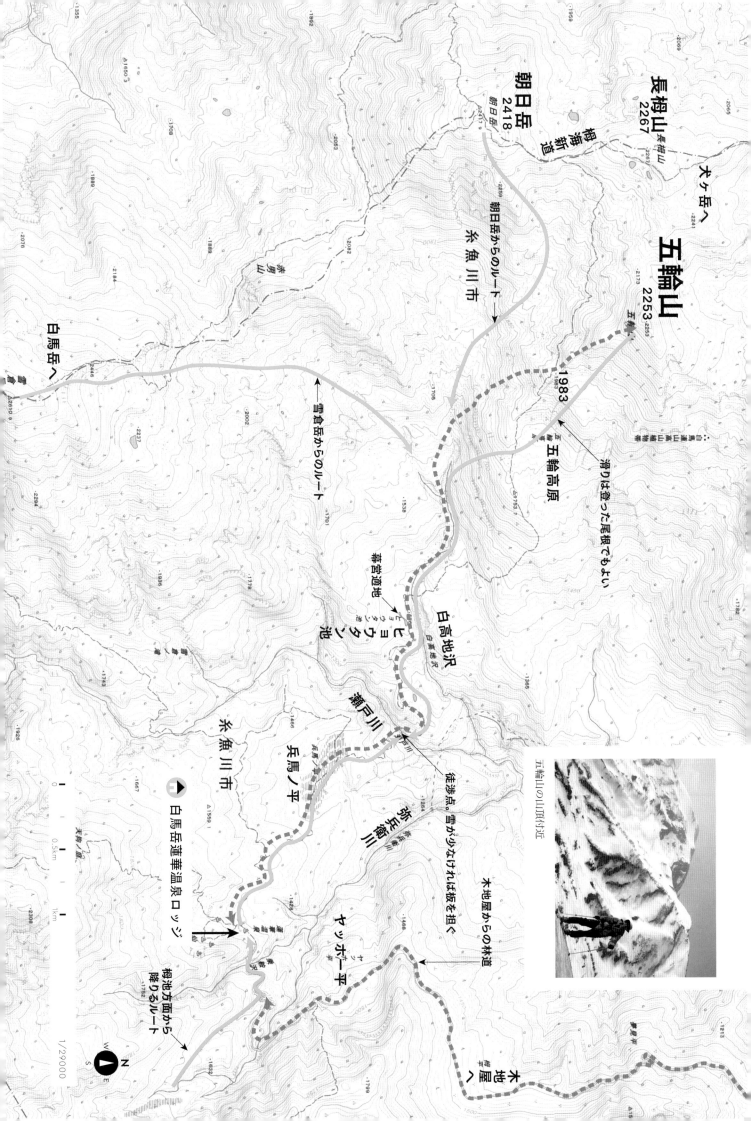

五輪山の山頂付近

40

船越ノ頭 金山沢

自然園駅〜白馬乗鞍岳（栂池自然園）〜
船越ノ頭〜金山沢〜猿倉

● 日帰り　● 適期／1月下旬〜4月中旬

乗鞍岳・自然園双方から
アプローチできる
白馬連山を望むルート

　白馬周辺のなかで、栂池高原スキー場のゴンドラ・ロープウェイを使用することで、最も容易にアルペン的風景に出会うことができる。そのなかでもルートの難易度がさほど高くなく、滑りも楽しめるルートとしておすすめなのが本コースだ。なお、ロープウェイ運行前はゴンドラ終点から登ることになる。

　船越ノ頭からの出だしの斜面は若干急で、過去に雪崩事故が起きているので、新雪時は注意しよう。この斜面をトラバースして滑るのは避けること。

データ

● アプローチ

栂池高原スキー場へは上信越道長野ICから白馬長野有料道路を経て約1時間20分、または長野道安曇野ICから国道148号経由で約1時間20分。シーズン中は、JR大糸線白馬駅から定期バスが、新幹線長野駅から直通バスが運行されている。

● アドバイス

アルプス縦走を味わいたいのなら白馬乗鞍岳を越えるルート、滑りをメインに考えるなら栂池自然園を横断するルートだろう。猿倉までバスが開通するまでの間は、車をデポするか、タクシーを呼んで栂池高原スキー場まで戻るかのどちらかになる。猿倉まで道路が開通する前は、二股まで下山する。

● 2万5000分ノ1地形図

白馬岳

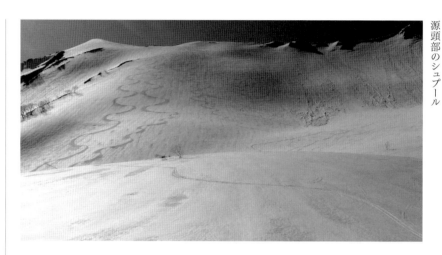

源頭部のシュプール

① 白馬乗鞍岳からのルート

グレード　★★★

白馬乗鞍岳を縦走する

　自然園駅を降り、シールをつけて、右手の小尾根に取り付く。斜面は徐々に急になり天狗原に到着する。白馬乗鞍岳へは大斜面の中央部のやや沢状の部分を登っていく。山頂は雪が飛ばされていることが多く、50mほどをコルまで滑る。あとは稜線を船越ノ頭までつめる。

　船越ノ頭から小蓮華山までの斜面はどこでも滑れるが、出だしが若干急なので注意。気持ちのいいシュプールが描けるだろう。2301m台地の右側から金山沢に入るが、途中の右側からのデブリに注意。北股入の出合は、時期によって水流が出ている。あとは林道沿いに猿倉へ下る。

● 参考タイム／自然園駅（1時間30分）天狗原（45分）白馬乗鞍岳（45分）船越ノ頭（1時間）北股入出合（30分）猿倉

② 栂池自然園からのルート

グレード　★★★

栂池自然園から金山沢を滑る

　自然園駅からシールをつけて、栂池自然園を横断する。斜面が急になり始めたら、2301m台地に向かって右側の尾根を登っていく。台地からは右回りの弧を描くようなルートで船越ノ頭までつめる。稜線直下は急なので無理せずにスキーを担いでもよい。

　滑走については白馬乗鞍岳からのルートを参照のこと。こちらのほうが早く着くので、2301m台地をベースに何本か滑ってもいい。自然園側の尾根も気持ちよく滑れる。

● 参考タイム／自然園駅（2時間）2301m台地（45分）船越ノ頭（1時間）北股入出合（30分）猿倉

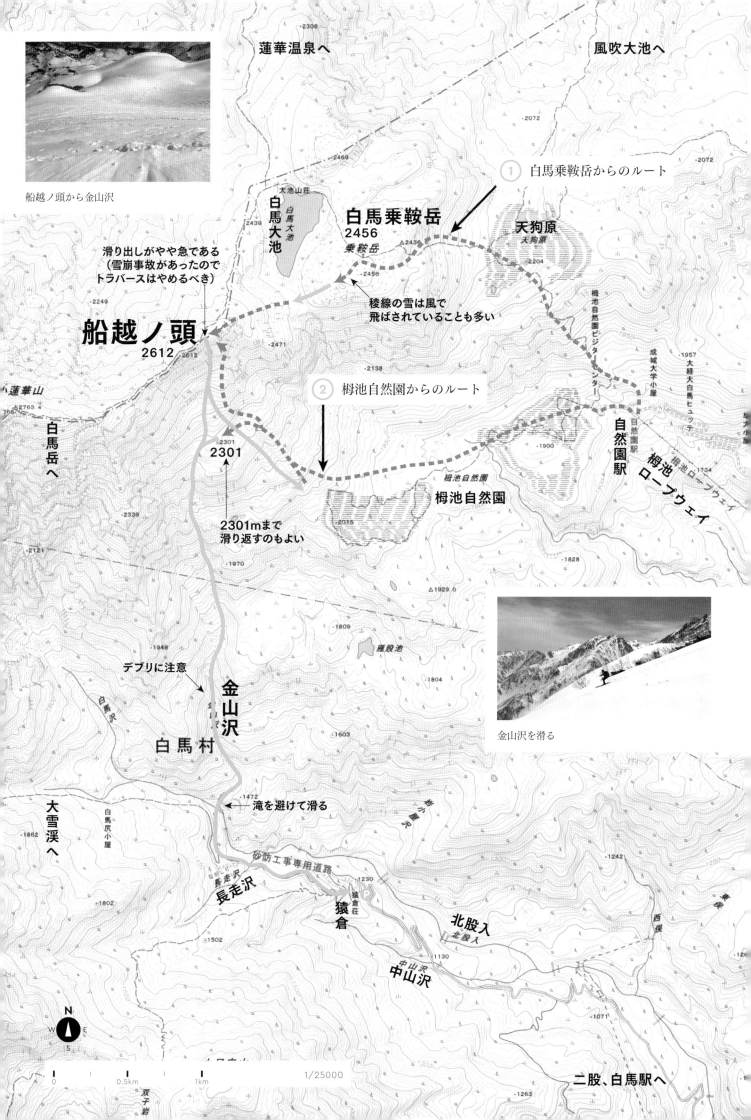

船越ノ頭から金山沢

蓮華温泉へ

風吹大池へ

白馬大池

白馬乗鞍岳
2456
乗鞍岳

① 白馬乗鞍岳からのルート

天狗原

栂池自然園ビジターセンター

成城大学小屋

大経大白馬ヒュッテ

滑り出しがやや急である
（雪崩事故があったので
トラバースはやめるべき）

船越ノ頭
2612

稜線の雪は風で
飛ばされていることも多い

② 栂池自然園からのルート

小蓮華山

白馬岳へ

2301

自然園駅

栂池ロープウェイ

2301mまで
滑り返すのもよい

栂池自然園

デブリに注意

金山沢

白馬村

金山沢を滑る

滝を避けて滑る

白馬尻小屋

大雪渓へ

砂防工事専用道路

長走沢

猿倉

北股入

中山沢

二股、白馬駅へ

N
W   E
S

0   0.5km   1km   1/25000

41

小蓮華山 小蓮華沢

自然園駅～小蓮華山直下～小蓮華沢～
白馬沢～猿倉～二股

● 日帰り　● 適期／3月中旬～4月下旬

最大標高差1800mの
ロングルート

　小蓮華山は、白馬岳からの東の稜線上にあるピークで、日本海から季節風がまともに吹きつけるので厳冬期は近づけない。しかし3月中旬以降になると雪質も安定し、好天を狙っての滑降が可能となる。

　付近には白馬乗鞍、金山沢など好ルートがあり、さらに3月末からは蓮華温泉への登山ツアーや多くのスキーヤーでにぎわう。春にはロープウェイも使えて機動力がアップするので、栂池周辺からさらに上部がスキーエリアとなってくる。ロープウェイは、年により運行時間・運行日が異なるので事前に確認が必要。

データ

● アプローチ

栂池高原スキー場へは、上信越道長野ICから白馬長野有料道路経由で約1時間20分。または、長野道安曇野ICから国道148号経由で約1時間20分。シーズン中はJR大糸線白馬駅から定期バスが、新幹線長野駅から直通バスが運行されている。

● アドバイス

急斜面なので、雪崩や滑落に注意が必要。条件によっては、金山沢や往路を戻るルートに変更。GW以降は、猿倉から白馬岳、小蓮華山経由の周回コースも可能だが、体力的にはきつく、雪質もよくない場合が多い。

● 2万5000分ノ1地形図

白馬町

小蓮華沢の上部から下部

栂池からのコース

グレード　　　　　★★★

小蓮華沢の急斜面から
快適な白馬沢への滑降

　栂池ロープウェイの自然園駅から自然園を横断し、北西の尾根を2612m（船越ノ頭）付近のピークをめざして登る。稜線からは、左側の雪庇に注意しながらの登りで、条件がよければシールでの登高も可能だが、雪面が硬い場合はアイゼンに切り替えたほうが無難。しばらく登ると2700m付近のドロップポイントに到着。雪庇のないところから滑降ラインを確認する。眼下には小蓮華沢から白馬沢が見える。

　小蓮華山山頂までは10分弱で、時間があれば往復も可能だ。高度感があるので雪質を確認しながら慎重に滑降開始。すぐに広い沢状の急斜面となる。ここは滑落や雪崩に注意が必要。やがてノドの通過となる。上部からの雪崩や落石が集中するので素早く通過したい。その後は斜度が緩み、しばらく滑ると右から白馬沢が合流してくる。ここからは白馬沢上部と白馬岳方面の迫力ある姿が望める。白馬沢は先ほどまでの小蓮華沢と違い広く快適な斜面で、開放感のある滑りを楽しめる。やがて大雪渓に合流し、さらに下れば車道に出て夏道どおりに滑り猿倉へ。このあとの車道は除雪次第だが、最大二股まで滑降可能。

● 参考タイム／自然園駅（4時間）小蓮華山手前ドロップポイント（1時間20分）猿倉（1時間）二股

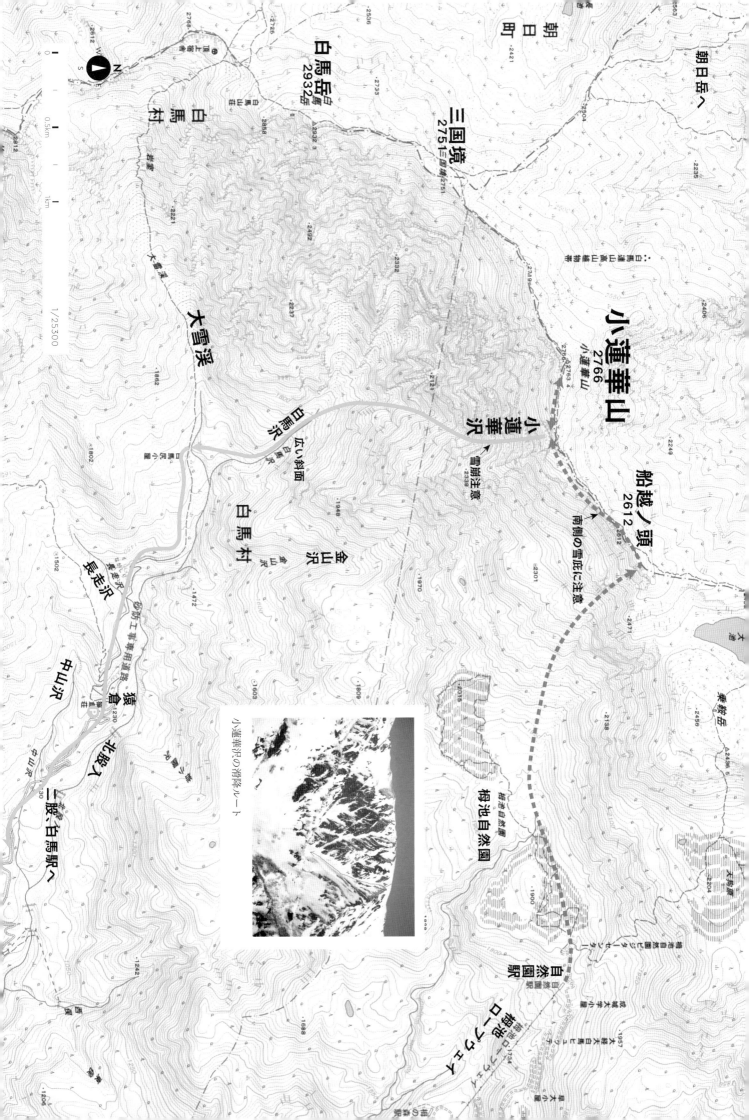

小蓮華山の滑降ルート

小蓮華山
2766
小蓮華山

船越ノ頭
2612

雪崩注意
・2339

南側の雪庇に注意

白馬岳
2932.3
白馬岳
・2932

三国境
2751三国境

大雪渓

白馬沢
白馬沢

広い斜面

金山沢
金山沢

白馬村

長走沢
長走沢

砂防工事専用道路

中山沢
北股入
二股・白馬駅へ

朝日岳へ
朝日町

白馬村

栂池自然園
栂池自然園駅

栂池ロープウェイ
栂池自然園駅

1/25300
0 0.5km 1km

42

白馬鑓ヶ岳 中央ルンゼ
猿倉〜大雪渓〜白馬鑓ヶ岳〜中央ルンゼ〜小日向のコル〜猿倉

●日帰り　●適期／4月下旬〜5月上旬

白馬鑓ヶ岳頂上から大斜面に滑り込む達成感のあるルート

　毎年、GW前に林道の除雪が終わり、猿倉登山口まで車でアプローチできるようになると、白馬三山の山スキーシーズンが始まる。

　白馬三山でいちばん南の、アプローチに時間を要する尖ったピークが白馬鑓ヶ岳である。山頂から東のフォールラインに向けて延びる斜面が、中央ルンゼだ。標高2900mから高度差1000m以上を滑る。岩や狭いノドがからむ攻略感のある斜面である。アプローチも長く、技術と体力をすべて出しきって大きな達成感を得ることができるであろう。

データ

●アプローチ
上信越道長野ICから国道19号、県道31号・33号・322号を経て、約1時間20分で猿倉駐車場。例年4月下旬（最終の金曜日）から林道が開通して、車で登山口へアクセスできる。4月下旬には白馬駅からの路線バスも運行する。

●アドバイス
例年5月の第1週目までが、いいシーズンである。以降、積雪が少なくなると、ノドが狭くなり、それより下部の落石が多い樹林帯の移動も大変である。ロングルートであるため装備の軽量化も重要だ。

●2万5000分ノ1地形図
白馬町

ドロップ直後の中央ルンゼ。狭いルンゼに飛び込んでいく

白馬鑓ヶ岳 中央ルンゼ滑走ルート

グレード　★★★

大雪渓を経由して白馬鑓ヶ岳山頂から滑走

　積雪が多い年は、GW中であれば猿倉登山口からシール登高ができる。しばらく林道が続き、登山道が始まったら積雪があるのでうまくショートカットする。大雪渓からは左右の落石に注意。場合によってはクライマーズライトを通ったりレフトを通ったりして、左右斜面のリスクを見極めよう。斜度が急になってきたらアイゼンにしたほうが、体力の消耗も少ないし安全である。最後は登山道から外れてコルに直接登り上げる。ここからは夏道が露出している場所が多いのでブーツパックでの移動が

ほとんど。ところによりアイゼンを使う。杓子岳は頂上に登らず巻くとよい。鑓ヶ岳直下の登山道は急で、頂上に到着したら東へ進む。この先は登山道ではない。

　雪が付いていると、頂上と同じ高さからドロップできることもあるが難易度は高い。スキーヤーズライトからドロップすると難易度は下がる。シュートが数本あるため技量により選択できる。ノドの通過は素早く、状況により1人ずつ行なう。落石も混じり、雪面も荒れていることが多い。標高1600m付近まで滑り降りたらシール登高となる。小日向のコルにて再度、滑走モードに切り替えて、積雪が充分なら登山口駐車場まで滑って下山できる。

　●参考タイム／猿倉（4時間30分）杓子岳下部（2時間30分）白馬鑓ヶ岳（2時間）猿倉

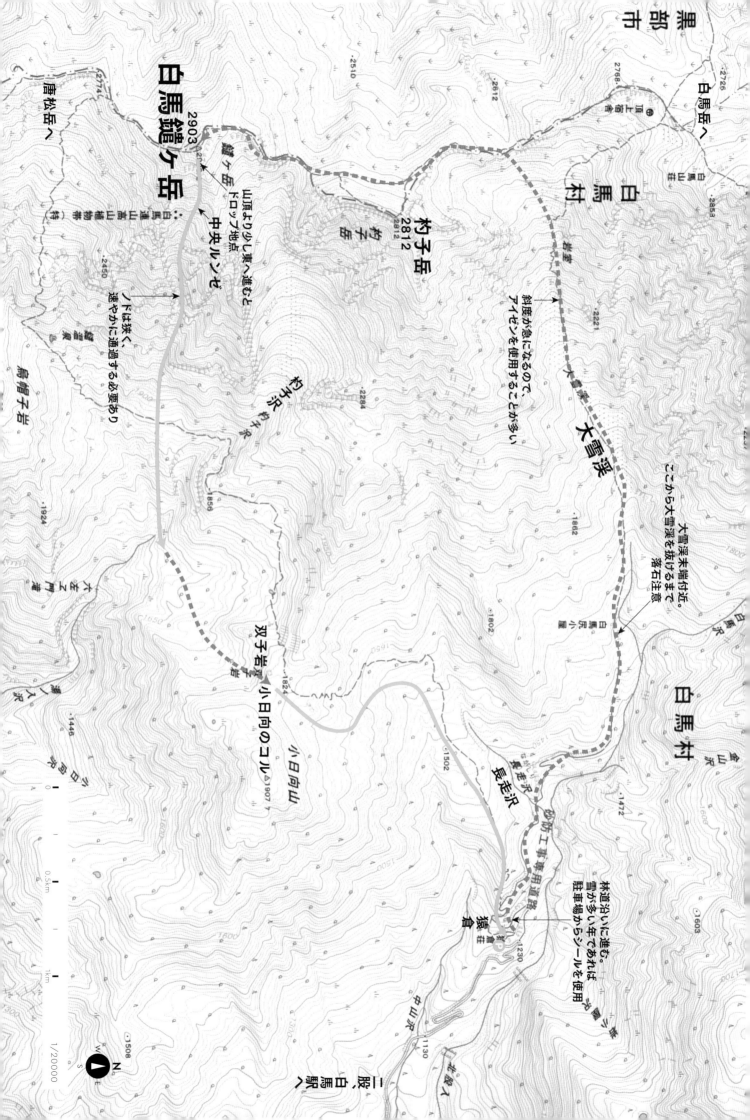

黒部市

白馬岳へ

唐松岳へ

白馬鑓ヶ岳 2903

杓子岳 2812

鑓ヶ岳（白馬連峰）

中央ルンゼ

山頂より少し東へ進むと
ドロップ地点

ノドは狭く、
速やかに通過する必要あり

烏帽子岩

杓子沢 杓子

双子岩

小日向のコル

小日向山△1907

斜度が急になるので、
アイゼンを使用することが多い

大雪渓末端付近。
ここから大雪渓を抜けるまで
落石注意

大雪渓

白馬尻小屋

白馬村

長走沢

猿倉

砂防工事専用道路

林道沿いに進む。
雪が多い年であれば
駐車場からシールを使用

二股、白馬駅へ

中山沢

北股へ

白馬岳へ

白馬村

金山沢

1/20000

0
0.5km
1km

N

Column 3

エクストリームスキーの撮影現場

柴田勇紀（しばた ゆうき）

2017年に脱サラして、スキー三昧の生活を実現するため長野県の小谷村へ移住。2020年にはスキーガイドステージⅡを取得。現在は、宿泊業、BCガイド、エクストリームスキーヤーとして活躍中。

思い出に残るエクストリームスキーの撮影現場について、2019-20シーズンに、RSSA会員で山岳カメラマンの松岡祥子さん、ドローンフォトグラファー藤田崇宏さんと3人で行った2日間の山行について紹介したい。

初日は、白馬八方尾根スキー場からアプローチ、ハイクアップで1時間ほどの近場へ。ここは私の大好きな斜面のひとつで、起伏に富んでおり、ジャンプを交えることもできる。また、全長が短く下部が開けていることもあって攻めきれるのが特徴だ。強風のなかハイクアップを終え、素早く準備を済ませたらドロップポイントへと移動した。その途中で、撮影場所の関係から松岡さんと別れる。彼女のザックはカメラ機材を入れてあるため、ライダーである私よりも重いが、急斜面を颯爽と滑っていき、撮影場所にスタンバイしていただいた。

ドロップポイントに到着したところ、霧がかかって松岡さんを目視できない。ただし、ドローンは飛べそうな風の強さだ。

不帰ノ嶮Ⅱ峰中央から延びる通称「逆しの字」。確実にターンを刻む

当初は30分ほど待機したら、どうにかドロップできるかと思っていたが、そうはいかなかった。お二人には待つことを快諾していただいたので、ベストコンディションを狙って、2時間も待機してしまった。

当然、いい作品を残すにはゆっくりなんて滑れない。スピードを出してジャンプも絡める。自分のケガのリスクもあるし、もしケガをしなくとも転んでしまったら、お二人に2時間も待機してもらったのに撮影も台無しとなる。ドロップ前、攻めたいが攻めすぎもできないと思うと、何回やっても緊張する。全身の力を抜くことと、板を縦にすることを意識してドロップした。硬い雪面の尾根をつないで岩を避け、最後は下見どおりのジャンプポイントを抜ける。会心の滑走であった。いい写真となったし最後のジャンプセクションもクリーンに決まった。

2日目はビッグラインの不帰ノ嶮Ⅱ峰のど真ん中を狙う。前日とは違い、スキーとブーツも軽量のものとし、ハイク時間は4時間を超える。標高差の大きい斜面であることと、道具セッティングからみても、攻めきれる斜面ではない。標高2500m付近で松岡さんと別れて、この日も2時間ほど待機していただいた。唐松岳から先はアップダウンのある稜線のアイゼン歩きが続く。

不帰ノ嶮Ⅲ峰の巻きは苦労するところだ。しかし、先行者が屈強な地元ガイド2人組であったため無駄のないルートでラッセルも軽減され、体力を温存できた。

ドロップポイントに到着。雲が迫っているため手早く準備をする。風が強く、ドローンは飛べないかと思っていたが、強弱ある風のタイミングをうまく使って藤田さんが飛ばしてくれた。

南東に向いた斜面、そのなかでも日射の影響はまだらで、積雪はクラストしたりドライだったりだ。ドライなところを狙いたいが、局所であり難易度は高かった。せいぜい5ターンほどしか連続で滑れなかった。滑っては止まって、滑っては止まって、ジャンプターンの繰り返し。核心部を抜けて安堵した。滑りの内容より、無事に滑ったことが重要に思えるような斜面だった。藤田さんも同じラインの滑走をして合流する。全員無事に下山でき、会心の写真と映像が残った。この2日間は、まさにTHE DAYであった。平日で山に人は少なめ、天気、積雪の状況のすべてを含めて。

まだまだ滑りがいのある斜面が世の中には存在する。これからも、私はそんな斜面を攻略することをライフワークとしていきたい。こんな斜面を滑って、しかも撮影までできる人は、数少ないだろう。松岡さんと藤田さんには、これまでのことを感謝するとともに、これからも懲りずにお付き合いいただきたいと思っている。

通称プチジャクソン。もちろ
んアメリカ・ジャクソンホー
ルが名前の由来だろう。攻め
きった滑りであった

43

白岳・五龍岳

エイブル白馬五竜スキー場〜遠見尾根〜白岳〜白岳沢〜Hakuba47ウインタースポーツパーク

● 日帰り　● 適期／1月中旬〜4月上旬

比較的風に強い
滑走充実度が高い
アルパインルート

　晴れた日の白馬アルパインエリアには、多くの滑り手が集まる。特に八方尾根は「晴れたら八方」という合言葉もあるほどで、鼻息が荒いたくさんの滑り手でにぎわう。しかし、風に悩まされることも多い。スキー場トップがそよ風でも、「便所小屋」から先、丸山ケルンから先など風が急に強まる場所があり、爆風敗退した経験がある人も多いと思う。

　そんなときでも隣の遠見尾根は風が弱く、尾根なのにラッセルということもある。そして八方尾根と比べると静かで人が少ない。今回は、遠見尾根のなかでも滑走充実度が高く、ほかが爆風でも風が穏やかでいい雪を楽しめる白岳を紹介したい。

データ

● アプローチ

長野道安曇野ICまたは上信越道長野IC、北陸道糸魚川ICからいずれも約1時間でエイブル白馬五竜スキー場またはHakuba47ウインタースポーツパークへ。

● アドバイス

遠見尾根は雪が軟らかいことが多く、シールのみで白岳まで行けることが多いが、直前でアイゼンが必要な場合がある。滑走後、中間部以降は雪が少ないときだと滝や堰堤を巻く必要があり、難易度が高く時間を要する。時間に余裕をもって行動したい。

● 2万5000分ノ1地形図

白馬町・神城

左手に五龍岳、中央が白岳。白岳沢は中央の山の真正面

白岳沢

グレード　　　　　　　　　　★★★

景色を楽しみながら
登り、滑る

　エイブル白馬五竜スキー場トップのゲートを出て見返り坂を登る。しばらくすると左手に天狗岳に続くスパインが見えてくる。数々の有名ライダーが滑ったラインが圧巻。一ノ背髪からの村尾根滑走もまた楽しく、エスケープルートにもなる。その先からは、大遠見山から鹿島槍の景色がすばらしい。西遠見山から眺める五龍岳もまた圧巻だ。P130のコラムで紹介しているA沢・B沢・武田菱などを滑走する場合は五竜山荘方面へ。白岳を滑走する場合は尾根側から白岳へ。

　出だしは台地状で、スキーの装着や雪チェックのためのロープ確保もしやすいが、滑りだすと標高差600mほどの急斜面を一気に滑り降りる。エスケープポイント・リグループポイントを確認しておきたい。白岳沢は次第に斜度が緩くなり、ボトムでのパーティランが楽しい。しばらく行くと、沢が深くなる手前の右手に「逆鱗」と呼ばれるアイスクライミングで有名な氷壁が見える。ここから先は、雪が少ないときは難儀する。沢ボトムに水が出ている場合は、左側ののり面を巻く。その先の堰堤は基本的に右岸を行くが、雪が少ないと徒渉や堰堤の高巻きが必要。それを抜けると八方沢付近で、村尾根からの下山ルート・林道と合流する。

● 参考タイム／エイブル白馬五竜スキー場トップ（3時間30分）白岳（2時間30分）Hakuba47ウインタースポーツパークボトム

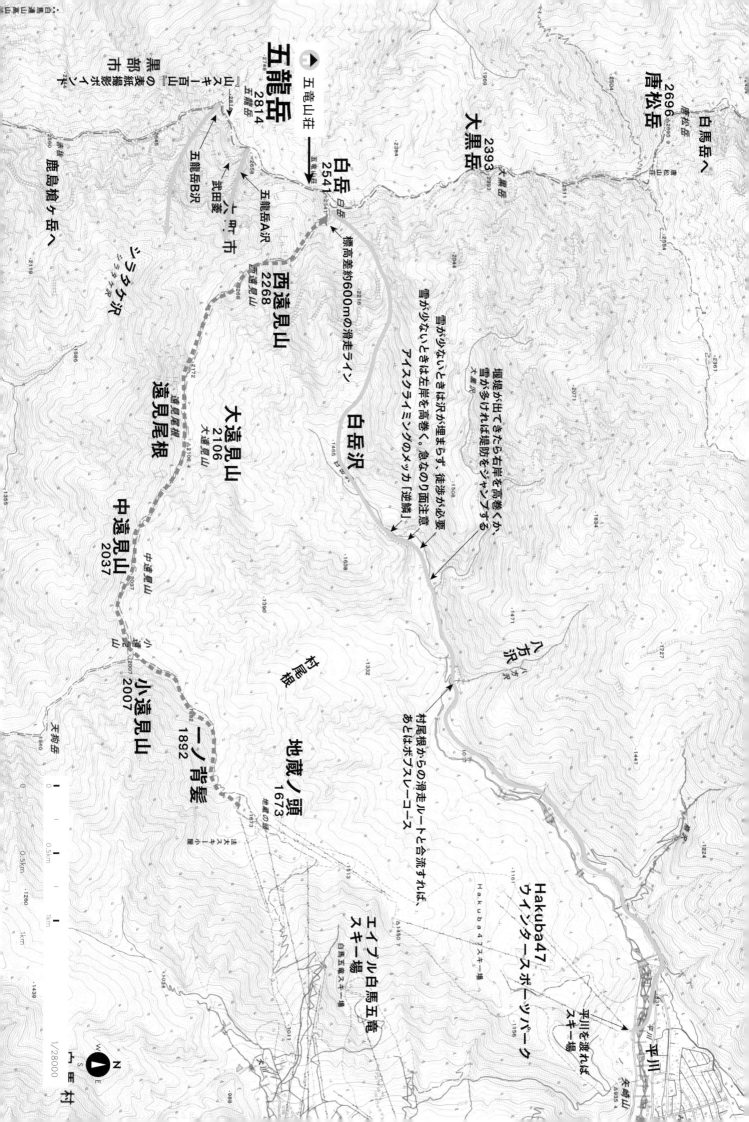

白馬岳へ

唐松岳
2696
唐松岳

大黒岳
2393
大黒岳

堤堤が出てきたら右岸を高巻くか、
雪が多ければ堤防をジャンプする
大黒沢

雪が少ないときは沢が埋まらず、徒渉が必要
アイスクライミングのメッカ「逆鱗」

白岳
2541
白岳

標高差約600mの滑走ライン

五龍山荘

五龍岳
2814
五龍岳

山スキー一年目の表紙撮影イメージ
黒部市
五龍岳A沢
五龍岳B沢
武田菱

鹿島槍ヶ岳へ

六町泉市
ジラタケ沢

西遠見山
2268
西遠見山

遠見尾根

白岳沢

大遠見山
2106
大遠見山

村尾根から滑走ルートと合流すれば、
あとはボスレーコース

村尾根

中遠見山
2037
中遠見山

小遠見山
2007
小遠見山

地蔵ノ頭
1673
地蔵の頭

一ノ背髪
1892

Hakuba47
ウインターズボードワーク

平川を渡れば
スキー場

エイブル白馬五龍
スキー場
白馬五龍スキー場

八方沢

0 0.5km 1km
1/28000

N
W   E
S

44 黒部湖横断

日向山ゲート～スバリ岳～御山谷付近～
一ノ越～室堂乗越～馬場島～伊折

● 1泊2日～2泊3日　● 適期／3月中旬～4月上旬

黒部湖スキー横断

グレード　★★★

　2001年に1泊2日で扇沢から後立山稜線に至り、西面を黒部湖へ滑降し、そのままスキーで横断して立山越えを実践した歴史的なルート。大スバリ沢、山崎カール、室堂乗越からの立山川と、ダイナミックな滑走が3度楽しめるツアーラインである。実行するには沢筋の登高が含まれるため、雪が比較的安定し黒部湖が完全凍結している3月中旬から4月上旬で、2日から3日間の晴天が続くチャンスをとらえるが必要ある。

データ

● アプローチ

入・下山口が異なるので、公共交通機関を利用するのが便利。マイカーの場合は、長野道安曇野ICから北アルプスパノラマロードを経て約40分で日向山ゲート。下山地の伊折からタクシーで上市（富山地方鉄道）に出る。新幹線で長野へ移動してアルピコ交通のバスに乗ると、日向山ゲートの最寄り駅の信濃大町に戻れる。所要約3時間30分。

● アドバイス

扇沢からマヤクボのコルまでは沢筋の登高なので、降雪直後の入山は基本的に避けたい。スバリ岳山頂からの滑降は雪面が硬く、滑落の危険があるので、雪が軟らかくなるまで下降して、滑降に移る。黒部湖は凍結が確実な2日目の早朝に横断する。立山川の滑降があるので富山県警に登山届を提出すること。

● 2万5000分ノ1地形図

黒部湖・立山・剱岳・大岩

1日目

扇沢から黒部湖出合

　信濃大町から予約したタクシーで日向山ゲートに向かう。扇沢へ続く道路は除雪してあり、スキーをザックに取り付けて歩き出す。道路が大きくカーブする手前でシールをつけ、沢の右岸に渡り延びている林道に入る。扇沢からは左岸を沢沿いにシール登高する。純白の針ノ木雪渓を快調なペースで進む。マヤクボ沢の手前で念のため雪質をチェックしてからマヤクボ沢をつめ、稜線のマヤクボのコルに上がる。

　コルから黒部湖を俯瞰して横断ポイントをしっかり確認してから、板を担ぎアイゼンとピッケルでスバリ岳山頂へ向かう。条件がよくないと山頂からの滑走は厳しい。通常は稜線沿いに雪質を見ながら下り、可能な地点から大スバリ沢へ滑る。

　最初は雪面が硬いかもしれないが、下降するにつれパウダー滑降が楽しめる。二俣を過ぎてしばらく進むと、谷はゴルジュ状になり、先には大滝がある。ここは手前の左手にあるルンゼを板を担いで登り、小尾根を乗っ越して反対側斜面を滑る。最後の樹林帯を抜けると黒部湖が目前に迫ってくる。水の取れる場所を確認して幕営する。

● 参考タイム／日向山ゲート（1時間50分）扇沢（2時間30分）針ノ木雪渓（2時間）コル（40分）スバリ岳（1時間35分）大スバリ沢大滝上（1時間15分）大滝下（30分）黒部湖出合

2日目

黒部湖出合から伊折

　夜間の気温低下と放射冷却効果を狙い、早朝に黒部湖横断を行なう。場合によっては氷河横断の要領で、アンザイレンするのもよいだろう。黒部湖は白く雪に覆われているが、側壁はブロック状に割れている。横断先はタンボ沢出合にするか、御山谷かは岸辺の状況次第で選択しよう。いずれもカメの甲羅地帯をスキーでうまくクリアして上陸する。あとは一ノ越まで長い登高を行なう。一ノ越から時間があれば、ぜひ雄山に登って、山崎カールを滑降するといい。誰もいない室堂に向かってすばらしい大滑降が満喫できよう。時間が押している場合は、無理せずに雷鳥平で泊まる。ここは寒いので雪洞を掘ってもよいだろう。

　時間があればさらに雷鳥平から室堂乗越に登り、滑りやすそうな付近のルンゼを選択して、立山川に滑り込む。威風堂々の剱岳を横目に、最後の滑降が始まる。ルンゼ状から、すぐに谷は大きく開け、高度差1600mの大滑降を堪能する。堰堤が出始めると、馬場島までは目と鼻の先である。駐在している富山県警に下山の挨拶に行き、伊折集落ゲートからのタクシーを予約する。

● 参考タイム／黒部湖出合（30分）黒部湖横断－タンボ沢出合（2時間30分）東一ノ越（2時間）一ノ越（1時間）雷鳥平（1時間30分）室堂乗越（2時間）立山川滑降－馬場島（2時間）伊折

大スバリ沢下部を滑る

稜線から凍結した黒部湖を俯瞰する

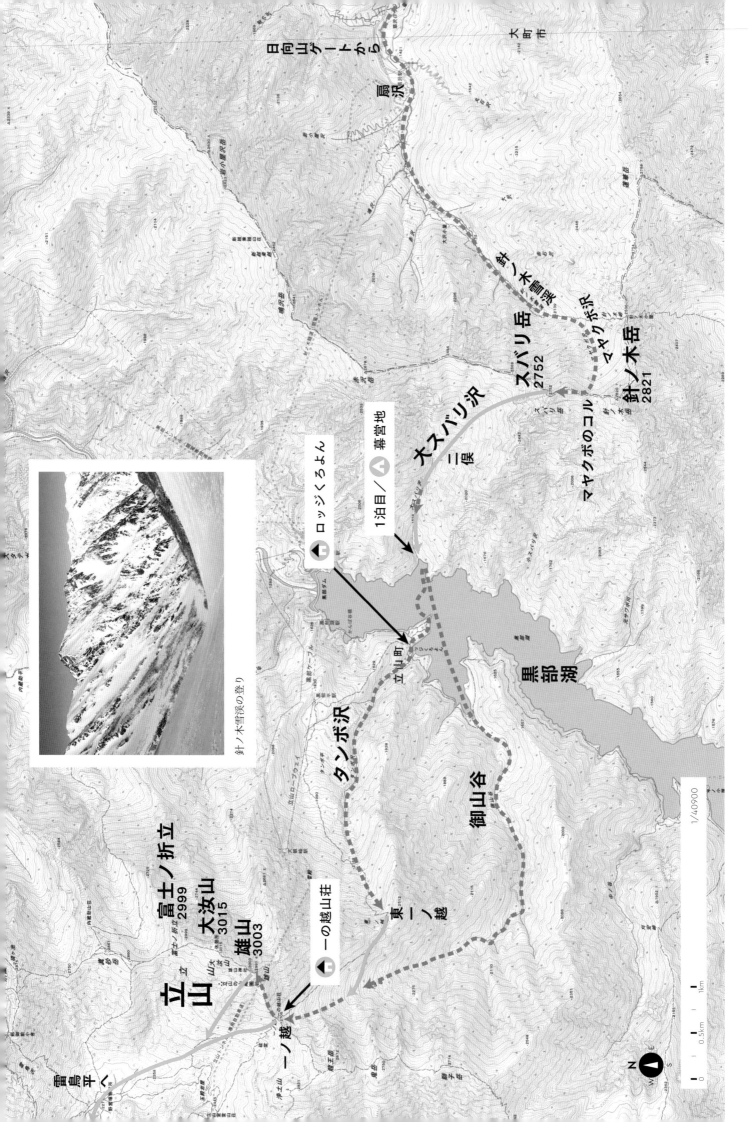

針ノ木雪渓の登り

大町市

日向山ゲートから

扇沢

針ノ木雪渓

スバリ岳
2752

マヤクボ沢

マヤクボのコル

針ノ木岳
2821

蓮華岳

大スバリ沢

三俣

1泊目／▲幕営地

▲ ロッジくろよん

黒部湖

タンボ沢

立山町

御山谷

富士ノ折立
2999

大汝山
3015

雄山
3003

立山

▲ 一の越山荘

東一ノ越

一ノ越

雷鳥平へ

1/40900

N
W E
S

0   0.5km

0   1km

山崎カールの滑降

馬場島荘

伊折まで歩く

馬場島

立山三

上市町

大日岳 2501

奥大日岳 2606

立山町

室堂乗越

雷鳥沢ヒュッテ

雷鳥平

室堂平

一ノ越

剱岳 2999

別山 2880

2泊目／幕営地

山崎カール

雄山 3003

立山

御前谷から

N
W E
S

0　0.5km　1km
1/43000

45

スバリ岳・蓮華岳

扇沢〜スバリ岳〜針ノ木雪渓〜扇沢
扇沢〜蓮華岳〜蓮華大沢〜針ノ木雪渓〜扇沢

●日帰り　●適期／4月中旬〜5月下旬

アプローチのよい
扇沢起点のルート

　立山黒部アルペンルート入り口の扇沢をベースにするルートは多い。爺ヶ岳や鹿島槍ヶ岳、反対側の針ノ木雪渓からアプローチする針ノ木岳、そして今回紹介のスバリ岳や蓮華岳などがある。

　アルペンルートの開通する4月中旬以降はアプローチもよく、多くの山スキーヤーでにぎわう。針ノ木岳をめざす人が圧倒的に多くスバリ岳や蓮華岳へは少なめである。蓮華大沢には左俣もあるが、近年の少雪で下部の雪が切れる場合もあるので確認が必要。下山後は、15分ほどの大町温泉郷で山行の疲れを癒やせる。

データ

●アプローチ

長野道安曇野ICから国道147号、大町アルペンライン（県道45号）経由で扇沢へ約50分。北陸道糸魚川ICからは国道148号経由で約1時間40分。有料駐車場の下には、無料の市営駐車場もある。JR大糸線信濃大町駅から路線バスあり。

●アドバイス

スバリ岳の滑降斜面は東向きのため湿雪雪崩の発生する可能性が高い。それを見込んだルート取りが必要。ドロップポイントにアプローチできない場合は、稜線を戻りマヤクボ沢を滑る。蓮華大沢は、下部の沢が狭くなるあたりの落石に注意。

●2万5000分ノ1地形図

黒部湖

蓮華岳　上部滑降

① スバリ岳ルート

グレード　★★★

スバリ岳山頂直下から
針ノ木雪渓への急滑降

　扇沢から夏道を通り左の作業道に入る。右岸を登り最終堰堤を越えたら針ノ木雪渓をひたすら登る。2250m付近から右のマヤクボ沢に入り、コルからは夏道をスバリ岳へ。

　滑降ルートは山頂直下の東斜面で、雪が少ないと雪面までの段差やクラックで降りられない。その場合は少し手前の登山道からハイマツ帯をトラバースする。少し滑るとノド状の急斜面で、湿雪雪崩が出やすく要注意。この後、針ノ木雪渓へ向かって急斜面の滑降。雪崩に注意しながら少しずつ右側を滑ったほうが安全。2100m付近で針ノ木雪渓に合流したら登りルートを滑って扇沢へ戻る。

● 参考タイム／扇沢（4時間30分）マヤクボのコル（30分）スバリ岳（1時間15分）扇沢

② 蓮華岳・大沢ルート

グレード　★★★

蓮華岳直下から
上部とルンゼ状の急滑降

　マヤクボ沢分岐までは前項参照。分岐から雪渓をそのまま登り針ノ木峠へ。ここからシートラーゲンで蓮華岳をめざす。稜線奥の雪渓最上部にスキーをデポして山頂往復（約10分）。蓮華大沢上部は広いので稜線のどこからでも滑降可能。

　最初は下部が見えないが、徐々に斜度が増して幅も狭まってくると沢の全景が確認できる。中間部を過ぎると落石が出てくるので、スピードをコントロールして注意しながら滑る。やがて右から左俣が合流すれば斜度も緩む安全地帯で、すぐ下に針ノ木雪渓が見える。あとは雪渓末端まで滑り扇沢へ。

● 参考タイム／マヤクボ沢分岐（1時間）針ノ木峠（1時間15分）蓮華岳（30分）針ノ木雪渓（30分）扇沢

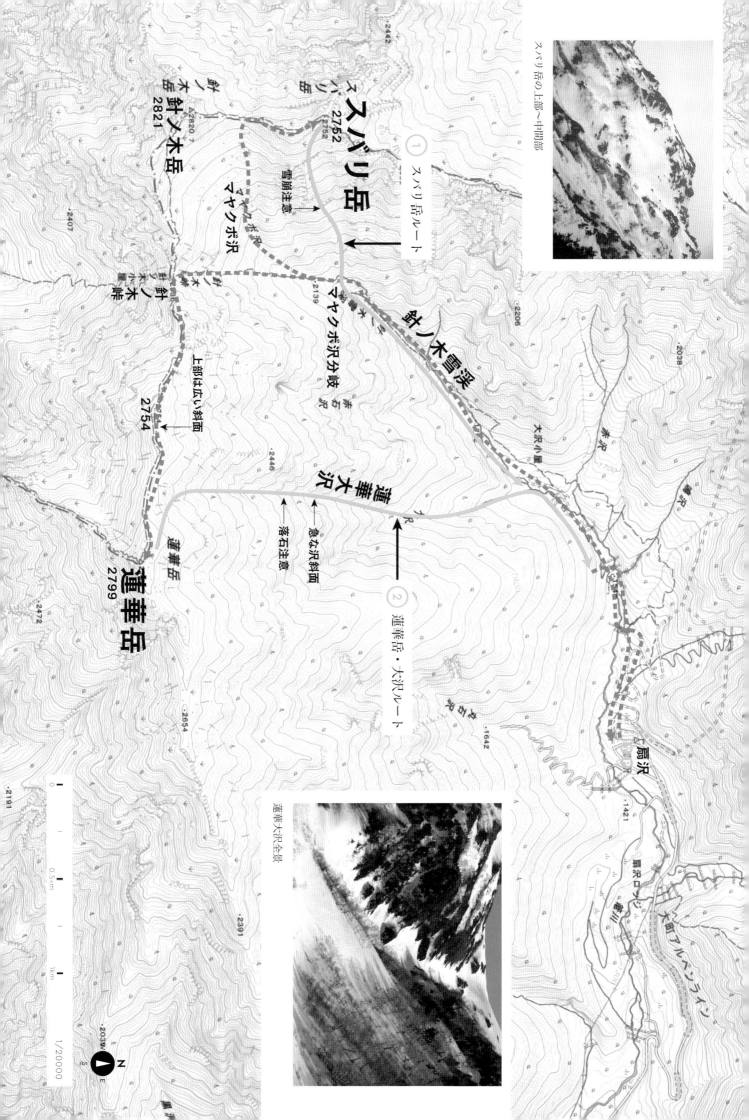

スバリ岳の上部〜中間部

蓮華大沢全景

① スバリ岳ルート

② 蓮華岳・大沢ルート

スバリ岳
2752

針ノ木岳
2821

蓮華岳
2799

雪崩注意

マヤクボ沢

マヤクボ沢分岐

針ノ木峠

針ノ木小屋

上部は広い斜面

2754

蓮華岳

急な沢斜面

落石注意

蓮華大沢

針ノ木雪渓

大沢小屋

赤沢

扇沢

扇沢ロッジ

大町アルペンライン

1/20000

0   0.5cm   1km

N
S
W
E

46

日本オートルート1

室堂〜五色ヶ原〜薬師岳〜黒部五郎岳〜
三俣蓮華岳〜西鎌尾根〜槍ヶ岳〜横尾〜上高地

● 4泊5日　● 適期／4月下旬から5月上旬

立山・室堂から上高地まで泊まり装備で抜ける上級者ルート

グレード　★★★

1980年、RSSA初期メンバーによって新穂高温泉〜双六岳〜薬師岳〜室堂の縦走がなされ、定番ルートとなったが、室堂〜上高地のルートも非常に多くたどられているので、今回は後者のルートを紹介する。

北アルプスの中心部をスキーで移動する旅は、格別の思い出になるだろう。山スキーヤー・スノーボーダーなら、一度はトライしてもらいたい名ルートだ。

データ

● アプローチ

長野道安曇野ICから国道147号、県道45号経由で扇沢へ行き、立山黒部アルペンルートを利用して室堂まで。富山方面からは、北陸道流杉SICもしくは立山ICから県道6号経由で立山駅まで行き、立山黒部アルペンルートで室堂へ。扇沢・立山両駅に駐車場あり。

● アドバイス

天候や雪の状態、メンバーの足にもよるが、通常で4〜5日かかるので、余裕をもって日程を組むとよい。天気予報が大きく変わるようなら、停滞や飛越トンネル・新穂高温泉に下山するなど、臨機応変に対応したい。長いルートで疲労もたまりやすいので、山小屋は積極的に活用しよう。

● 2万5000分ノ1地形図

立山・薬師岳・三俣蓮華岳・槍ヶ岳・穂高岳・上高地

1日目

室堂〜越中沢岳

朝イチのアルペンルートで室堂入りしてスタート。まずは一ノ越まで。御山谷は龍王岳と鬼岳の間めがけて滑り込む。鬼岳を登り、適当なところで獅子岳に向かって滑る。このあたりから人の気配がなくなり自分たちだけの世界になる。獅子岳に登ったら、ザラ峠までの滑りを楽しもう。このあたりは、鳶山北面の岩肌や、立山カルデラの景色が印象的だ。

ザラ峠から緩やかに登っていくと、真っ白でのっぺりした五色ヶ原に着く。岩の多く見えていた立山エリアとは雰囲気が変わっておもしろい。視界の悪い日はルートファインディングが難しいかもしれない。

鳶山から越中沢岳へ向かう。稜線の東側に雪庇ができているところがあるので、注意する。越中沢岳の手前、平らな針葉樹エリアで幕営する。

なお、全行程を通して登りはシールとアイゼンを臨機応変に使い分け、下りもスキーだけでなく、場所によってツボ足やアイゼンで下降など状況に合わせて行動すること。

● 参考タイム／室堂(1時間)一ノ越(3時間)ザラ峠(1時間)五色ヶ原山荘(2時間30分)越中沢岳幕営地

2日目

越中沢岳〜太郎平小屋

この日は行程が長いので、できる

だけ早く発つ。朝は気温が低くて雪が硬いので、滑落に気をつけよう。越中沢岳からスゴの頭までは、左に赤牛岳、右に薬師岳、中央奥には雲ノ平に祖父岳、三俣蓮華岳から笠ヶ岳の見事な景色が続く。スゴの頭から滑りを楽しんだあとは、薬師岳まで長い登りが続く。途中にあるスゴ乗越小屋周辺もテン泊できそうだ。

間山を過ぎてぐんぐん登る。逆ルートならここは長い距離を滑ることができて、非常に楽しいだろう。北薬師岳手前は雪庇注意。北薬師岳を過ぎると、金作谷が見えてくる。非常に魅力的な斜面なので、ぜひとも滑ろう。上部200mほどの滑降でも充分満足できる一本になる。

薬師岳に着いたら、薬師峠まで好きなラインで滑り、少し登り返して太郎平小屋へ。

筆者が計画した2019年は、太郎平小屋がGWに営業していて、温かい食事をとることができたが、近年はGWの営業をしていない。計画する場合は事前に確認すること。

● 参考タイム／越中沢岳幕営地(4時間)スゴ乗越小屋(3時間15分)北薬師岳(カール上部を滑って登り返し1時間30分)薬師岳(1時間30分)太郎平小屋

3日目

太郎平小屋〜双六小屋

太郎山を少し登って滑り、北ノ俣岳に登る。ピークからは中俣乗越めがけて大トラバースするが、薬師沢や赤木沢の源頭を少し滑って登り返

金作谷上部のすばらしい斜面

してもいい。

中俣乗越からシールをつけて登り、少し下ってから黒部五郎岳（くろべごろう）に登る。ピークを踏んだら山頂北側の肩まで滑って戻り、カールに向かって滑り降りる。肩の斜面はなだれやすいので要注意。

黒部五郎小舎まで滑り降り、三俣蓮華岳に登る。振り返ると薬師岳がはるか遠くに見える。稜線からは笠ヶ岳や槍ヶ岳（やり）、穂高連峰が美しい。

三俣蓮華岳の南東面のカールを滑り、シールをつけてトラバース気味に双六小屋に向かう。冬期小屋で快適に眠れる。三俣蓮華岳周辺は、視界が悪いと迷いやすいので注意する。

● 参考タイム／太郎平小屋（1時間30分）北ノ俣岳（2時間30分）黒部五郎岳（3時間）三俣蓮華岳（1時間）双六小屋

4日目

双六小屋〜横尾山荘

オートルートも大詰め。樅沢岳（もみさわ）から西鎌尾根（にしかま）へ。早朝で雪が硬く、文字どおり鎌尾根のため滑落に注意。筆者は板を背負ってアイゼンで歩いたが、踏み抜きが多く消耗した。雪の状態によって歩きやすさが変わってくる。また、ロープを出すほどではないが、際どいトラバースがあったりするので（その年や雪の状況によって変わる）、アイゼン・ピッケルで確実に通過したい。

槍ヶ岳はできるだけ登ろう。充実度合いが変わってくるからだ。山頂へは荷物をデポして、空身で登る。登頂したら、槍沢を槍沢ロッヂまで滑る。年によって残雪状況が変わってくるが、できるところまで滑って

降りよう。槍沢ではなく、大喰岳（おおばみ）に登って、南東斜面を槍沢側に滑ってもいいかもしれない。

● 参考タイム／双六小屋（7時間30分）槍ヶ岳山荘（30分）槍ヶ岳（30分）槍ヶ岳山荘（2時間）横尾山荘

5日目

横尾山荘〜河童橋

最終日は、横尾山荘から上高地の河童橋（かっぱ）まで。足のそろったパーティなら4日で室堂から上高地まで行けるかもしれない。アスリートチームなら、もっと速いだろう。メンバーの力量に合わせて、無理なく計画を立てよう。一生の思い出に残るような、すばらしい山行になるだろう。

● 参考タイム／横尾山荘（3時間）上高地

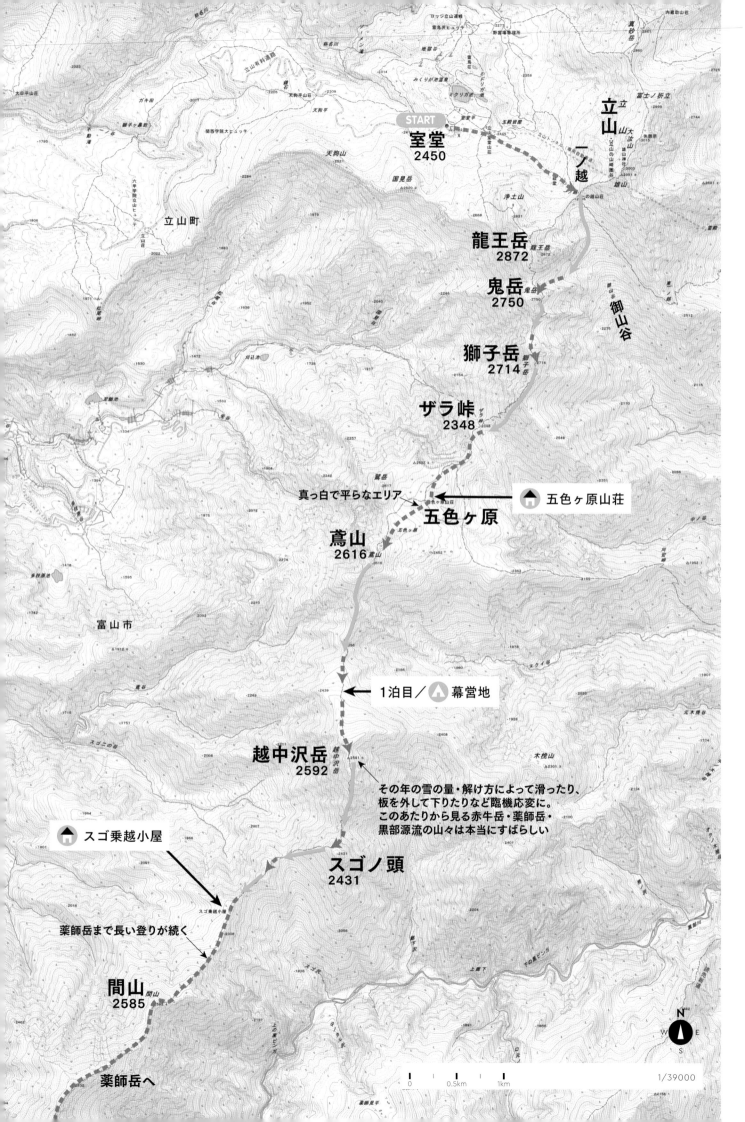

START
室堂
2450

立山
立山
大汝山 立山山神社
立山の神雄山峰 2999
富士ノ折立

一ノ越

龍王岳
2872

御山谷

鬼岳
2750

獅子岳
2714

ザラ峠
2348

真っ白で平らなエリア

🏠 五色ヶ原山荘

五色ヶ原

鳶山
2616

富山市

← 1泊目／🏕 幕営地

越中沢岳
2592

その年の雪の量・解け方によって滑ったり、
板を外して下りたりなど臨機応変に。
このあたりから見る赤牛岳・薬師岳・
黒部源流の山々は本当にすばらしい

🏠 スゴ乗越小屋

スゴノ頭
2431

薬師岳まで長い登りが続く

間山
2585

薬師岳へ

N
W　E
S

0　0.5km　1km

1/39000

北薬師岳
2900

金作谷

上ノ廊下

← 金作谷上部はよい斜面なので
滑っておきたい

薬師岳
2926

富山市

黒部川

薬師峠

太郎兵衛平

2294

2泊目／🏠 太郎平小屋（営業していない場合はツエルト泊）

太郎山
2373

右俣

薬師沢

左俣

神岡新道

北ノ俣岳
2662

赤木平

雲ノ平

飛騨市

← 大トラバース

赤木岳
2622

赤木沢

中俣乗越

富山市

🏠 黒部五郎小舎

双六岳へ
2661

黒部五郎岳
2840

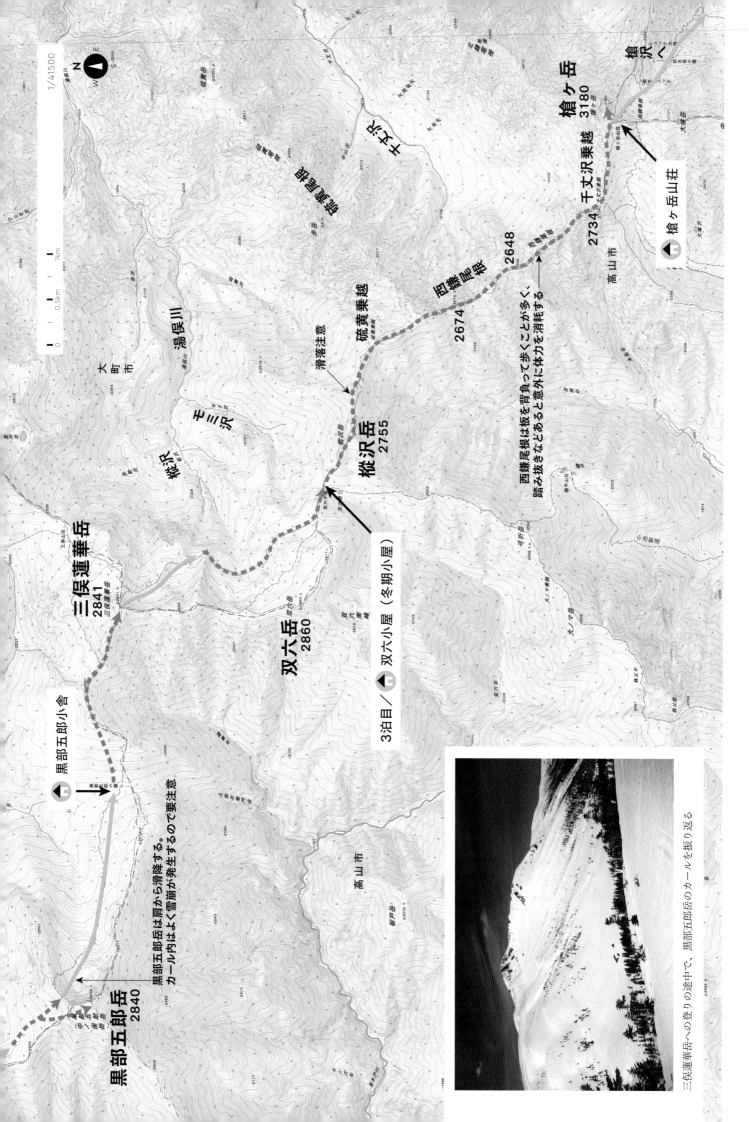

1/41500

N
W E
S

0　0.5km　1km

大町市

湯俣川

モ三沢

樅沢

滑落注意

硫黄乗越

西鎌尾根

2674　2648

千丈沢乗越
2734

槍ヶ岳
3180

槍沢へ

槍ヶ岳山荘

高山市

縦沢岳
2755

双六岳
2860

双六小屋（冬期小屋）

3泊目／双六小屋

三俣蓮華岳
2841

黒部五郎小舎

黒部五郎岳
2840

西鎌尾根は板を背負って歩くことが多く、踏み抜きなどもあると意外に体力を消耗する

黒部五郎岳は肩から滑降する。カール内はよく雪崩が発生するので要注意。

三俣蓮華岳への登りの途中で、黒部五郎岳のカールを振り返る

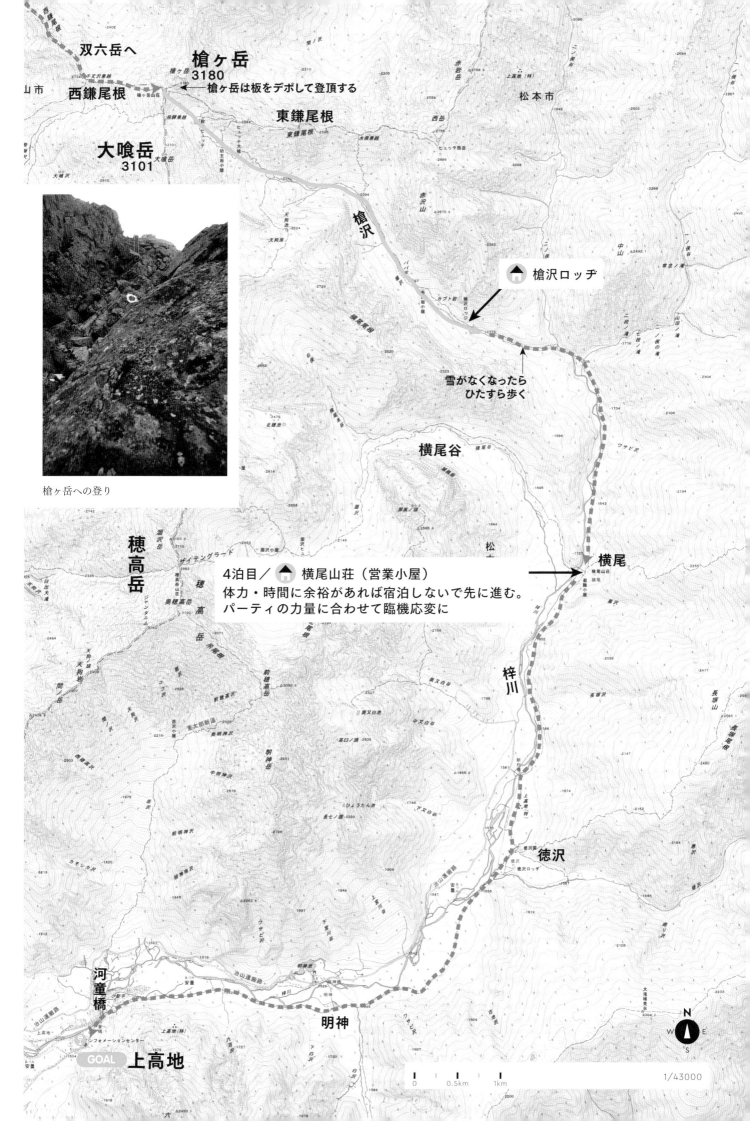

双六岳へ

槍ヶ岳
3180
←──槍ヶ岳は板をデポして登頂する

西鎌尾根

松本市

東鎌尾根

西岳

大喰岳
3101

槍沢

槍ヶ岳への登り

穂高岳

🏠 槍沢ロッヂ

雪がなくなったら
ひたすら歩く

横尾谷

🏠 横尾山荘（営業小屋）
体力・時間に余裕があれば宿泊しないで先に進む。
パーティの力量に合わせて臨機応変に

横尾

梓川

徳沢

河童橋

明神

GOAL
上高地

N
W E
S

0   0.5km   1km

1/43000

47 日本オートルート2

新穂高温泉〜双六小屋〜水晶岳〜
双六小屋〜新穂高温泉

●2泊3日　●適期／4月中旬〜5月上旬

水晶岳東面滑降をめざす

グレード　★★★

　夏に北アルプスを縦走したときに水晶岳（すいしょう）の東面を見て、ここを滑り登り返す計画が浮かんだ。最初のトライは3月下旬、3日間好天の予報だったが、2日目に吹雪で断念。2回目のトライは4月末となった。

　双六小屋（すごろく）には、冬期開放の避難小屋があり、北アルプスでスキーを楽しむのに重要な場所だ。新穂高温泉（しんほたか）を朝に出たら、その日に着くことができる。黒部源流（くろべ）〜三俣蓮華岳（みつまたれんげ）〜水晶岳方面、黒部五郎岳（くろべごろう）〜北ノ俣岳（きたまた）〜薬師岳（やくし）方面、西鎌尾根（にしかま）を登った槍ヶ岳（やり）と、三方向の起点になっている。

　ここでは、双六小屋を起点に黒部源流を経て、水晶岳を往復、加えて水晶岳の東面を滑る活動を紹介する。

データ

● アプローチ

長野道松本ICから国道158号、安房トンネル経由で新穂高温泉まで約1時間10分。

● アドバイス

4月中旬より前は、天気、雪ともに厳しい。雪が少ない年だと、小池新道の橋までの長い歩きがつらい。双六の冬期小屋の扉が凍りついて開きにくい場合は、ピッケルで雪を削ると開けられる。

● 2万5000分ノ1地形図

薬師岳・三俣蓮華岳・笠ヶ岳

1日目

新穂高温泉から双六小屋

　新穂高温泉の駐車場に車を停めて出発する。雪が多いと、ゲートから雪がつながっているのでシールが使える。わさび平小屋は、ほぼ雪で埋まっている。林道途中に危なっかしいトラバースがあるが、雪が硬く締まっていれば、問題なく通過できる。泊まり装備に加えてカメラなどを持つと、ザックが重いが頑張って進む。

　小池新道（こいけ）の橋から奥抜戸沢（おくぬけと）付近はデブリが多く、ここを越えるのは大変。3月に敗退したとき、大ノマ乗越をめざしたが、稜線の雪庇で苦労したので、弓折岳（ゆみおり）につながる尾根をおすすめする。こちらのルートのほうが安全で、尾根を進むうちに双六小屋が見えてくる。この日は双六の冬期小屋に泊まる。

● 参考タイム／新穂高温泉（8時間）双六小屋

2日目

双六小屋から水晶岳

　本ルートのハイライト。早朝に小屋を出よう。三俣蓮華岳までの巻き道は使わず、双六岳、丸山（まる）と尾根上を歩き、三俣蓮華岳からスキーにはき替え、三俣山荘、さらに黒部源流に滑り込む。ここはすばらしいロケーションなので、テントを張っている人もいる。続いて、ワリモ北分岐

を経て水晶小屋までシールで進み、アイゼンを履いて水晶岳に登る。ここまで特に難しいところはない。水晶岳の東面は出だしが急斜面だが、それほど難しい斜面ではなく東沢谷（ひがしざわ）まで滑る。

　楽しみのあとは登り返しが待っているが、最高の斜面を滑った気持ちよさをパワーに頑張る。水晶小屋に戻ったら、往路を逆方向に双六小屋まで滑り、登る。早朝に出発すれば暗くなる前に小屋に戻れる。

● 参考タイム／双六小屋（7時間）水晶岳（3時間30分）双六小屋

3日目

双六小屋から新穂高温泉

　好天は昨日までで、最終日は天気が下り坂の予報になったため、黒部五郎方面を滑る計画をあきらめて下山した活動の紹介になる。

　弓折岳の稜線経由ではなく、双六南峰に登り、双六沢を大ノマ乗越の下部まで滑る。ここから大ノマ乗越に登って、小池新道の橋まで滑るルートが知られているが、このルートはデブリに埋まり、スキーが楽しめない。そこで弓折岳まで登り、往路の尾根を小池新道の橋まで滑った。この先の林道は、滑りが楽しめるわけではなく、新穂高温泉までシールをつけて進んでもよい。

● 参考タイム／双六小屋（4時間30分）新穂高温泉

126　文・写真／関口康嗣

すばらしいロケーション

ここからはデブリの上を歩く。雪崩に注意

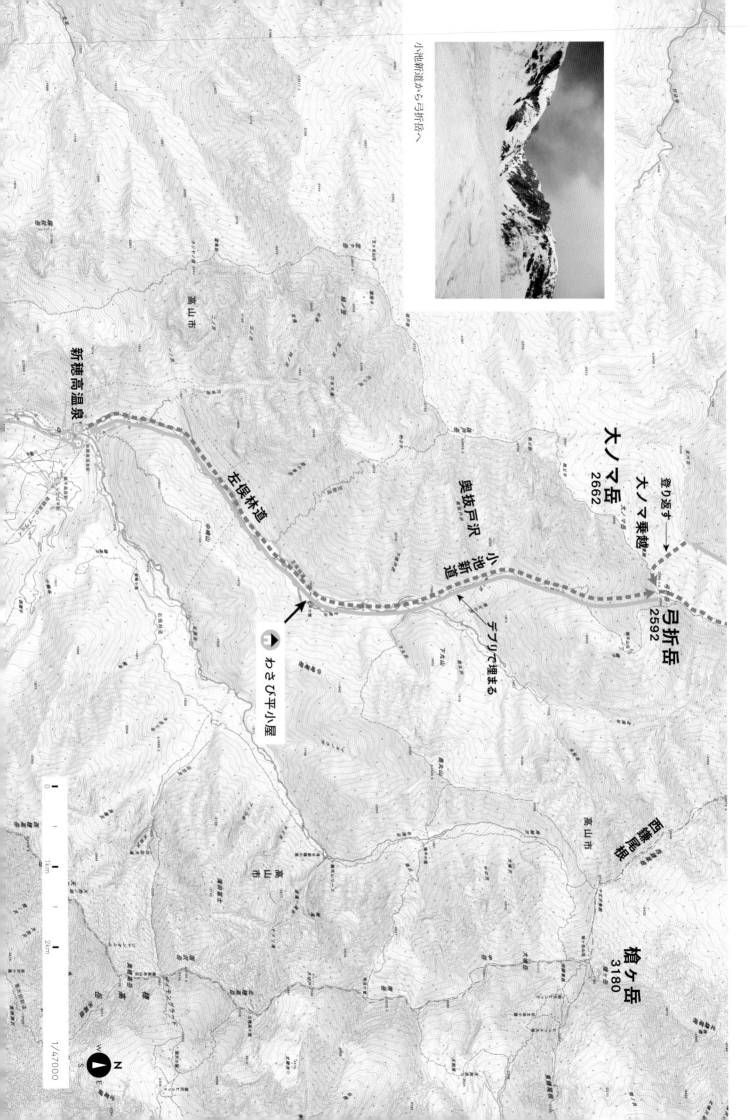

小池新道から弓折岳へ

新穂高温泉

左俣林道

わさび平小屋

奥抜戸沢

小池新道

デブリで埋まる

登り返す

大ノマ乗越

大ノマ岳
2662

弓折岳
2592

西鎌尾根

槍ヶ岳
3180

高山市

高山市

0
1km
2km

N
W E
S

1/47000

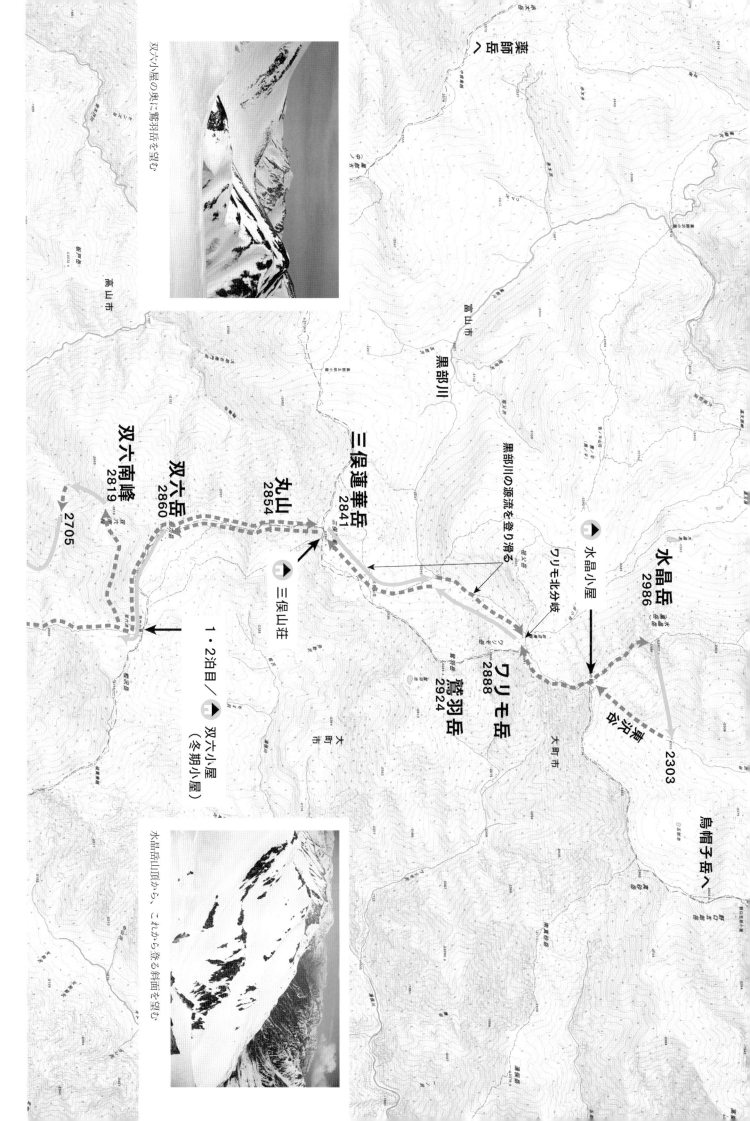

薬師岳へ

黒部川

富山市

黒部川の源流を登り滑る

ワリモ北分岐

水晶小屋

水晶岳 2986

東沢谷 2303

烏帽子岳へ

ワリモ岳 2888

鷲羽岳 2924

大町市

三俣蓮華岳 2841

丸山 2854

三俣山荘

双六岳 2860

双六南峰 2819

2705

1・2泊目／双六小屋（冬期小屋）

高山市

双六小屋の奥に鷲羽岳を望む

水晶岳山頂から、これから登る斜面を望む

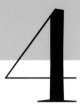

『山スキー百山』の
表紙のルートを滑る

五味秀敏（ご み ひで とし）

山スノーボードから山スキーに転身。現在、山スキー歴11年。限られた休日は、時間をつくって山スキーへ。下山後には「今日も素晴らしい一日でした！」と言える、安全で楽しい山スキーが好み。

遠見尾根から五龍岳周辺をチェック

白馬周辺の山々を眺めながら、その先の感動へ

　『山スキー百山』（P184参照）は記録集ではなく、さまざまなレベルの人が滑りに行くことを想定したガイド本という位置付けである。そのためルートとしては紹介せずに廃案となったものも多い。ここでは、そのなかから2つのルートをコラムとして紹介する。

　ひとつ目は『山スキー百山』の表紙にもなった、五龍岳B沢（ごりゅう）である。五龍岳というと、今回紹介するB沢以外ではA沢、そして武田菱がよく滑られている。特にB沢と武田菱は、コンディションによって登りの難易度と所要時間が大きく変わる。一般的には3月の天候が安定した日を狙って滑られることが多いが、それでも相当な技術と体力が求められる。エイブル白馬五竜スキー場（はくばごりゅう）は営業時間外の登りや滑走が禁止されているので、その点も考慮して計画する必要がある。そういった制約が多いこともあり、積雪期の五龍岳に登頂し、滑走できたときの喜びは大きい。そして、ここは『山スキー百山』の表紙にもなった絶景ポイントでもある。五龍岳から眺める鹿島槍ヶ岳（しまやり）そして剱岳（つるぎ）方面の景色は本当にすばらしい。

　お楽しみの滑走については、上部は強風にさらされるせいか雪付き少なめで、エスケープもしやすく比較的安全である。しかし、中間部の狭い区間は斜度も増し、逃げ場が少ない。乾雪雪崩はもちろん、湿雪雪崩にも充分な注意が必要である。そこを抜けると、一気に視界が広がる。緊張感のある斜面を抜けてきたあとのメロウな斜面が楽しい。ただし、これで終わらないのが五龍岳。シラタケ沢の登り返し時も雪崩に注意したい。遠見尾根へ（とおみ）の登り返しポイントはいくつかあるが、最短ルートで頑張って登り返すよりも、シラタケ沢を多めに登り返して遠見尾根との落差を少なくしたほうが楽に尾根復帰できる。その後は白岳沢側を滑って下山するか、エイブル白馬五竜スキー場へ滑って下山する。（しらたけ）

　もうひとつは『山スキー百山2』の巻頭写真にも登場する、奥穂高・前穂高を結ぶ吊尾根から涸沢に向けて滑る（おくほたか）（まえ）（つり）（からさわ）ルートである。涸沢ヒュッテのおでん鍋に向けて滑ることから、「おでんダイレクト」とも呼ばれている。GWの涸沢はスキーパラダイスだが、上高地から横尾を経由（かみこうち）（よこお）して涸沢まで歩くと、それだけで1日が終わる。前穂・奥明神沢をつめて吊尾根から涸沢、5・6のコルから涸（おくみょうじん）沢などの、横尾を経由しなくてもよいルートがいくつかあるが、吊尾根から涸沢への滑走は、コンディションが整わずチャンスが少ない。それだけに、首尾よく滑走できたときのビールとおでんは格別である。上高地への帰り道も、横尾を経由しないルートがある。そういったことを考えながら、地形図を眺めるのも楽しい。

吊尾根から眼下に涸沢テント
村・おでん鍋を眺めながら慎
重にドロップ。春の北面は硬
く、滑走チャンスは少ない

『山スキー百山』の表紙のル
ートを登る。鹿島槍が美しい。
五竜山荘から五龍岳までの登
りは緊張感が高まる

48

北穂高岳 滝谷Dルンゼ

上高地～涸沢～滝谷Dルンゼ～F沢のコル～白出沢出合～新穂高温泉

●1泊2日 ●適期／4月下旬～5月上旬

滝谷Dルンゼ滑降

グレード ★★★

　急峻な北穂高岳滝谷の滑降は、上級者でも好条件をつかむ必要がある。そのなかでも比較的滑りやすく、ルンゼ滑降が楽しめるのがD沢である。涸沢岳D沢のコルから北向きに落ちるルンゼであるが、明るく開放的で、トレインも広く、滝谷合流点までほぼ一直線で滑りやすい。ただし、最大傾斜は45度を超え、雪面も硬いことが多い。西尾根上部側壁からの落氷にも注意する必要がある。また、帰路は落氷や落石などの危険があるため、F沢を登って西尾根のコルに出るか白出沢経由を考えたい。

データ

●アプローチ

長野道松本ICから国道158号を経て沢渡まで約1時間。シャトルバスに乗り換えて上高地へ。マイカーの場合、新穂高温泉に下山後は、新穂高温泉～松本の高速バスで戻る。詳細は濃飛バス、アルピコ交通に確認すること。

●アドバイス

滑走日は晴天が条件である。ドロップポイントのD沢のコルに早く着きすぎると、雪がゆるむまで「待ち」になる。ほどよい量の新雪が積もり、1～2日くらい経ったくらいが最適。スキーのエッジは、よくチューンしておくこと。スキーはセンター92mmがベストチョイスだ。滑降途中でひと息つける岩陰が2カ所ある。

●2万5000分ノ1地形図

穂高岳・笠ヶ岳

北穂高岳滝谷の全景

1日目

上高地から涸沢

　初日は涸沢泊まりである。上高地から登山道をてくてく歩き、近年はGWなら本谷橋を渡ったところでスキーがはける。涸沢に早めに到着し、慣らしでどこか1本滑るのがよいだろう。下山口となる新穂高温泉からアプローチする場合は、白出沢を登って、コルから小豆沢を1本滑ってから涸沢入りできる。白出大滝は登山道で右岸巻きとなる。

● 参考タイム／上高地（3時間）横尾（1時間30分）本谷橋（3時間）涸沢

2日目

涸沢から新穂高温泉

　翌日は、ザイテングラートから涸沢岳山頂をまわってもいいが、涸沢から直接D沢のコルに向かうのが早い。滝谷では、雪質をチェックし、ゆるまないなら「待ち」だ。10時半がタイムリミット。いざというときのためにアックスをハーネスのホルダーに差し、滑降を開始。出だしこそ雪が若干ゆるんでいたが、上部は予想どおりカリカリのアイスバーンである。ギンギンに研いできたエッジではあるが、ターンごとにスキーが暴れ、緊張を強いられる。傾斜は40～45度でほぼ一定、雪面はきれいで滑りやすい。

　途中2カ所ほど支流合流点の岩陰があり、ひと息入れることができる。半ばまで来ると雪質も徐々にゆるみだし、快適な滑降となる。時折、左の側壁からの落石に注意しながら滑降を続ければ、合流点である。ここまで高度差800mのすばらしい滑降である。その後、2時間かかってF沢のコルに上がり、反対側の荷継沢に飛び込む。滝谷と打って変わってくされ雪を豪快に飛ばせる。

● 参考タイム／涸沢（2時間）滝谷D沢コル（1時間）滝谷D沢滑降－滝谷合流点（1時間50分）F沢のコル（40分）荷継沢出合（1時間）白出沢出合（1時間10分）新穂高温泉

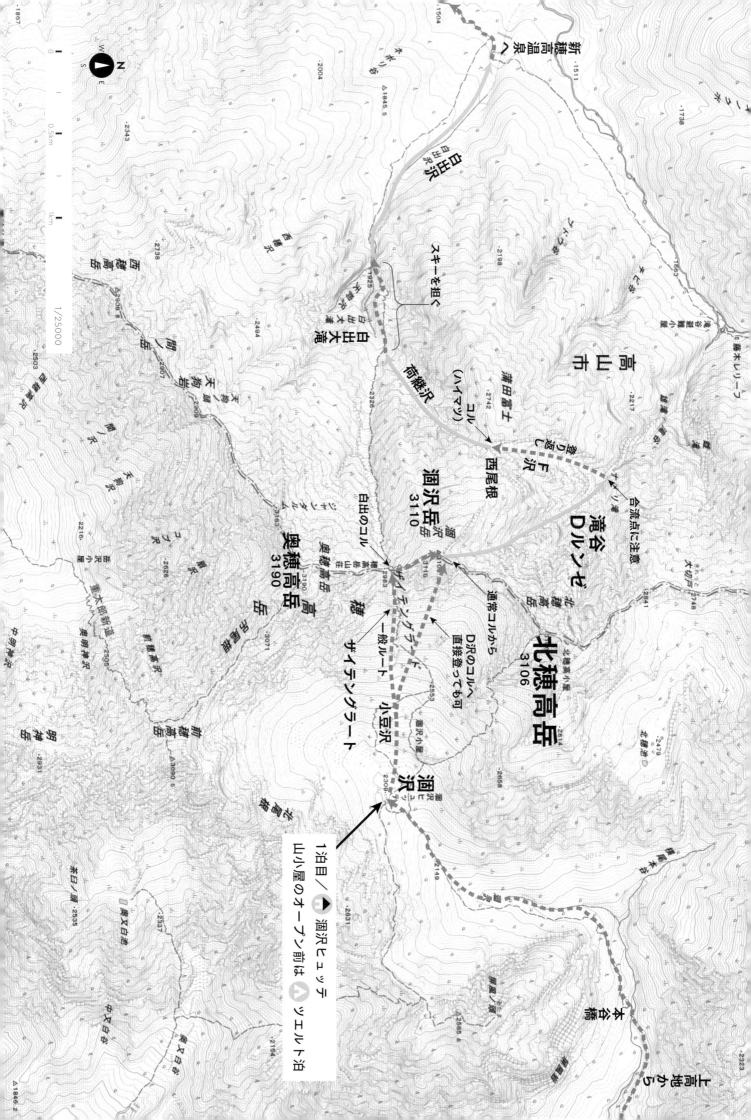

49

明神岳

上高地〜岳沢〜明神岳〜上宮川谷〜上高地

● 日帰り　● 適期／4月中旬〜5月中旬

明神岳南東面を滑る

明神岳はマイナーな存在であるが、周りには穂高の名だたる峻峰がずらりと並び、明神岳東稜などバリエーションルートもある。また、滑り手にとってよいルンゼラインがいくつかあり、静かに自分たちだけの滑降が楽しめる。そのなかで最もすばらしいラインが、明神岳東面1峰と2峰間のルンゼから上宮川谷へ滑降するものだ。明神連山のアルペン的景観を背景に、1峰・2峰コルからの滑降高度差は1300mを超える。上部は急峻でワイドなルンゼ滑降、中間部からは大斜面の滑降と、変化に富んだすばらしいラインである。積雪期にロープを使うことなく、明神岳主峰に登頂できるのもうれしい。

データ

● アプローチ

長野道松本ICから国道158号を経て沢渡まで約1時間。シャトルバスに乗り換えて上高地へ。

● アドバイス

日帰りルートなので早朝出発が基本である。アプローチに使う奥明神沢支流の1峰と2峰間ルンゼの登りの装備はシンプルにアイゼン・ピッケルで問題ないが、ルンゼを登るので常に上部の状態に留意する。特に雪崩の危険が大きい降雪直後は登らないこと。滑降コースは東面なので早めに雪はゆるむ。

● 2万5000分ノ1地形図

穂高岳

1峰・2峰間ルンゼ上部を滑降する筆者。下部に梓川が見える

明神岳南東面ルート

グレード　★★★

変化に富んだすばらしいライン

沢渡からのバスを上高地バスターミナルで降りたら河童橋まで歩き、シールをつけて岳沢を登高する。快調に2ピッチで岳沢小屋まで進む。奥明神沢に入り、右手から入る2本目のルンゼをシートラーゲン、アイゼンで登りだす。すぐの二俣は左の上まで続くルンゼに入る。最大斜度45度ほどのアルペン的雰囲気の漂う大伽藍のルンゼに、ステップを切りながら順調に登る。ルンゼは屈曲を重ね、上部からの落石に警戒しながら登ってコルに達する。反対側には明神岩峰群の圧倒的な大景観のな

かに、すばらしいルンゼ斜面が下方に続いている。せっかくなので明神岳山頂をピストンする。見慣れない位置からの穂高の大展望が楽しめる。

コルに戻って、待望の東面ルンゼにドロップ。出だしの急斜面のクリーミーパウダーを軽いジャンプターンでこなすと、ルンゼはすぐに広がりを見せ、中回りターンで思う存分に板を走らせることができる。周囲のアルペン的な雰囲気が実にすばらしく、はるか下方に見える梓川に向かって、風を切って飛ばす爽快感に酔いしれる。上宮川谷に入っても、フラットザラメバーンが延々と続き、高度差1300mの大滑降を満喫する。

● 参考タイム／上高地（6時間）明神岳1峰・2峰コル〈山頂往復45分〉−1峰・2峰間ルンゼ滑降（1時間25分）明神（1時間40分）上高地

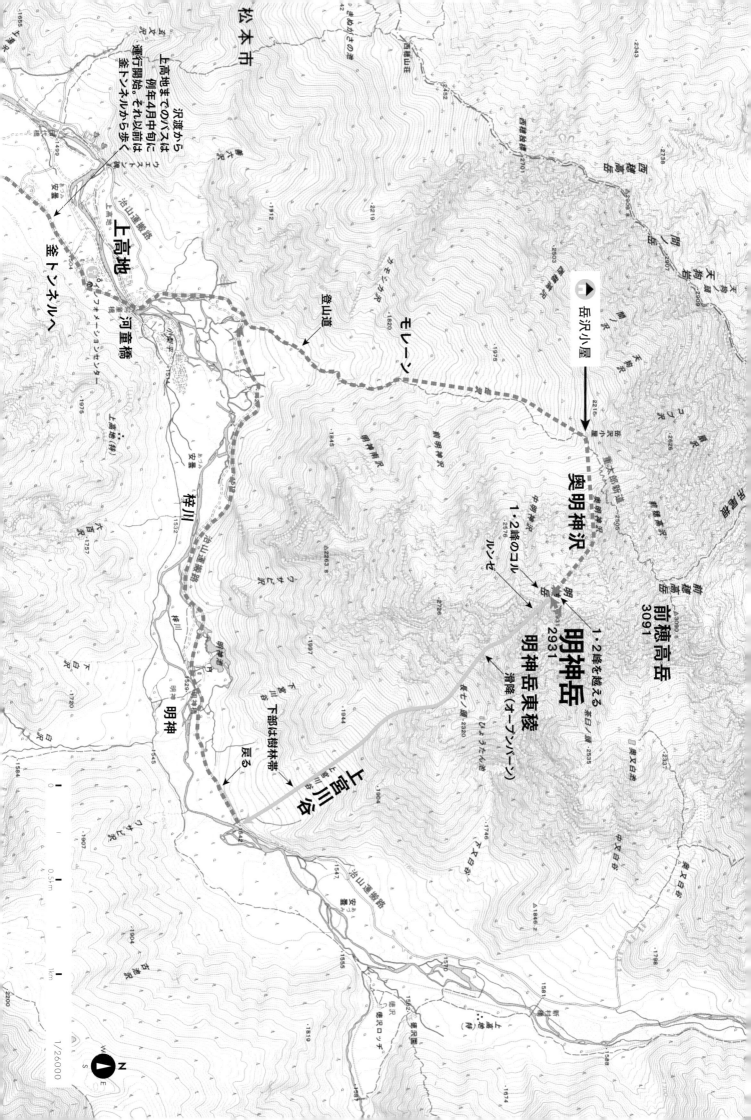

松本市

きぬがさの滝

上高地

上高地まで沢渡からのバスは例年4月中旬に運行開始。それ以前は釜トンネルから歩く

釜トンネルへ

河童橋

ビジターセンター

岳沢小屋

奥明神沢

明神岳
2931

1・2峰を越える

1・2峰のコル

ルンゼ

明神岳東稜
滑降（オープンバーン）

前穂高岳
3091

登山道

モレーン

上宮川谷

下部は樹林帯

戻る

明神

N

1/26000

50

西穂高岳 西穂沢

新穂高温泉～西穂高岳直下～西穂沢～新穂高温泉

● 日帰り　● 適期／4月下旬～5月中旬

西穂沢を新穂高からの日帰りで制覇

　西穂高岳周辺には、岳沢側の西穂高沢と、今回紹介している飛騨側の西穂沢があり、それぞれ胸のすく滑降ができる。明るく入山者の多い岳沢側と違い、飛騨側は山スキーヤーが少ない。上級者向けでアプローチが長い穂高周辺でも、西穂沢は日帰り可能な数少ないルートである。

　厳冬期は、雪崩のリスクが高いので雪が安定する4月末ぐらいからが滑降可能となる。起点の新穂高温泉や、周辺に栃尾温泉、平湯温泉、奥飛騨温泉郷などがあり、下山後に疲れを癒やすには事欠かない。

データ

● アプローチ

新穂高温泉までは、長野道松本ICから国道158号、安房トンネル経由で約1時間10分。高山濃飛バスセンターからのバス便もあり。

● アドバイス

西穂沢は、北西側斜面で、午前中は日射が少なくクラストしている場合が多いので要注意。帰路の西穂沢雪渓の末端から樹林帯に入る部分がわかりにくいため、登りの際にしっかり確認しておくこと。

● 2万5000分ノ1地形図

笠ヶ岳

西穂沢の最上部

西穂沢の日帰りルート

グレード　★★★

上部急斜面から広い中間部以下の滑降

　新穂高温泉から蒲田川右俣林道をスキーを担いで歩く。白出沢出合から白出のコルに向かう夏道を登る。正面に大きな雪渓が見えてきたら西穂沢の雪渓末端をシールで登る。北西面なので朝は雪が硬いことが多いが、登るにつれ日当たりもよくなり雪もゆるむ。下部はデブリだらけで避けながら登り、緩やかに右にカーブすると徐々に斜度が増す。ここからアイゼン・ピッケルに切り替えたほうが無難。振り返ると笠ヶ岳から双六岳、鷲羽岳などが眺められる。

　ここからがつらいところだ。気温

が上がって落石の可能性もあるので上に注意を払いながら登る。2615m付近から左のルンゼ状の斜面に入るとコルが近づいてくる。登り着いた稜線は西穂高岳と間ノ岳のコルで、東側は岳沢で西穂高沢が近い。余裕があれば西穂高岳往復も可能。上部は幅が狭いので雪次第で少し下ったところからの滑降となる。

　沢幅が広くなるまでは慎重に滑る。ルンゼを出れば広い斜面となり自由にターンを刻める。雪質次第だが、しばらくは快適な滑りで雪渓末端まで滑降。あとはスキーを担いで夏道へ。ここは雪やヤブの状態でわかりにくい場合があるので確認しながら下る。白出沢出合に到着したら林道を歩き新穂高温泉へ。

● 参考タイム／新穂高温泉（2時間40分）西穂沢雪渓末端（4時間）西穂高岳、間ノ岳のコル（2時間30分）新穂高温泉

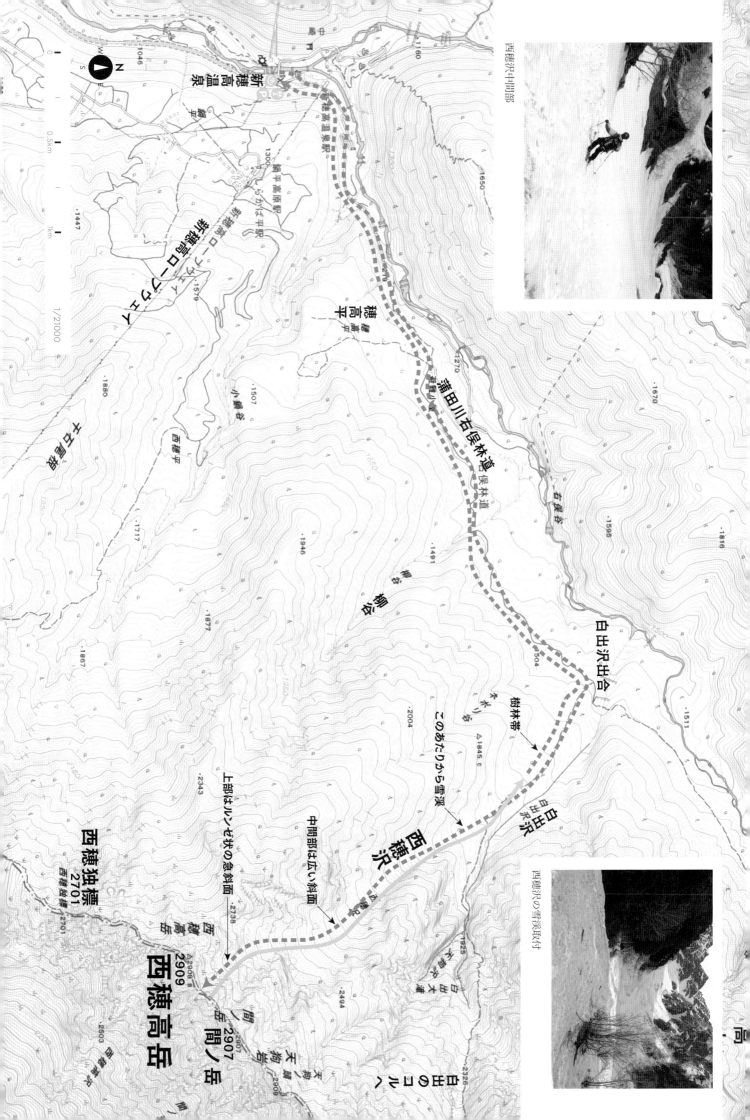

西穂沢中間部

西穂沢の雪渓取付

新穂高温泉

新穂高ロープウェイ

1/21000

新穂高温泉駅

鍋平高原駅

しらかば平駅

蒲田川右俣林道

右俣谷

柳谷

小鍋谷

西穂平

白出沢出合

樹林帯

このあたりから雪渓

白出沢

西穂沢

中間部は広い斜面

上部はルンゼ状の急斜面

西穂独標
2701

西穂高岳
2909

間ノ岳
2907

白出のコル

51 安房山・白谷山・焼岳

中の湯温泉〜安房山〜白谷山〜焼岳〜上高地

● 日帰り　● 適期／1月下旬〜4月上旬

中の湯を起点とする バリエーション豊富な 周回ルート

焼岳は活火山なので、気象庁の火山情報には注意したい。フルハイクの山域なので白馬方面に比べて人が少ない。朝の混雑やパウダー競争に疲れた人におすすめで、静かな山を満喫できるだろう。

焼岳南峰は登山道がなく、登頂できるのは冬のみなので、ぜひ登ってほしい。晴れた日は穂高や笠ヶ岳方面の眺望がすばらしい。滑走後の釜トンネル出口周辺には駐車スペースがない。タクシーが客待ちをしていることもあるが、中の湯温泉旅館に前泊して温泉で体調を整えつつ送迎してもらうのがよい。

データ

● アプローチ

長野道松本ICから国道158号経由で、沢渡を経て中の湯温泉旅館へ、約55分。

● アドバイス

降雪量が特別多いエリアではないので、南岸低気圧が何度か通過したあとぐらいの時期がよいだろう。焼岳の南西面は登高に時間がかかるので、ほかのルートを滑ってから向かう場合は注意。下堀沢は比較的遅い時期まで滑れるが、ほかのルートの適期はもう少し短めである。

● 2万5000分ノ1地形図

焼岳

焼岳中堀沢

① 安房山

グレード ★★★

雪質のよい北西面を滑る

中の湯温泉旅館の裏手に冬季登山者用ルートがある。旅館の敷地内からの出発になるので、早朝は騒がしくならないよう注意したい。登りは特に難しいところはない。エントリーポイントは、植生の埋まり具合によってはわかりづらいので注意しよう。少し標高を落とすと気持ちよく滑れるオープンバーンが広がっている。

小船から国道をまたいで白谷山に向かう場合はいちばん標高が低い場所をつなぐのが効率がよい。焼岳に向かう場合は1879m地点より上部は急斜面が長く続くので雪崩に注意。

● 参考タイム／中の湯温泉旅館（2時間45分）安房山（1時間）小船

② 白谷山

グレード ★★★

小粒なれど急斜面で ピリリと辛い良ルート

取付からは地形図に載らない複雑な地形で植生も密なので、積雪充分で地形が丸い時期に狙いたい。登坂ルートの途中で滑走ラインが確認できる。沢ラインは山頂からまっすぐ下に滑ると下部は崖である。山頂からエントリーしたらトラバース気味に右側のラインに滑り込む。

● 参考タイム／中の湯温泉旅館（50分）取付（1時間45分）白谷山（20分）取付

③ 下堀沢

グレード ★★★

上高地までつながる クルージングルート

樹林帯では赤布を見落とさないよう注意したい。南峰ピークからは火口にクライムダウンして北峰とのコルに回り込むのが効率がよい。下部堰堤は右岸からのほうが抜けやすい。梓川は降雪量が少ないときは、徒渉ポイントを探して歩き回るより橋を渡ったほうが結果として早い。

● 参考タイム／中の湯温泉旅館（3時間）2318m（45分）南峰（45分）北峰とのコル（1時間15分）上高地（50分）釜トンネル出口

白水ノ滝

中尾峠

新中尾峠

焼岳小屋

中尾峠

峠沢

上高地

北峰
2393
焼岳

焼岳

火口にクライムダウンして
コルに回り込む

中堀沢
(『山スキー百山』参照)

中堀沢

2456
南峰

2318

2032

下堀沢

雪崩注意

2032

2037

③ 下堀沢

1879

1972

松本市

梓川

スキーヤーズライト側を
滑る

白谷山

② 白谷山

釜トンネル

2188
白谷山

雪庇注意

取付

中ノ湯温泉

🏠 中の湯温泉旅館

アカンダナ山

小船
1661

① 安房山

2062

安房峠

安房トンネル

1790

安房山
2220

安房平

エントリーポイントを
間違えないよう注意

安房平

ワサビ谷

下堀沢を滑る

52

大日ヶ岳
だい　　にち

高鷲スノーパーク～前大日～大日ヶ岳～同スキー場

● 日帰り　● 適期／1月～3月中旬

奥美濃の人気の山。
短時間で山頂に
アプローチでき
雄大な展望が楽しめる

　大日ヶ岳は霊峰白山の南、奥美
濃山域に位置する1709mの山であ
る。山頂に降った雨は、北は庄川
から富山へ、西は九頭竜川で福井
に、東と南は長良川で伊勢湾へと流
れる。一年中登られている山だが、
積雪期の人気が高い。ビッグなスキ
ー場があってゴンドラ利用により短
時間で山頂までたどれるのは魅力だ。
山頂は広いササ原で、視界をさえぎ
るものがない。天気がよいと360度
のパノラマを楽しめる。山の北面や
東面には滑走に適した谷や尾根があ
り、山スキーヤーにとっても人気の
山である。

データ

● アプローチ

東海北陸道高鷲ICから国道156号を北上
して、高鷲スノーパークスキー場まで約
15分。ゴンドラを利用するとアプローチ
にとても便利である。

● アドバイス

高鷲スノーパークスキー場のインフォメー
ション窓口で、登山届（山スキー含む）を
提出してゴンドラチケットを購入する。下
山時には下山届を提出する。

● 2万5000分ノ1地形図

二ノ峰

叭谷右俣を滑る。後方は大日ヶ岳

① 大日谷

グレード　★ ★ ★

ダケカンバ、ブナの林を
楽しく滑る

　ゴンドラで一気に1520mまで
上がり、前大日（1650m）を経て、
1709mの山頂に着く。白山山群、
越美国境、御嶽、乗鞍岳、穂高の
山々まで一望できる。
　大日谷は山頂から緩やかに北に延
びる谷で、降りるにつれてダケカン
バやブナが出てくるが、疎林なので
滑りやすい。北面の谷でパウダーの
期待も高い。1500mあたりで谷は狭
まってくるが、雪の状態がよければ
もっと下まで滑れる。帰路はトレー
スを戻るか、左手斜面を登ると山頂
からの北東の尾根に上がり、容易に
戻れる。この尾根も滑走可能である。
山頂からは往路をたどるか、叺谷
をつないでスキー場に戻ってもよい。

● 参考タイム／ゴンドラ終点（45分）大日
岳（30分）大日谷1500m（45分）大日ヶ岳

② 叭谷右俣と左俣

グレード　★ ★ ★

2つの沢をつないで
スキー場に戻る

　叭谷右俣へは、山頂から雪庇がな
い箇所か、前大日のコルから入るの
がおすすめ。入り口部はやや急斜面
なので雪庇崩落には気をつけること。
1500mあたりで谷は広く緩くなる
のでシールをつけて前大日からの尾
根に登る。1600mあたりでスキー
場が見えてくる。左俣の源頭部は広
く木々もまばらである。谷の底部や
斜面を滑りながら1350mあたりで
ゲレンデに戻るのが無難である。も
っと下まで滑れるようだが、積雪と
ヤブの状況次第である。
　なお、前大日からの北東の尾根は
広く疎林なので、1450mあたりま
で短いながら楽しめる。

● 参考タイム／大日ヶ岳（20分）叭谷右俣
1500m（15分）前大日の尾根1600m（20
分）スキー場1350m

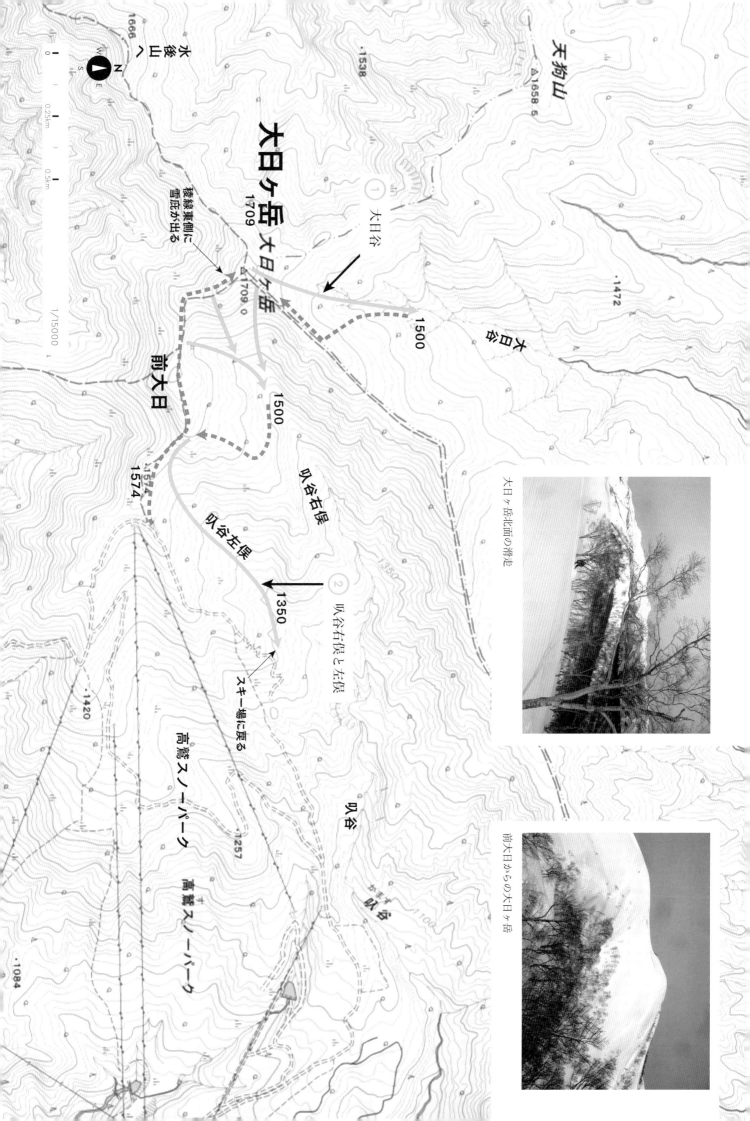

天狗山
△1658.5

大日谷

大日谷

大日ヶ岳 大日ヶ岳
1709
△1709.0

前大日

接線東側に
雪庇が出る

水後山
1666

1/15000

N
W E
S

0 0.25km 0.5km

叺谷右俣

1500

1500

叺谷左俣

1574

叺谷右俣と左俣

1350

スキー場に戻る

高鷲スノーパーク 高鷲スノーパーク

叺谷

大日ヶ岳北面の滑走

前大日からの大日ヶ岳

53

水後山
（すいご）

ウイングヒルズ白鳥リゾート～水後山～同スキー場
カルヴィラいとしろ～水後山～同スキー場

● 日帰り　● 適期／2月～3月中旬

奥美濃のなかでも人気の大日ヶ岳の南西に連なる静かな山

　水後山は白山～別山～銚子ヶ峰～大日ヶ岳の山並みの端に位置する1559mの山。近くの大日ヶ岳は大きなスキー場があって知名度が高い。その一方、水後山は植林のための林道が開けているが、入山者も少なく静かな山である。石徹白に行く途中にあるウイングヒルズ白鳥リゾートスキー場からリフトを使うと短時間で山頂に着けることや、山頂から水後川を滑って再びスキー場に戻れる手軽さがある。

　スキー場からのルートのほかに、石徹白の宿泊施設「カルヴィラいとしろ」から水後川沿いの林道をつめるコースや、蟬ヶ岳を通るルートもスキーが可能である。

データ

● アプローチ

東海北陸道白鳥ICから国道158号・県道314号で桧峠を越え約40分でウイングヒルズ白鳥リゾートスキー場に着く。「カルヴィラいとしろ」に行くには、白鳥リゾートスキー場から県道314号をさらに下り、石徹白集落の手前を右に入る。所要時間約5分。

● アドバイス

スキーに適する斜面は南面なので、晴れると雪がくさりやすい。カルヴィラいとしろに駐車するときは施設に了承を得ること。

● 2万5000分ノ1地形図

石徹白

水後川から水後山を見上げる

① スキー場からの尾根ルート

グレード　★★★

緩やかで眺めのよい尾根を登り山頂へ

　ゴンドラで1340mまで上がり緩やかな尾根を北に登る。尾根の合流1435m地点を過ぎてほどなく1559mの山頂に着く。山頂からでは木がうるさいので、北面を巻いて西側の1520m付近のコルに出るとすっきりしている。滑走する水後川は伐採跡地である。1330mあたりで林道が出てくるが、林道を行かずに沢の流れを避けながら1100mまで滑ると橋に出合う。シールをつけて南に進み、尾根を越えるとスキー場西側の谷に出る。この谷を横切りながら登ると1230mあたりでスキー場に戻れる。なお1435m地点南側の谷も伐採跡で滑れる。

● 参考タイム／ゴンドラ終点（1時間20分）水後山（10分）1520m付近のコル（30分）1100mの橋（1時間）1230mスキー場

② カルヴィラいとしろからの林道ルート

グレード　★★★

静かな植林の中を散歩しながら山頂へ

　カルヴィラいとしろの裏手からスタートして施設内の道を行く。道は830mあたりでなくなるが、右手に水後川を見ながら進む。尾根の高みにつられると蟬ヶ岳への尾根に上がってしまうので気をつけよう。水後川の林道へは、標高を上げずに960mあたりをめざして林道に出るとよい。林道合流後は林道を進み、1100mで橋を渡らず川に沿って登ると水後山の西の1520m付近のコルに出る。コルから山頂はすぐだ。滑走は来た道を戻る。

　蟬ヶ岳経由でカルヴィラいとしろへも滑れる。

● 参考タイム／カルヴィラいとしろ（2時間30分）1100mの橋（1時間40分）1520m付近のコル（10分）水後山（40分）1100mの橋（50分）カルヴィラいとしろ

142　文・写真／平岡耕一郎

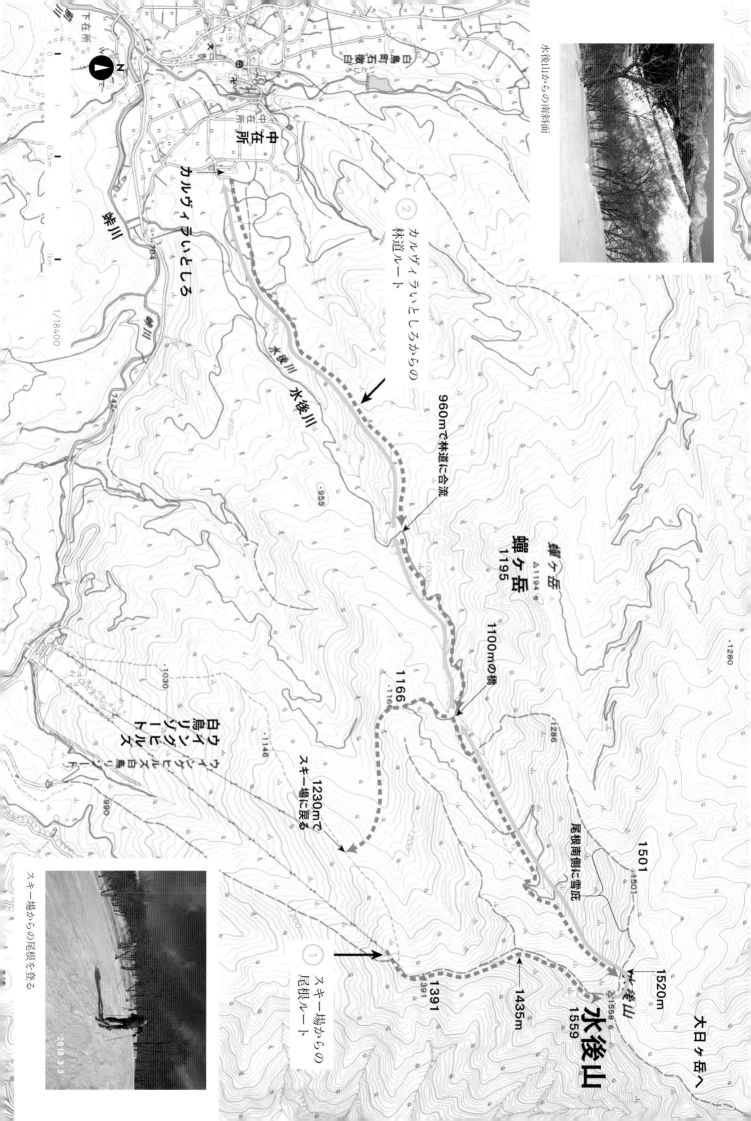

水後山からの南斜面

スキー場からの尾根を登る

2018.3.3

① スキー場からの尾根ルート

② カルヴィテいとしろからの林道ルート

カルヴィテいとしろ

水後川

960mで林道に合流

1100mの橋

1230mでスキー場に戻る

尾根南側に雪庇

白鳥リゾートトレイス白鳥

蜂川

蜂川

蜂川

水後川

1166

蟬ヶ岳 1195

蟬ヶ岳 △1194.6

1391

1435m

1520m

水後山 1559

水後山 ◎1558

1501

大日ヶ岳へ

下在所

中在所

中在所

1/18400

0   0.5km   1km

54

富士山／宝永山・双子山

太郎坊〜双子山（兄山・弟山）〜宝永山〜太郎坊
水ヶ塚〜双子山〜水ヶ塚

● 日帰り　● 適期／1月下旬〜3月上旬

南岸低気圧の雪の翌日が
ベストな初級者向けルート

　厳冬期の富士本峰は近寄りがたいが、宝永山や双子山であれば容易にアクセス可能で、初級者でも楽しむことができる。

　双子山には、かつてリフトがありスキー場が開設されていたが、雪崩により閉鎖されたという。たしかに、ここよりも下部の二合目にスノーパークイエティスキー場があるから、あってもおかしくはない。

　南岸低気圧の影響で、東京や南関東に新雪が降った翌日にここを訪れたら、雄大な富士の風景のなかで、新雪のすばらしい滑りを味わうことができるかもしれない。

データ

● アプローチ

東名道御殿場ICから富士山スカイラインを経て約30分で太郎坊トンネル。トンネル西側のスペースに数台駐車可能。そのまま5分で水ヶ塚駐車場。

● アドバイス

太郎坊ルートがベストであるが、トンネル脇の駐車スペースには数台しか停められない。出遅れると、水ヶ塚の駐車場利用になるので、往復に時間が取られてしまう。雪質と天候が安定していれば宝永山も可能だが、突然天候が悪化することもあるので、アイゼン・ピッケルは用意しよう。

● 2万5000分ノ1地形図

須走・印野

富士宝永シュプール

① 太郎坊からのルート

グレード ★★★（宝永山は★★★）

宝永山、双子山を楽しむ
定番ルート

　無事、太郎坊トンネル脇のスペースに車を駐車できたら、シールをつけて斜面を上がり、やや沢状のルートを登っていく。徐々に視界が開け太郎坊登山口の施設を右手に見ながら、双子山をめざす。天気がよければ雄大な富士山の空気が清々しい。兄山も弟山も北東面のほうが雪質がよい場合が多い。滑りだすと30分もあれば起点に到着する。

　宝永山をめざす場合は、左回りに弧を描くように登るとよい。ただし、登り途中でも雪面がアイスバーン化してきたら、下るのが無難だ。厳冬期はあっという間にブルーアイス化し、アイゼンがないと下れない。

● 参考タイム／太郎坊トンネル（2時間）兄山（2時間）宝永山（1時間）太郎坊トンネル

② 水ヶ塚からのルート

グレード　　　　　　★★★

夏道ルートでのんびり行く

　広い水ヶ塚駐車場に車を停める。天気がよいと雪遊びしている子連れの家族を見かけることも多い。夏道の登山道を、幕岩を経由して兄山へ登る。樹林帯を抜けると視界が開け、宝永山は近い。

　山頂から太郎坊へ滑るのが快適だが、道路を小一時間、スキーを担いで水ヶ塚へ戻ることになる。往路を滑るのは、コースが狭いうえ登山者もいるので注意しよう。幕岩からまっすぐに下り道路に出ると、20分くらいの歩きで水ヶ塚へ戻ることができる。

　宝永山からは斜面の右側を滑ることで、水ヶ塚側へ降りられる。幕岩の手前は小さな沢状になっている。

● 参考タイム／水ヶ塚（2時間）兄山（30分）太郎坊トンネル（1時間）水ヶ塚

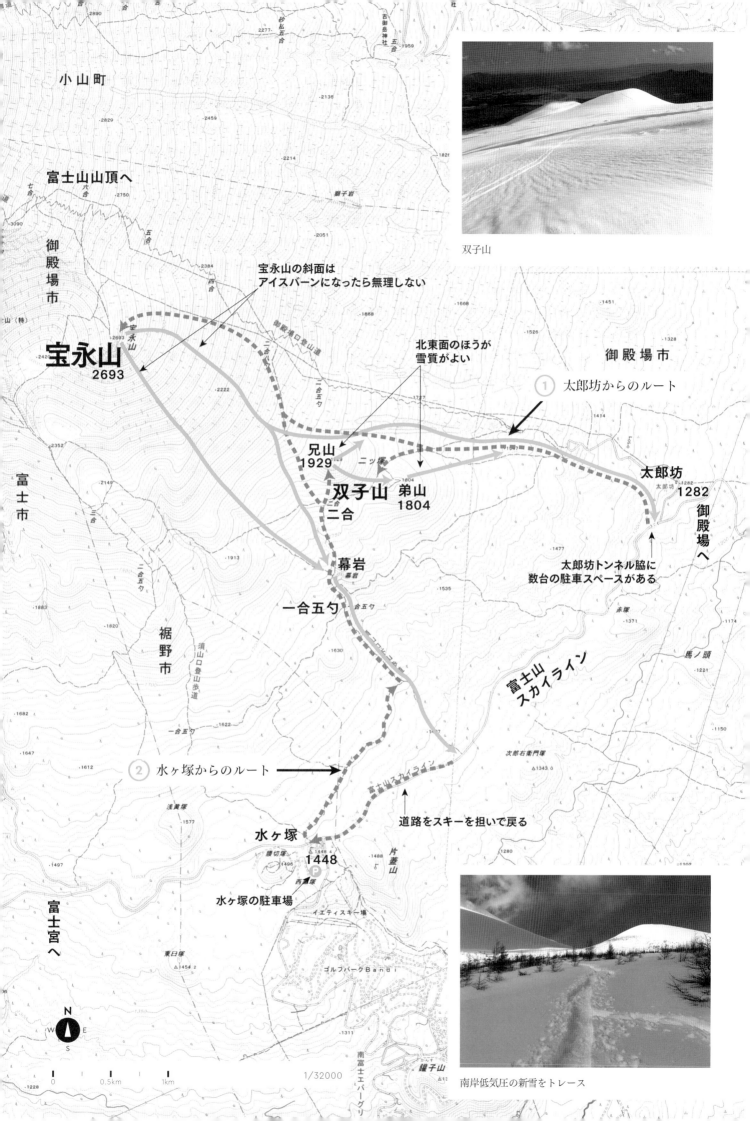

小山町

富士山山頂へ

御殿場市

宝永山
2693

富士市

宝永山の斜面は
アイスバーンになったら無理しない

北東面のほうが
雪質がよい

御殿場市

① 太郎坊からのルート

太郎坊
1282

御殿場へ

太郎坊トンネル脇に
数台の駐車スペースがある

兄山
1929

双子山   弟山
二合   1804

幕岩

一合五勺

富士山
スカイライン

裾野市

② 水ヶ塚からのルート

道路をスキーを担いで戻る

水ヶ塚
1448

水ヶ塚の駐車場

富士宮へ

N
W E
S

0   0.5km   1km

1/32000

双子山

南岸低気圧の新雪をトレース

55

富士山／剣ヶ峰

富士宮口五合目〜剣ヶ峰〜お釜〜荒巻〜
不浄流し〜お中道〜富士宮口五合目

● 日帰り　● 適期／5月上旬〜6月下旬

日本最高峰からの滑走と
雪質のよい大雪渓を
滑る欲張りルート

　富士山は言わずと知れた日本最高峰の山。標高は3776m。富士山の滑走ルートは『山スキー百山』で9ルート紹介されているが、春の残雪期に最も遅くまで滑走できるのは、山頂のお釜と東面の不浄流しである。特に不浄流しは、6月末〜7月にかけて「奇跡のメンツル」現象が起こることがあり、この時期にすばらしい条件で滑走できる可能性もある。富士山滑走を成功させるには山頂付近の風向きと気温が重要である。このルートを滑るなら山頂付近がプラスの気温で、東からの風が弱い日を選びたい。

データ

● アプローチ

通常、富士宮口五合目までは富士山スカイラインでアクセスするが、冬期通行止めである。例年はゴールデンウイーク前に開通するが、開通日は毎年異なるため要確認のこと。

● アドバイス

富士山上部は4月末ごろまでアイスバーンの場合がほとんどなので、それ以降が滑走適期となる。上部は斜度が上がるので、アイゼンは必ず携行すること。富士宮口から登山道を利用し、雪がない部分は登山靴やスニーカーで登るのが楽である。高山病に注意し、症状が出たら下山すること。

● 2万5000分ノ1地形図

富士山

不浄流しの滑り出し

富士山お釜から不浄流し

グレード　　　　　★★★

日本最高峰の
剣ヶ峰をめざす

　富士宮は富士山南面に位置し、融雪が早いため登山道が出ていることが多い。登山道を利用して剣ヶ峰をめざすのが最も楽な方法である。六合目以降、山小屋があるので(営業はしていない)休むタイミングにするとよい。九合五勺以降は遅い時期でも雪が残り、斜度も上がるのでアイゼンに履き替えること。

　鳥居をくぐるとすぐに、稜線に到着。剣ヶ峰に向かって進む途中でお釜の状況を確認し、滑走ラインを決める。ドロップポイントは剣ヶ峰山頂のやや下から、または剣ヶ峰に上がるコルからお釜に向かって滑走する。お釜の標高差は約200mで、底は火山灰と石だらけのことが多い。滑走後はアイゼンに履き替え、コルまで登り返す。その後、御殿場口の下山口方向に向かい、さらに須走口下山口方向に進む。荒巻まで行くと大きな斜面が右側に見える。そこが不浄流しのドロップポイントである。

　不浄流しは上から雪がほぼつながっており、途中、左右に分かれるポイントがある。右側に行くと帰りが楽だが、左側のほうが長く滑れることが多い。滑走後は標高を確認し、お中道か夏道で富士宮口新六合目を経由して五合目まで下山する。

● 参考タイム／富士宮口五合目登山口(4時間30分)剣ヶ峰(20分)お釜の底(40分)剣ヶ峰のコル(30分)荒巻〈不浄流しドロップポイント〉(30分)滑走停止地点(1時間半)富士宮口五合目登山口

1/19500

富士山

白山岳 白山岳
3756

小山町

金明水

お釜
.3535

剣ヶ峰
3776

荒巻

不浄流しの滑走開始地点は荒巻付近

不浄流し
3337

九合五勺

上部はアイゼンが必要

御殿場口登山道

八合

七合九勺
七合八勺

.3090

.3425

九合

七合五勺

2750

太郎坊へ

五合

七合

六合

富士宮口登山道

2927

御殿場市

.2867

.3123

.3252

.2829

.3393

剣ヶ峰からのお釜

富士山（特）

お中道

宝永山
2693

宝永山

.2420

六合

2604

新六合

新五合

.2505

.2416

五合目駐車場から
登山道を山頂まで登る

富士宮口
P

富士市

.2130

馬返

.2075

.2149

.2352

三合

Column

5

こんなところでBCスキー

田宮公成
（たみやこうせい）

1965年、大阪生まれ。山スキー歴34年、沢登り歴22年。尾瀬周辺を囲む新潟、群馬、福島と東北の山々を好む。夫婦共にテレマーカー＆沢ヤ。東京都調布市在住。

奥多摩、雲取山山頂から滑る

　南岸低気圧通過の大雪は、関東の交通機関に大きな影響を与える。電車が止まり、路肩にスリップした車が放置される。こうなると、2〜3日は、いつもの山域に行くのが難しい。行けたとしても、帰りに大渋滞に巻き込まれてしまう。そういうときは、町の除雪が落ち着くまで何日か待ったほうがいい。普段雪が少ない（雪がない）山域で、山スキーを楽しむチャンスがやってくる。

　雪を見るとじっとしていられないのがスキーヤーの性。奥多摩（おくたま）で山スキーをしたときにスノートレックを履いていた人に会った。高尾山（たかお）〜陣馬山（じんば）へのXCスキー縦走、多摩の里山XCスキーでも同好者に会ったり、シュプールを見た。雲取山（くもとり）の山頂から滑ったことを思い出してみる。2001年2月。RSSAの会誌『ベルクシーロイファー』のバックナンバーと、当時の情報源であった『Nifty山フォーラム』に丹沢（たんざわ）と大菩薩（だいぼさつ）での

平成26年豪雪時の公園XCスキー

活動記録があったので、記録のなかった奥多摩をターゲットにして、東京の最高峰である雲取山の山頂から滑る1泊の計画を立てた。周りに雪が残る奥多摩駅から鴨沢（かもさわ）までバスに乗り、ここからしばらくは板を背負い登った。稜線に出てからはシールで山頂まで進めた。山頂の小屋に泊まり、翌日、富士山や南アルプスに加えて、雪原のようになった山中湖を遠くに見ながら石尾根（いし）を滑った。

　防火用に切り開かれている登山道はヤブでなく、快適に滑れた。アップダウンがあるので、時にシールを貼って登り奥多摩駅まで。雪の雲取山をめざしたのはわれわれだけでなく、登ってくるたくさんの一般登山者とすれ違った。このうちの一人がスノートレックで登っていた。

　雪は進むにつれて減り、滑りは六石山（むついし）の先の植林地帯までで終わり。ここまで滑れれば充分で、あとは板を背負い、奥多摩

2月7日

東シナ海の低気圧に近い
西日本で雨が降りだす。
東京は、この時点では晴
れていた

2月14日

低気圧が本州南岸を通過。
近畿から関東まで広い範
囲で雪となる。甲府で積
雪83cmを記録

2月8日

低気圧が本州南岸を通過。
関東から東北で暴風雪と
なり、東京・千代田区で
積雪27cmを記録

2月15日

雪が降り続き、多くの場
所で積雪の観測記録を更
新。甲府で積雪114cm、
熊谷で積雪62cmを記録

平成26（2014）年 豪雪時の天気図

東京で雪が降るのは、多い年でも年に数日あるくらいで、舞うだけで積もらない。ただ、冬になるとニュースをにぎわす「南岸低気圧」と上空の寒気の組み合わせにより、大雪となるときがある。

近年で最も雪が積もったのは、平成26年豪雪。2014年2月7～9日、2月14～15日、2週連続で雪が積もり、気象台の積雪記録が更新された。奥多摩の沢ではGW前まで雪が残った。

駅まで歩いた。駅前では、地元の方に驚かれ、照れながら、雲取山の山頂から滑ってきたと自慢した。

　その後も、奥多摩、丹沢などでの山スキーのチャンスをうかがっていたが、うまくいかなかった。丹沢の大室山での山スキーが山岳雑誌に紹介されていたので、ここで山スキーをした人、あるいは、ほかのルートにトライした人がいるかもしれない。平成26年豪雪のときは、大雪の週末を自宅で過ごしているうちに、雪害ともいえる状況になったので、山を滑るのはあきらめて、里山の谷戸と近所の大きな公園で歩く（XC）スキーを楽しんだ。同じように近所でちょっとしたスキーを楽しんだ山仲間が何人かいる。これはこれでよい思い出である。

　"こんなところでのスキー"は特別なことではない。南岸低気圧の降雪で山スキーやXCスキーが楽しめる場所を右にまとめる。

　白馬岳や谷川岳の近辺と同じ滑りは期待できなくても、普段、ハイキング、沢登り、トレイルランなどで出かける尾根や森での活動は、多くの人におもしろいこと間違いなしである。

雪が増えたときに粉雪が楽しめる山

● 浅間山、湯ノ丸山、蓼科山（『山スキー百山』掲載）
● 富士山の双子山、宝永山、草津芳ヶ平（本書掲載）
● 入笠山（『山スキールート212』掲載）、赤城山

特別に山スキーが楽しめる山

● 奥多摩、丹沢、大菩薩嶺などの東京近隣の山

XCスキーが楽しめる場所

● 高尾山から陣馬山などの縦走路
● 多摩、秩父などの里山や谷戸、大きな公園

奥多摩、石尾根を滑る

ノルウェー北極圏での山スキー。
フィヨルドに飛び込むような爽快な滑降

RSSA
海外における

山スキーの記録

Backcountry
Skiing
100
Mountains

2

RSSA

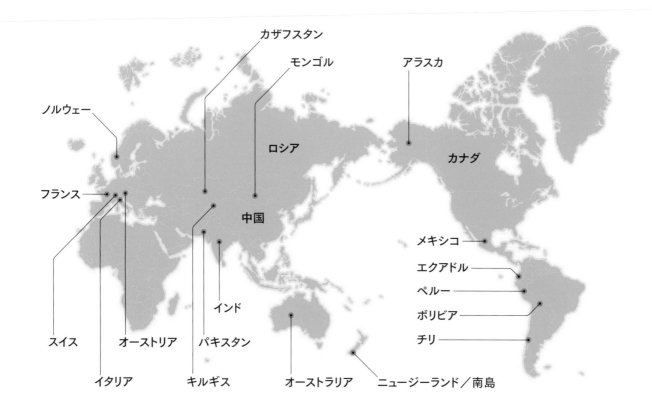

カザフスタン
モンゴル
アラスカ
ノルウェー
ロシア
カナダ
フランス
中国
メキシコ
エクアドル
ペルー
ボリビア
チリ
スイス
オーストリア
インド
パキスタン
イタリア
キルギス
オーストラリア
ニュージーランド／南島

世界の山を滑る

活動の中心は国内の山々であるが、海外での活動も会創設期から行なってきた。欧州オートルートの最初の報告は1976年。今から46年前で、インターネットもメールもなかった時代である。情報は実際現地に行ってみないと得られなかった。そのため、会員の現地ツアーに加わってのルート走破が後々の活動に大きな影響を残すことになり、欧州オートルートから始めた海外でのスキー活動は、やがて全世界へと広がっていった。

このような海外での活動は、日本で行なっている山スキーにも大きな影響をもたらしたことは言うまでもない。
● 登山道（稜線）に限らず、スキーに適したラインをつなぐ国内ルートの開拓
● 欧州の最新道具（ステップイン式ビンディング、貼り付けシール、雪崩ビーコン）の積極的な導入

今ではインターネットの普及で、現地のツアーガイドとの情報交換、宿や交通機関の予約まで簡単にできる時代。ヒマラヤの高峰での活動以外は、社会人が休暇を有効活用すれば実現可能である。世界の山での活動は、以前より身近になっている。

また、会員によるこれまでの海外でのスキー活動を右ページの一覧表にまとめた。

●**アジア**
ヒマラヤの高峰での活動は牧野氏のもの。1986年に、

山頂から滑ったムスターグ・アタ峰は海抜7546m。パミール高原の最高峰のひとつといわれる山で、今ではスキーで滑ることができる世界で最も高い山として欧米で知られている。モンゴル、キルギスタン、カザフスタンでの活動報告もある。

●**北米**
活動の多くはCMHなどのヘリスキーツアーで行なう。粉雪滑降に合う幅広スキーが日本で普及する以前に、その真価を体験した。アラスカでの活動の報告もある。

●**オセアニア**
日本と四季が逆なので日本のオフシーズンに活動できる。

●**中南米**
日本と四季が逆なので日本のオフシーズンの活動。アンデスの高峰での滑降だけでなく、メキシコの報告もある。

●**欧州**
欧州オートルートは、1970年代からコンスタントに活動の報告がある。ヨーロッパアルプスの各国には山スキーのルートがあり、ガイドツアーに参加することが可能。ほかにイタリアやフランス、北欧のノルウェーでの活動の報告もある。

このように世界各地で行なわれてきたスキー活動のなかから、欧州オートルート、カナダ、ノルウェーでの記録を、以降のページで紹介する。

国外地域別山スキー活動一覧

	国	ルート概略	『ベルクシーロイファー』掲載号
アジア	中国	崑崙山脈　ムスターグ・アタ峰(7546m)	1986_BS No.13
	モンゴル	フィテン峰(4374m)	1994_BS No.21
	インド	ヌン峰(7135m)、D41峰(5813m)	1995_BS No.22
	パキスタン・中国国境	ガッシャブルムI峰(8068m)	1998_BS No.24,25
	中国	チョー・オユー峰(8201m)	2000_BS No.27
	キルギス	カローナ峰(4860m)	2004_BS No.31
	カザフスタン	マリ・アルマティ谷	2008_BS No.35
北米	カナダ	カナダ(ヘリスキー)	1984_BS No.11
	カナダ	Mt.アサバスカ	1987_BS No.14
	カナダ	CMHヘリスキー	1990_BS No.17
	カナダ	スコーキロッジ周辺	1994_BS No.21
	カナダ	ヒーリーパスからシャドウレイク	1995_BS No.22
	カナダ	ゴシクスヘリスキー	1998_BS No.24,25
	カナダ	CMHヘリスキー	2001_BS No.28
	カナダ	LFHヘリスキー、ウィスラー周辺	2002_BS No.29
	アラスカ	ルース氷河	2003_BS No.30
	カナダ	ロジャーパス	2005_BS No.32
	カナダ	コロンビア氷河	2005_BS No.32
	カナダ	リトルヨーホー谷	2006_BS No.33
	カナダ	ロジャーパス	2007_BS No.34
オセアニア	ニュージーランド	ブラックピーク山(2300m)ヘリスキー	1983_BS No.10
	ニュージーランド	タスマン氷河	1985_BS No.12
	オーストラリア	コスシウス山	1987_BS No.14
	ニュージーランド	タスマン氷河	1989_BS No.16
	ニュージーランド	タスマン氷河、ハリスマウンテンヘリスキー	1990_BS No.17
	ニュージーランド	ハリスマウンテン、クック山域ヘリスキー	1999_BS No.26
	ニュージーランド	フォックス氷河	2006_BS No.33
中南米	ペルー	ピスコ峰(5752m)、ワスカラン峰(6768m)	2001_BS No.28
	メキシコ	オリサバ峰(5611m)	2002_BS No.29
	チリ	プロモ峰(5424m)	2003_BS No.30
	エクアドル	チンボラソ峰(6310m)	2003_BS No.30
	エクアドル	アンティサーナ峰(5758m)	2004_BS No.31
	ボリビア	アンコーマ峰(6427m)、イリャンプ峰(6368m)	2005_BS No.32
	ボリビア	Chaupi Orco峰(6044m)、Cololo峰(5915m)	2006_BS No.33
	ペルー	Huascaran Norte(6655m)、Tocllaraju峰(6032m)、Pisco Oeste峰(5725m)	2007_BS No.34
欧州	スイス	欧州オートルート	1979_BS No.6
	スイス	欧州オートルート	1980_BS No.7
	スイス	アレッチ氷河、モンテローザ(デュフォースピッツ・4634m)	1982_BS No.9
	スイス	欧州オートルート	1985_BS No.12
	スイス	アラリンホルン	1985_BS No.12
	スイス	欧州オートルート	1987_BS No.14
	スイス	欧州オートルート	1987_BS No.14
	フランス	12(ドゥーズ)バレー	1989_BS No.16
	ロシア(コーカサス)	エルブルース	1990_BS No.17
	スイス	欧州オートルート	1992_BS No.19
	ロシア(シベリア)	バジャール山脈ヘリスキー	1996_BS No.23
	スイス	欧州オートルート	1999_BS No.26
	スイス	欧州オートルート	2000_BS No.27
	スイス	欧州オートルート	2008_BS No.35
	イタリア	グラン・パラディーゾ山周辺	2008_BS No.35
	イタリア	ドロミテ山塊	2010_BS No.36,37
	スイス	欧州オートルート	2013_BS No.39,40
	ノルウェー	北極圏山スキー	2013_BS No.39,40

ヨーロッパオートルートの記録

オートルート（シャモニ〜ツェルマット間）概念図

『ベルクシーロイファー』バックナンバーから流用

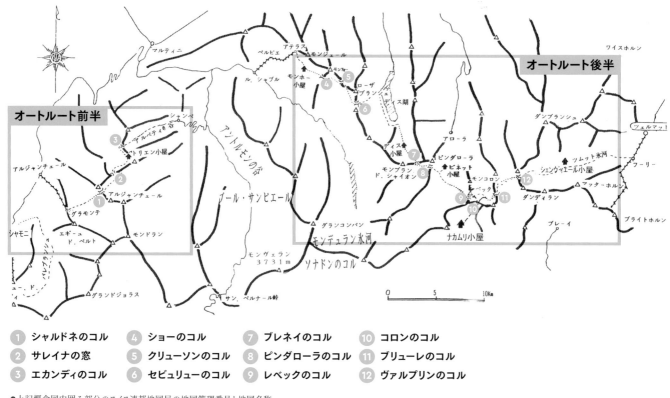

① シャルドネのコル	④ ショーのコル	⑦ ブレネイのコル	⑩ コロンのコル
② サレイナの窓	⑤ クリューソンのコル	⑧ ピンダローラのコル	⑪ ブリューレのコル
③ エカンディのコル	⑥ セビュリューのコル	⑨ レベックのコル	⑫ ヴァルプリンのコル

●上記概念図内囲み部分のスイス連邦地図局の地図管理番号と地図名称
前半部の対象地図 管理番号・名称／282S Martigny　後半部の対象地図 管理番号・名称／283S Arolla、284S Mischabel
いずれも縮尺は1/50,000

概要

　オートルートは、フランス・シャモニからスイス・ツェルマットまでのスキールートとして知られており、シーズン中は日本からも多くのツアーが組まれている。一般的に北側を周回するフランスコースをとると思われるが、南側を回るクラシックコースもある。RSSAにおいても、1970年代からフランスコース、クラシックコースともに、継続的に報告されている。また、派生ルートも多く、またツェルマット以東のザースフェーまでのルートをとることも可能である。さらに、グリンデルワルド周辺にも、アレッチ氷河を中心とする「オートルート・オスト」と呼ばれている地域もある。

オートルートスキーツアー計画の動機

　『山と溪谷』の1984年2月号にオートルート山行記録が、カラーグラフページとともに紹介され、山スキーを始めてから気になるルートとなった。こういう大胆なルートがあるのか！と驚いたものだ。当時の為替レートは1ドル／240円程度であり、気楽に海外へ行けなかった。それでも機会があれば、ぜひ行ってみたいと考えていた。
　国内募集のツアーでは準備・予備日も含めて2週間近くかかり、日数・費用ともにとても応募できない。あるとき9日間の連休取得ができ、あらためて調べると日本発着最短6泊8日で行けることがわかった。その年初から準備を進めて、ようやく2000年5月に実現できた。

4日目に宿泊した
ヴィネット小屋

3日目、セビュルーのコルか
らディス湖への滑降斜面（モ
ンフォー小屋は画像右側）

6日目に歩いたツムット氷河上
部から、雪煙の合間に見えたマ
ッターホルン（4478m）

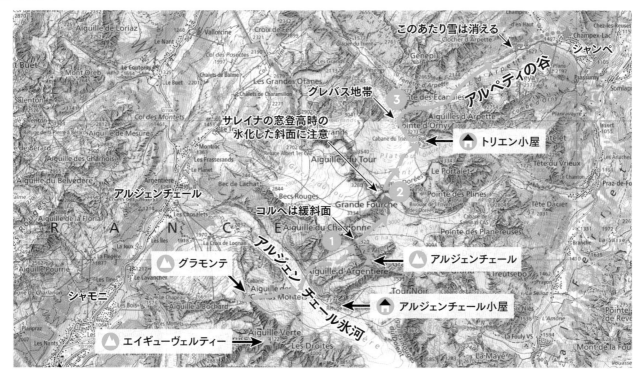

このあたり雪は消える

シャンペ

アルペティの谷

グレバス地帯

トリエン小屋

サレイナの窓登高時の
氷化した斜面に注意

アルジェンチェール

コルへは緩斜面

グラモンテ

アルジェンチェール氷河

シャモニ

アルジェンチェール

アルジェンチェール小屋

エイギューヴェルティー

スキーで滑った ➡	山小屋 🏠	① シャルドネのコル		シャモニ→アルジェンチェール→
スキーで歩いた ⇢	山名 🔺	② サレイナの窓	行程	グラモンテ→シャルドネのコル→
徒歩 ⋯⋯⋯▸		③ エカンディのコル		サレイナの窓→トリエン小屋→
				アルペティの谷→シャンペ

オートルート前半

日本（成田）から直行便でスイスのジュネーブへ向かう。到着後、タクシーでフランスのシャモニへ同日中に入る。ガイド組合には休暇日程取得の制限のため、ツアー開始前日の説明会には出席できないと事前に伝えたところ、「それでもかまわないから来い」とのこと。意外と柔軟な対応だった。

1日目

シャモニ＜車移動＞
アルジェンチェール→グラモンテ
→アルジェンチェール氷河→
シャルドネのコル→サレイナの窓→
トリエン小屋（泊）

朝、ホテルから荷物をまとめて、ガイド組合事務所に向かう。挨拶したのち、簡単な持ち物チェックがあった。事前の話では細かいチェックがあるとのことだったが、若干拍子抜けした。

山行に無関係な荷物は事務所で預かってもらい、ライトバンに乗り込んでアルジェンチェールに向かう。そこからさらにグラモンテへ。頂上に着くとスイス陸軍のスキー部隊がいた。自衛隊スキー部隊とは異なり、服装や機材はわれわれと同様のもの（ex：ディアメールetc）だった。

グラモンテからアルジェンチェール氷河へ滑降。氷河到着後、眼前のコルを見上げると予想と違って、谷の幅も広く、そんなに急斜面でもないように見えた。実際、登高を開始すると、北アルプスの雪倉岳東壁よりも楽に登ることができた。コルへの下降は、ロープで確保してもらい、サレイナ氷河に下りる。氷河上は特に問題なし。サレイナの窓への登りは意外と手こずった。ちょうど夕方に差しかかり、しかも山影に隠れる位置であったので斜面の一部が氷化しはじめ、スキーを担いで慎重に登る。その後、トリエン雪原に至り、トリエン小屋に入る。

2日目

トリエン小屋→エカンディのコル→
シャンペ＜交通機関移動＞
モンフォー小屋（泊）

トリエン小屋から、エカンディのコルに向かう。コルの周辺は荒れたクレバス帯である。壁面の際を慎重に滑る。小さな穴が複数あいており、気を抜けない。

ほどなくアルペティの谷に入る。雪が消えはじめ、スキーを担いでシャンペに至る。シャンペからはタクシーで移動して昼食。その後、リフトを使い、モンフォー小屋に入る。

2日目に宿泊したモンフォー小屋の前景

1日目のアルジェンチェール氷河からシャルドネのコル(中央前方)→

2日目に通過したエカンディのコル滑降時のクレバス帯。左側斜面(氷河右岸)を滑降

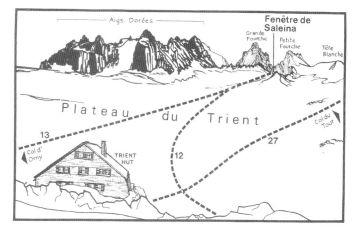

左／『HIGH LEVEL ROUTE』Erick Roberts 著より　右／1日目のサレイナ氷河とサレイナの窓(トリエン小屋から)

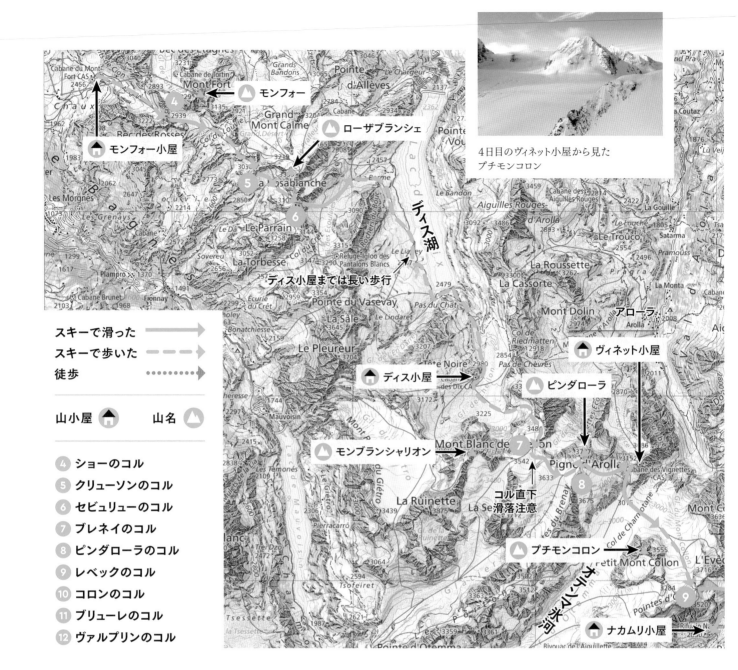

モンフォー

ローザブランシェ

4日目のヴィネット小屋から見た
プチモンコロン

モンフォー小屋

ディス湖

ディス小屋までは長い歩行

アローラ

ヴィネット小屋

ピンダローラ

ディス小屋

スキーで滑った
スキーで歩いた
徒歩

山小屋　　　　山名

モンブランシャリオン

④ ショーのコル
⑤ クリューソンのコル
⑥ セビリューのコル
⑦ ブレネイのコル
⑧ ピンダローラのコル
⑨ レベックのコル
⑩ コロンのコル
⑪ ブリューレのコル
⑫ ヴァルプリンのコル

コル直下
滑落注意

プチモンコロン

ナカムリ小屋

オートルート後半

3日目

**モンフォー小屋→ショーのコル→
クリューソンのコル→
セビリューのコル→ディス湖→
ディス小屋(泊)**

　モンフォー小屋からディス小屋に
向かう。この日は長丁場であるため、
4時ごろ出発する。こんな早い時間
にもかかわらず、多くのグループが
出発している。途中、2つのコルを
登下降した。3つ目のセビリュー
のコルを下って滑降を楽しんだあと
は、ややうんざりするほどの歩行が

続いた。4時間ほど歩くと右側の山
上にディス小屋が見えてくる。しか
し、間近に見えるほど簡単には着か
ず、さらに1時間以上もかかった。
　途中、水分が足りなくなり、氷河
上は予想以上に空気が乾燥している
ことを実感する。翌日からは2ℓの
ペットボトル2本と、手持ち用に0.5
ℓボトルを1本購入することにした。
これだけの水分量が必要だとは予想
外だった。

4日目

**ディス小屋→ブレネイのコル→
ピンダローラのコル→
ヴィネット小屋(泊)**

　ディス小屋からヴィネット小屋に

向かう。前日とは異なり、距離も短
い。モンコロンとプチモンコロンの
間を抜けて、途中2カ所のコルを越
えていく。それぞれ日当たりの方向
のためか、一部、斜面のところどこ
ろで氷化している部分もあり、滑落
に注意しながら降りる。
　ピンダローラのコルから頂上まで
数十mほどの高低差だったが、厚い
雲が出て視界が悪くなったため、頂
上に行くことは断念した。

5日目

**ヴィネット小屋→レベックのコル→
コロンのコル→ナカムリ小屋(泊)**

　ヴィネット小屋からイタリア側の
ナカムリ小屋に向かう。日本で募集

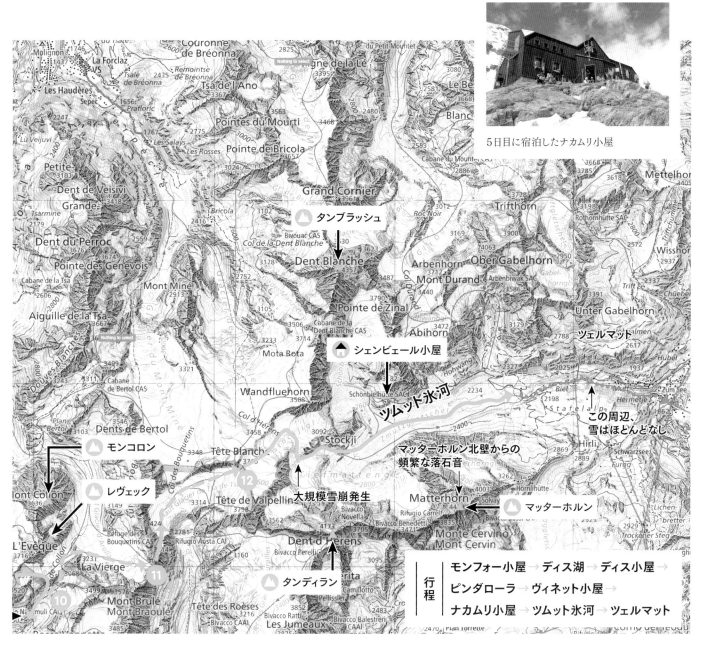

タンブラッシュ

シェンビェール小屋

ツムット氷河

モンコロン

レヴェック

マッターホルン北壁からの
頻繁な落石音

大規模雪崩発生

マッターホルン

この周辺、
雪はほとんどなし

ツェルマット

タンディラン

5日目に宿泊したナカムリ小屋

行程	モンフォー小屋 → ディス湖 → ディス小屋 →
	ピンダローラ → ヴィネット小屋 →
	ナカムリ小屋 → ツムット氷河 → ツェルマット

しているオートルートツアーでは、聞いたことがない小屋名だった。イタリア側の小屋の雰囲気は、スイス側とは違って、内装も含めて明るいことが印象的だった。

6日目

ナカムリ小屋 → ブリューレのコル → ヴァルプリンのコル → ツムット氷河 → ツェルマット＜車移動＞シャモニ

　ナカムリ小屋からシャモニへ。距離が短いわりには早めの出発。これは日が昇ると斜面の雪が解けてシャーベット状になり、登れなくなるため。前日までの斜面は雪が解けると凍結していたが、この近辺ではゆるゆる。

　コルへ登り返したあと、ツムット氷河の上部に至ると、スイス軍が大型の蒲鉾型テントを張って宿営していた模様。このあたりまで来るとマッターホルンが眼前に迫る。そして、シェンビェール小屋の周辺で昼食をとっていると、先の宿営地付近でかなり大きな雪崩が発生し、その雪煙がよく見えた。

気づいたことや留意事項

● のどが渇いても氷河由来の水分による補給は不可。氷河から取水したメンバーは、全員腹痛を発症した。かなり汚れているようだ。
● ビンディングや靴、シールに関する修理材料と道具の持参。

● 山行に不要な荷物は山行期間中に事務所で預かってもらえる。山行中の宿泊ホテルの予約は不要。
● フランス語圏でも、英語だけで充分対応可能。ただし、イタリア側山小屋はイタリア語とフランス語のみ。
● 小屋によっては固定電話があり、日本へも架電可能。

スキーツアーを終えて

　山行ツアー中は特に疲労を覚えなかった。帰国後も筋肉痛も感じなかったが、強い倦怠感が残り、数日してから起き上がれなくなった。健康に注意しても予期しなかった不調が出ることを想定して、健康管理・回復に要する時間を取るほうがよい。

カナダ・セルカーク山脈
Vista lodge周辺で山スキー

　カナダのブリティッシュ・コロンビア州といえば、ヘリスキーのメッカである。私もCMH Japanのヘリスキーに参加したことがあるが、同じ山域で入山と下山のときだけヘリコプターを使い、数日間ロッジの周辺で山スキーをするツアーも盛んだ。2019年12月、CMHで知り合った大阪のIさんから、キャンセルが出たので参加しませんかと誘われ、Vista lodge周辺のツアーに参加した。

　Iさんの入っている「山スキークラブMSCどんぐり」の30周年記念ツアーで、ONSIGHTというガイド会社の秋山さんに依頼して企画され、Vista lodgeに4泊する。ロッジはGolden Alpine Holidaysという会社の所有だが、毎週いろいろなガイド会社やアウトドアショップがツアーを企画している。秋山さんの知り合いで、カナダ在住の日本人シェフに料理を頼んだので、食事の心配もいらない。

宿泊したVista logde

●12月13日
　カルガリーで秋山さんやほかのメンバーと合流し、バンフの日本人が経営する"Squirrel's nest"にチェックイン。翌日はサンシャインビレッジで足慣らし。カナダには何回も来ているが、リフトに乗るのは初めてだ。みんなゲレンデではけっこう飛ばすので、テレマークの私はついていくのが大変だった。夜はロッジに持ち込むアルコール類を買い込む。

●12月14日
　早朝にバンフを出発。ゴールデンの近くのヘリパッドに向かう。周辺のロッジに入山するパーティがいくつもあり、ヘリパッドの横の小屋で薪ストーブにあたりながら順番を待つ。2時間近く待って、やっとヘリに乗り込む。乗ってしまえばあっという間に到着。ヘリが小さいのと荷物が多いので3往復した。

　私たちの一行はゲスト8人（男性5人、女性3人）、ガイド2人（秋山さん、谷さん）、シェフの大佐田さん、小屋の管理人の12人だ。ロッジの標高は2146ｍ。湖のほとりに立つ2階建てで、1階はキッチンと食堂、2階がゲストルーム（二段ベッド）で、トイレは数分歩いた森の中にある。シャワーはないが、サウナ小屋があり、水は湖から汲んでくる。燃料は薪とプロパンガスだ。

迎えに来た
ヘリコプターに乗り込む

Vista logdeでの
ディナーの様子

シャワーはなく
サウナ小屋

すばらしい
深雪滑降に笑顔!

荷物を運び入れたあと、ビーコン訓練をしてから、150mほど登って滑った。ロッジに戻るとCMHと同じように軽食が用意されているのだが、なんと初日はお寿司だった。その後も、おでんや海鮮丼など、カナダにいるのを忘れるような日本食が出たり、さすがカナダ！というステーキが出たりと食事には大感激だった。

●12月15日

いよいよツアーの始まりだ。われわれが今シーズン初めてのゲストのようで、ロッジの周りはノートラックだった。9時半に出発、北にある稜線をめざす。ラッセルはガイドがやってくれるし、メンバーは中高年なのでペースもゆっくりで楽である。

雪原となったVista湖を渡り、2200mまではだらだらと登り、上の雪原に出た。2350mの稜線までジグを切って登る。稜線の北側にもおいしそうな斜面が広がっているが、体力のないわれわれは無理をせず、登った側の斜面を滑る。標高差150m、傾斜は25度くらいか。極上のパウダーなのだが、みんなけっこう苦労している。今シーズン初めてなのと、まったく底ができていない深雪だからだろうか。

朝日に輝くピーク

雪原から登り返して再び稜線に出て、今度は先ほどより西の斜面を滑る。ほかの人たちはそのまま緩斜面を滑ってロッジに帰ったが、私は谷さんと左側に斜めに登り、東側の谷からロッジの東、100m下にあるSchlichting湖まで滑った。斜度はわりと緩いが埋まることはなく、まばらに生えた針葉樹を縫って快適な滑降で湖に出た。

ひと登りでロッジに戻り、軽食を食べてからサウナ小屋へ。体が熱くなってきたら薪ストーブの上に載っている鍋からお湯をかぶる。石鹸類はないがけっこうすっきりする。入る前は寒いが、出たときには体が火照ってすぐに服を着られないので、アウターだけ羽織ってロッジに駆け込み、体を冷ましてから服を着た。

トイレは2つあり、使うときはロッジの脇に立ててある赤い旗を持って行く。旗が1本もなければトイレは空

いてないということだ。

●12月16日

この日もまた稜線に登り、少し東に移動して、前日私が滑った谷を源頭から湖まで滑る。標高差300m強の、今回でいちばん長い滑降。上部はけっこう傾斜があり、転ぶ人が多く、時間がかかる。

Schlichting湖でロッジに戻る人と別れ、滑り足りない数名は湖を南東に縦断し、小高い丘に登って北面の沢に滑り込んだ。ちょっと狭く、雪付きがまだ充分でないところもあったが、おもしろい斜面で1880mまで滑った。登り返しは雪崩の危険を避けるために右側の樹林帯に入り、ジグを切って登ったが、ピタリと湖の北端に出た。

●12月17日

カナダ山スキーの最終日。北側の稜線から3本滑った。天気は3日間とも曇りで雪が降ってきたり、たまに日が差したり。谷さんが先頭できれいなシュプールをつけてくれるので、雪面が見えにくいことはなかった。青空で展望の利く日がなかったのは少し残念だったが、その代わり雪質は毎日最高だった。

ロッジでの生活は、大佐田シェフのおいしい料理のおかげもあって快適だったが、環境への配慮のためかトイレが外なのにはまいった。滑った標高差は2370mで、せっかくカナダまで来たのだからあと1～2日滞在してもう少し滑りたかった。登りも滑りも問題なかったメンバーは半分くらいで、あとの人は登りが遅かったり、深雪でよく転んだりしていた。足前がそろっていれば、1日の標高差もあと3～4割多く滑れたと思う。

●12月18日

下山日は曇り空で、ヘリが予定どおり来てくれるかが気がかりだった。もし荒天でヘリが飛べなければ帰国も遅れ、航空券も無駄になってしまう。1時間半ほど遅れたものの無事にヘリが到着。心配は杞憂に終わり、すばらしい思い出を胸に機上の人となった。

北欧・ノルウェー
北極圏でのツアースキー
Summit to Sea

5日目にGillivarriを滑る

トロムソ→

ノルウェー

オスロ

　ノルウェーの北極圏では、海辺から1200 〜 1400 m級の山をツアーして、夜はヨットで移動して別の山を滑る「Sail & Ski」というのがある。以前、山岳雑誌『岳人』のグラビアで見て、いつか行ってみたいと思っていた。標高0mから登るので、空気が濃いから同じ標高差でもヨーロッパアルプスなどと比べて楽だという。なにより、頂上から海に向かって飛び込むような滑走が味わえるのが魅力だ。

　ヨットではないが、リンゲンロッジという海辺の宿に泊まってモーターボートでアプローチするツアーもあり、狭いヨットよりもゆったり過ごせるほうがいいと妻が言うので、ロッジの主催する「Summit to Sea」というツアーに参加した。日が長くなるがまだパウダーが味わえ、オーロラも見られる3月中旬を選んだ。

　2013年3月8日出発で、ロッジには9 〜 15日までの7泊、中6日間スキーをして17日に帰国である。起点となる北極圏の町トロムソまでは、日本からコペンハーゲン→オスロと2回乗り換える。途中、管制機器のトラブルがあり、オスロへの出発が1時間半以上遅れ、トロムソに着けるかどうか心配だったが、23時すぎになんとか到着。市内のホテルに入ったのは真夜中の0時を回っていた。

　翌朝、ゆっくり起きると激しい降雪。パウダーへの期待が高まる。雪がやんで、日も出てきたので街を散策する。かわいい港町だが物価の高いのに驚く。

　午後3時にロッジの人が迎えにきた。ほかのメンバーは夕方の便で着くので、ロッジの車で空港へ迎えに行く。天候が急変し、猛吹雪になってきた。飛行機は大丈夫か？と心配になるが、案の定遅れに遅れ、みんながそろったのは午後9時ごろ。3時間以上のドライブで、ロッジに着いたのはまたもや0時すぎだった。

　ロッジの1階は暖炉のある広いリビングと食堂、奥に大きなモニターのあるオーディオルームがあった。私たちの部屋は2階の端で、部屋にある二段ベッドの上段は体を起こすと天井に頭をぶつけるほどだったが、窓からはフィヨルドや対岸の山々の眺めがよかった。

●3月10日 Day 1（曇りのち雪）

　今回のツアーメンバーは、オーストリアの4人組、イギリスのエド、ニュージーランドのジョー（女性）、モナコの2組のカップル、それに私たち日本人夫婦の12人。モナコのカップルと私たち夫婦が同じグループになった。

　ロッジのオーナー、グラハムの挨拶のあと、ガイドが紹介される。われわれのグループは若いフローリアンで、オーストリア人のグループはベテランのステファンだ。

　ステファンのグループは車で出発し、われわれはロッジの裏山のStorhaugen（1142 m）をめざす。まばらな灌木帯を抜けると標高は250 mで、もう森林限界だ。振り返ると海が見える。登るにつれ風雪が強まる。無木立の吹きさらしの斜面のため、750 mで登高をあきらめて

滑走に移る。上部はウィンドパックされて滑りにくかったが、ほどなくパウダーに。滑りは短かったが寝不足の身にはよい足慣らしだった。

ロッジで一服しているとステファンのグループが帰ってきた。オーストリア人の女性が両肩を支えられている。雪質の変わるところで足を取られ、膝の靭帯を痛めてしまったらしい。彼らは悪天候のなかで登頂し、下山中にケガをしたようだ。その後、彼女はスキーツアーに参加できなかった。

ロッジでの夕食は陽気なシェフが腕をふるい、カナダのCMHよりも繊細でおいしかった。ただ、アルコール類がバカ高いのにはまいった。

● 3月11日 Day2（曇りのち晴れ）

車で南に5分ほどのところからSorbmegaisa（1288ｍ）をめざす。下部は沢状でキックターンを繰り返す。モナコの女性陣はキックターンに手こずる。標高400ｍから右側の広い尾根に取り付くが、ここも急斜面で確実なキックターンが必要だ。700ｍ付近で彼女たちがもう限界と言いだし、帰ることになる。風雪が強まっていたが、まだ登れる天気だったので残念だった。

登山口まで滑ってからモナコの女性たちをロッジに帰したあと、残りのメンバーで450ｍまで登り返して滑りを楽しむ。午後は天気が回復する。あのとき引き返さなければ頂上を踏めたはずだったので悔しかった。ステファンのグループは強力で、この日もStorhaugenの頂上から滑っていた。

● 3月12日 Day3（雪）

これまでにも増して大雪となった。裏山に登りに行くが、標高450ｍで引き返す。雪が深すぎてほとんどターンにならない。こんな天気では、はるばるノルウェーに来た甲斐がないと思ったが、2週間前はずっと雨だったそうで、それよりはマシと自分を慰める。

● 3月13日 Day4（曇りのち晴れ）

ようやく晴れたので、ボートでUløya（ウロイヤ）島に渡りUløytindenをめざす。スキーを持って、ゆらゆらする浮桟橋を兼用靴で歩き、こわごわとボートに乗り込む。10分ほどで島に到着。港からシールで登りだす。標高300ｍくらいまでは細い木が生えており林道を行く。上部は無木立の大斜面となったが、ガスが出て視界がなくなった。大きな斜登高を繰り返し、13時30分、待望の1140ｍの頂上に着いた。

シールを剥がしているとガスが晴れてきた。海の上にアルプスの山頂部だけを置いたような景観である。上部の傾斜は25度弱で、昨日までの雪がたっぷり積もった斜面では深いターンだと止まりそうになる。私はテレマークなので、浅めのターンの連続が難しかった。中間部から振り返るとステファンのグループが、もう1本と登り返している。私も合流したかったが、風邪気味だったのでやめておいた。帰りはボートでフィヨルドをあちらこちら走り回るサービスもあり、大満足でロッジに戻っ

た。夜はオーロラも見えた。

● 3月14日 Day5（晴れ）

今日は車で約20分南下したところからGillivarriをめざす。ステファンのグループと一緒に出発したがすぐに引き離される。標高400ｍで開けた地形となり、右側の斜面を登る。ステファンのグループはすでに頂上に着いて、左側の谷を滑っている。彼らは山屋さんという感じで、登りは強いがガイドのほかは滑りはあまりうまくない。

風邪で調子が悪く、みんなに遅れてやっと頂上に着く。逆光に映えるフィヨルドが美しい。登ってきた斜面の北側の谷に滑り込む。昨日より雪が締まって滑りやすい。フィヨルドに飛び込んでいくような感覚だ。モナコ人のリチャードは「人生最高のスキーだ」と言っていた。夜、昨日より大きなオーロラが出現。緑のカーテンが赤い色も交えながら動いている。

● 3月15日 Day6（晴れ）

いよいよ最終日。今日はSummit to Seaのハイライトのツアーだ。ボートで出港し、島の沖合でゴムボートに乗り換え、小さな砂浜に上陸してスキーをはく。スリル満点。場所は一昨日行ったUløya島の反対側のようだが定かではない。

フィヨルド対岸の男性的な山々とは対照的に、こちらはいたって女性的な山容で、まさに山スキー向きだ。登るにつれ北方の氷山のような島が見えてきた。頂上ではノルウェー最後の展望をゆっくり味わいたかったが、ガイドはいつもせかせるので、堪能できず残念だった。

山頂からパウダーを一気に浜まで滑り降りると、壊れた冷蔵庫が置いてあり、中にArctic beer（トロムソで醸造している世界最北のビール）が入っていた。ロッジからの粋なサービスである。帰りは潮の加減でゴムボートが砂浜に乗り上げられず、女性は船長がおんぶして乗せていたが、男性は海の中を歩いて乗船。幸い海水はほとんど染みてはこなかったが……。

6日間のうち、スキーを堪能したのは後半の3日間だったが、来た甲斐はあった。われわれは弱いグループで、1回滑って終わりだったが、強いグループはおいしいところを2回滑っていた。風邪をひいていなかったら私もそれくらい滑りたかった。

Sail & Ski もやってみたいが、風雪が続いたときはどう過ごしたらいいのか不安である。また、山の標高が低いから登りが楽というのは確かで、妻も1時間に標高差350ｍくらいのペースで登っていた。

いつか再び訪れたいと思うが、そのときはRSSAでロッジを借りきるというのはどうだろうか。ロッジのオーナーはイギリス人のグラハム、ノルウェー人（たぶん）のロッジマネージャーのエリザベスはモデルのような美人で、ガイドはオーストリア人と、国際色豊か。ロッジでの共通語は英語だがみんな同じ趣味・志向なのでコミュニケーションはとりやすかった。

Berg Schiläufer

RSSA

スキーアルピニズム研究会
山スキー50年の活動

RSSAの50年を振り返る

スキーアルピニズム研究会（RSSA）の成り立ち

　山岳会が活動の一部として山スキーを実践することは戦前からあったが、スキーアルピニズムに特化した実践・研究の団体は、1973年にRSSAが創立されるまでなかった。山スキーのガイドブックや雑誌記事もほとんどなかった時期、RSSAは会誌『ベルクシーロイファー』（BS）を会の創立の翌年に発行。のちに会員から出資金を集めて部数を増やしていき、主に東京都内の山岳書専門店や大きな書店・登山用品店を会員有志が分担して配本・販売を依頼。多いときには500部を超える売り上げもあった。それは、BSがスキー登山をする人たちに求められたからだと思う。

RSSAの追求してきたもの ①

　RSSAはスキーの利点を雪山で活用する目的で結成された、自由で自発的な同人組織であった。

　強力な指導者が引っ張るタイプの組織運営とは当初から無縁であり、会に代表は置くが重任は避けることを基本にした。

　教育や訓練など行なわないことを前提にしていたが、登山の経験が相当あり、スキーの実力もある会員たちが、東京周辺だけでなく関西や東北・北海道などからも集った。入会すれば、スキー山行のパートナーやルート情報が得やすかったからだろう。

　パートナーを得られることで、会員をさらに新しいルート開拓に向かわせた。

　従来、雪崩の危険がある積雪期の谷や沢を下降ルートに取ることはありえないと思われていたが、次の②のような変化が1980年代以降、スキーを利用したスピーディな下降で会員を新ルートの開拓に向かわせた。本書のP166の谷川岳周辺や、P170の日本オートルートの集成図に示されたルートはその軌跡である。

RSSAの追求してきたもの ②

　会員たちは1979年ごろから、ヨーロッパオートルートはじめ海外スキーツアー（P150）に出かけていたことにより、山スキーギアの最新情報について共有化が図られていた。たとえば貼り付けシールをヨーロッパで知り購入した会員は、その革新性を伝えてくれた。

　また、ワイヤー式ビンディングがようやく日本に入り始めたころ、リリース可能なセーフティ装置付きビンディングをいち早く研究した会員もいた。BSは新しいギアの使用報告の場ともなっていったのだった。

RSSAの現状とこれから

　BSは山スキーの情報を広く伝える目的で、毎年の会員の活動成果からオリジナリティのある記録を選び発表してきた。しかし、インターネットの普及により紙媒体のBSによる発信の役割は終わったのではないかという声も強くなり、2014年RSSA創立40周年を区切りにBS39・40合併号（「山スキー百山とその後の15年」を特集）をもって停刊された。

　BS停刊後、RSSAの組織的な活動の記録として、前作の『山スキー百山』を制作、2015年に出版した。

　現在、RSSAでは情報発信を積極的には行なっていないが、活動は継続している。若い会員たちは、新たな実践として厳冬期のパウダー滑降、ルンゼ滑降などに挑戦している。

　高齢者は滑りよりも歩きを主体にして、登山靴を使用するショートスキーやクロスカントリースキーにシールを貼って雪山に向かう会員もいる。

　海外の山スキーも、イタリア、スペイン、オーストリア、ノルウェー、クロアチアなどのツアールートはまだ知られていないので、いつか滑って報告してくれる人が出るかもしれない。

谷川岳スキールート集成図

『ベルク シーロイファー』10号綴じ込み付録

滑り継がれているルート　→

1 米子沢
2 谷川岳〜赤谷川源流〜万太郎山〜土樽
3 茂倉谷
4 万太郎谷
5 西ゼン
6 ヤカイ沢

山をつなぐルート　⋯⋯⋯▶

2 万太郎山〜土樽
5 西ゼン〜土樽
7 大烏帽子山〜巻機山

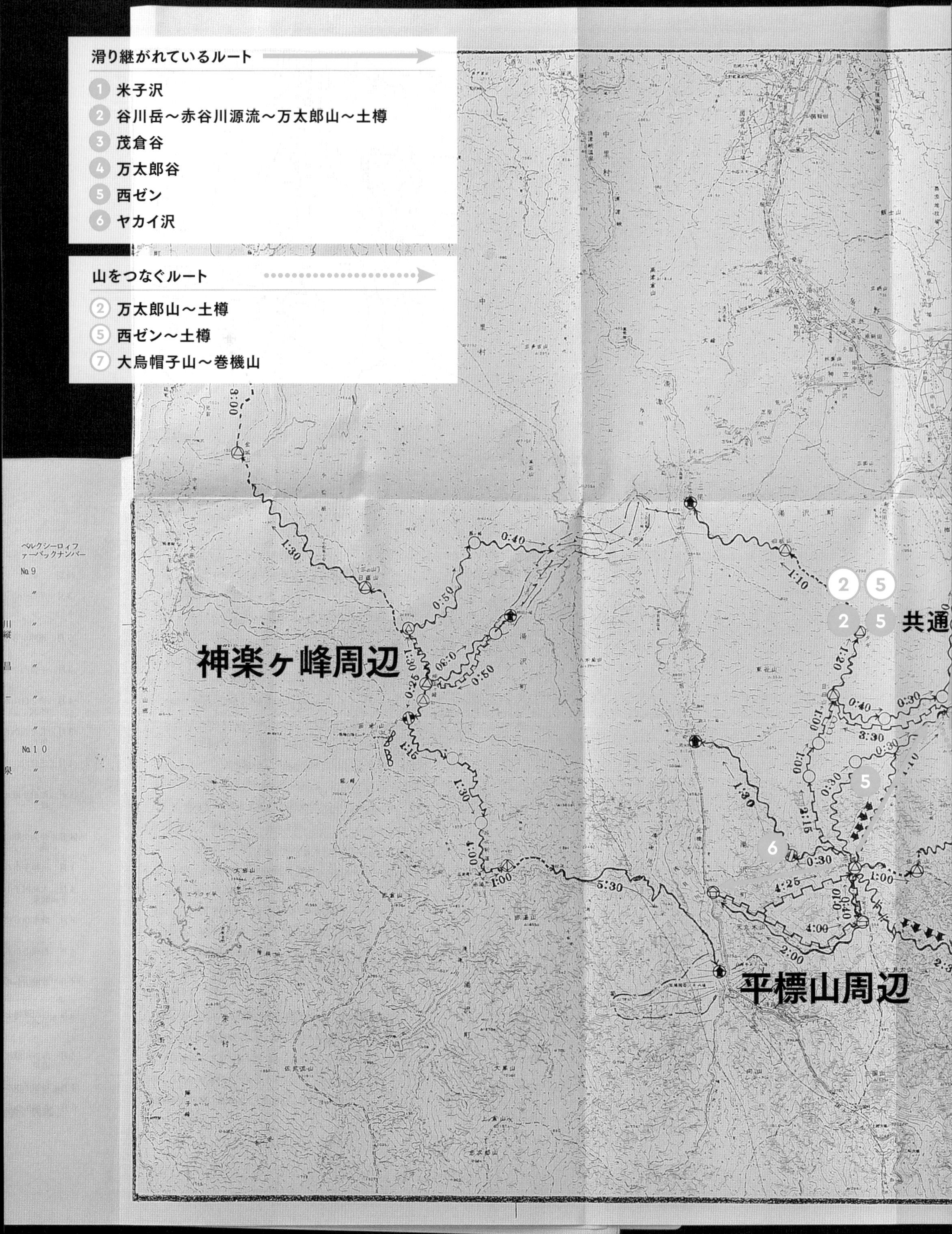

神楽ヶ峰周辺

平標山周辺

共通

巻機山周辺

大烏帽子山周辺

谷川岳周辺

※　この地図は　1/50,000地形図を
　縮少しています。
　　　（縮率70%）

1/25,000地形図
　赤　沢　　苗場山　　佐武流山
　越後湯沢　土　樽　　三国峠
　巻機山　　茂倉岳　　水　上
　奥利根湖　藤　原

1/50,000地形図
　苗場山　　岩菅山　　越後湯沢
　四　万　　藤原　　　追貝

「この地図は、建設省国土地理院長の承認を得て、同院
発行の5万分の1地形図を複製したものである。
（承認番号）昭58関　複、第549号」

「創造性こそ山スキーの楽しみ」
谷川岳周辺を巡る
新規スキールート開拓の活動

39年前の「谷川岳スキールート集成図」を見返して

谷川岳周辺は、首都圏在住の山スキーヤーにとって、古くから週末に丸一日活動できる貴重なエリアであった。上越新幹線開通（1982年）、関越道の関越トンネル開通（1985年）の前から、前夜に上野駅で上越線の夜行普通列車に乗れば、早朝に土合に着いた。雪のシーズンが12月中旬からゴールデンウィークまでと長く、パウダースノーから春のザラメ雪まで、さまざまな条件で滑れる魅力がある。会の創立10年時点（1983年）で、それまでの活動記録が27ルートにも上った。

その27ルートをまとめた集成図は、会誌『ベルクシーロイファー』（BS）10号に掲載した。地図に加えて、BS10号の座談会と、当時、地図製作のリーダーであったメンバーの思いを述べた記事を見返してみると、各ルートが山スキーヤーが滑りたいルートとして、現在に滑り継がれていること、地図から山と山をつなぐルートが見いだされていることがわかる。

BS10号座談会 “創造性こそ山スキーの楽しみ”

N氏：「尾根上を安全に進み、両側のいい斜面での滑りを我慢するのでなく、思い切って滑り、その先で登り返せば、スキーの特性を生かした山行になる」
S氏：「このような山行を3年前から取り組んでいる」
O氏：「クラッシックルートの域を超えた新しいルート取りが始まりつつある」
N氏：「新しいルートは合理性があり、これからの人が行きたいルートであるべき」

地図製作リーダーの思い

M氏：「地図は山スキーヤーにとって（途中省略）、未知のルートをたくさん秘めた夢を生む武器である」

集成図は後々の会員に大きな刺激を与え続けた。会員がこれまで滑った全ルートを地図にプロットすると、地図が真っ黒になるのではないかと思う。

谷川岳周辺の山々

新潟・群馬県境を成す山々で、豊富な積雪が急峻な谷を埋め尽くし、初心者でも楽しめる斜面から、エキスパート向けの斜面まで、多くの山スキールートがある。

●巻機山周辺
新潟県の清水（しみず）を起点とする多くのルートが記録されており、利根川源流域（ブサノ裏沢）を滑るルートも紹介されている。南側に位置する柄沢山（からさわやま）のルートも紹介されている。

●大鳥帽子山周辺
宝川（たからがわ）温泉を起点にするルートが紹介されている。白毛門（しらがもん）、布引山（ぬのびき）など山スキーに向いた山がある。土合（どあい）からアプローチする方法もあり、本書でも掲載している（P70参照）。

●谷川岳周辺
天神平（てんじんだいら）を起点にしたルートが紹介されている。東西南北、各方向にルートがあり、すべて滑るとなると何年もかかるだろう。本書では2つのルートを掲載している（P76、P78参照）。

●平標山周辺
集成図には火打峠（ひうち）を起点にするルートが紹介されている。峠へ戻るルートだけでなく、土樽（つちたる）方向に滑るルートがある。本書ではひとつのルートを掲載している（P80参照）。

●神楽ヶ峰周辺
スキー場を起点とするルートが記録されている。スキー場周辺の初心者向けルートのほかに、津南（つなん）へ抜けるルートもある。本書ではその一部を掲載している（P82参照）。

Berg Schiläufer
ベルク シーロイファー
No.10

（山岳スキーフィールド）

スキーアルピニズム研究会
（RSSA）

← 国土地理院の承認を受けたうえで、当時担当だった羽鳥氏（故人）が国土地理院地図に滑走ルートを記入。このスタイルは最終号まで引き継がれた

谷川岳　一ノ倉岳　茂倉岳　七ツ小屋山　大源太山　万太郎山　仙ノ倉山

集成図の谷川連峰を見ながら、巻機山の米子沢源頭を滑る（写真／田宮公成）

滑り継がれているルート

　集成図を作成した前後に、会員が新しく生み出したルートで、多くの山スキーヤーに滑り継がれているものの一部を紹介する。

１　米子沢*

沢登りで有名な米子沢を滑るルート。大きな滝は側壁を巻き降りる。

２　谷川岳〜赤谷川源流〜万太郎山〜土樽*

谷川岳から土樽に抜ける代表的ルート。スキーに向いた斜面を滑りつなぐのが魅力。

３　茂倉谷　４　万太郎谷

谷川岳から土樽に抜ける２つのルート。万太郎谷は大きな滝があるので、通過に注意が必要。

５　西ゼン*

平標山から土樽へ抜ける代表的ルート。山頂から一気に滑り込める。雪崩には注意が必要。

６　ヤカイ沢*

平標山から元橋へ戻る代表的ルート。登るルートより急峻でダイナミックな滑りが楽しめる。

山と山とつなぐルート

　山中に泊まるスキーツアー、深夜から歩き始めるスタイル、あるいは残雪期に雪が消えた車道を自転車で移動するなど、アプローチ方法を工夫すると活動範囲が広がり、さらに山と山をつないで楽しめる。集成図は活動の空白エリアを明確にし、山と山をつなぐルートを見いだすのに役立つ。

２　万太郎山〜土樽　５　西ゼン〜土樽

下流部に大きな滝がない毛渡沢が、平標山方面と谷川岳からのルートの合流地点になっている。沢の下流部の徒渉点が、山と山をつなぐルート取りのポイントである。

７　大烏帽子山〜巻機山

檜倉山を越えれば、宝川温泉や土合からのルートと巻機山周辺のルートがつながる。図示していないが、つないで滑ったルートの記録が過去にある。

北アルプスを縦横無尽に滑る
日本オートルート

ヨーロッパアルプスオートルートから発想を得た
ロングスキーツアールートの誕生

RSSAでは発足初期からヨーロッパアルプスオートルートに出かける会員が多かった。その影響からか、日本でもロングツアーが可能な立山・室堂から双六岳方面までのルートをいつしか「日本オートルート」と呼ぶようになった。

その後、会員の活動範囲が拡大し、北は馬場島や毛勝谷から、南は新穂高温泉や上高地。東は高瀬ダムから、西は有峰ダムや飛越トンネルまでをスキーでつなぐロングルートが踏破された。重要なのはヨーロッパアルプスのスキーツアースタイルのように、谷や沢を滑走し、稜線へ登り返しながらスピーディにルートを踏破することだ。集成図にはスキー縦走ならではのラインを多数示した。ツアーの参考にしてほしい。

馬場島、立山・室堂から
双六小屋への縦断ルート

日本オートルートは立山側から南行するほうが滑走の機会が多く、スキーを活用できる。夏道を行くとスキーを担がねばならない細い稜線や、斜面が広くてもアップダウンの続く尾根もある。地形図を読んで、天候や地形に応じて臨機応変にスキーを活用できるルート選択をしてほしい。ガスや霧の場合の滑走は視界が回復するまで待つなど慎重に。ツアー適期は4～5月。

① 立山・室堂～立山川・馬場島

室堂から馬場島へ抜けるクラシックルートで、新室堂乗越から立山川を馬場島まで滑る。時間に余裕があれば、新室堂乗越から奥大日岳を往復してもよい。このルートは稜線が細く、ダイナミックな滑りは期待できない。立山川は下るにつれてデブリに覆われ、毛勝谷の出合から先は特に雪面が荒れている。雪があるかぎり滑り、あとは歩く。前作『山スキー百山』（P236）で紹介している。

② 一ノ越～御山谷滑走～ザラ峠～五色ヶ原～
越中沢岳～スゴニノ谷滑走～スゴ乗越小屋

一ノ越（2700m）から御山谷を2350m付近まで滑り、獅子岳の稜線2600m付近をめざして登り返す。稜線からはザラ峠（2348m）へ下り、五色ヶ原に登り返す。越中沢岳頂上（2592m）付近の平坦部2450m付近から西側のスゴニノ谷1750m付近まで滑走。下降点からスゴ乗越小屋（2270m）のある稜線までは急登。途中からスキーは担ぐ。

③ 北ノ俣岳～赤木沢～
黒部川源流部（2050m）から登高～三俣山荘～
モミ沢出合へ滑走～モミ沢の登高～双六小屋

北ノ俣岳（2662m）へは飛越トンネルから登る。北ノ俣岳を過ぎての稜線から赤木沢を黒部川まで滑走。五郎沢から祖父沢の出合付近は広く、幕営適地。黒部源流2400m付近から三俣山荘（2550m）をめざす。弥助沢へは山荘からでも、三俣蓮華岳頂上付近からでも滑り込める。モミ沢の出合付近（2030m）からモミ沢を登高し、双六岳と樅沢岳のコルにある双六小屋（2550m）を直接めざす。

剱岳
2999

早月尾根

毛勝谷

馬場島

① 立山川

奥大日岳
2611

新室堂乗越

室堂

立山
雄山
3003

一ノ越

龍王岳
2872

御山谷

獅子岳
2714

ザラ峠
2348

② 五色ヶ原

鳶山
2616

2356

越中沢岳
2592

スゴニノ谷

スゴ乗越

スゴ乗越小屋

黒部湖

N

0 1km 2km 1/66000

黒部源流横断ルート

富山市

折立

太郎兵衛平～折立は
除雪が始まると滑走できない

薬師岳
2926

富山市

有峰湖

太郎兵衛平

太郎平小屋

太郎山
2373

薬師沢

④

薬師沢小屋

飛越トンネル

寺地山
1996

神岡新道

北ノ俣岳
2662

飛騨市

③

黒部川

飛越新道

赤木岳
2622

赤木沢

富山市

黒部五郎岳
2671

高山市

③
北ノ俣岳～赤木沢～
黒部川源流部（2400m）から遡行～三俣山荘～
モミ沢出合へ滑降～モミ沢登高～双六小屋

④
太郎兵衛平～薬師沢へ滑走～
黒部川源流登高～三俣山荘

1/67000

越中沢岳
2592

スゴ乗越

上ノ廊下　黒部川

黒部湖

富山市

中ノタル沢

薬師見平

読売新道

⑧

烏帽子岳
2628

烏帽子小屋　ブナ立尾根　高瀬ダム

大町市

赤牛岳
2864

1937

三ツ岳
2845

温泉沢

高天原
山荘

東沢谷

温泉沢ノ頭
2904

⑥

水晶岳
2986

野口五郎岳
2925

岩苔小谷

雲ノ平

祖父岳
2825

水晶小屋

⑤

真砂岳
2862

大町市

岩苔乗越

祖父沢

鷲羽岳
2924

黒部源流

2000

⑦

ワリモ沢

鷲羽池

三俣蓮華岳
2841

三俣山荘

弥助沢

双六岳
2860

樅沢

モミ沢

双六小屋

樅沢岳
2755

⑤
烏帽子小屋〜三ツ岳〜
東沢谷（1937m付近）へ滑走〜
東沢谷登高〜水晶小屋〜岩苔乗越〜
黒部川源流滑走〜三俣山荘へ登高

⑥
三ツ岳〜東沢谷（1937m付近）へ滑走〜
水晶岳・赤牛岳稜線（温泉沢ノ頭）〜
温泉沢滑走〜高天原山荘〜
岩苔乗越へ登高〜三俣山荘

⑦
烏帽子小屋〜野口五郎岳〜真砂岳付近稜線から
ワリモ沢（2000m付近）へ滑走〜
鷲羽池へ登高〜三俣山荘

⑧
三俣山荘〜水晶岳〜赤牛岳〜中ノタル沢〜
上ノ廊下横断〜スゴ沢〜スゴ乗越〜越中沢岳

黒部源流横断ルート

　ヨーロッパアルプスオートルートには起点のシャモニやツェルマットを結ぶルート以外に、山麓のスキー場や途中の集落から合流できるルートが何本もある。日本オートルートにもスキーを使い、東西から途中合流できるルートがあってよいのでは？という発想から、やがて会員たちによって黒部源流を横断するツアーが実践された。スキーを活用したルートが多い。

④　**太郎兵衛平〜薬師沢へ滑走〜**
黒部川源流登高〜三俣山荘

太郎 平 小屋（2325ｍ）の裏から薬師沢に滑り込む。2100ｍ付近からなだらかになり、薬師沢小屋（1912ｍ）手前まで台地状を滑る。黒部川の水流は出ているが、ほぼ左岸をシール登高する。赤木沢の出合から先は③を参照。

⑤　**烏帽子小屋〜三ツ岳〜**
東沢谷（1937ｍ付近）へ滑走〜東沢谷登高〜
水晶小屋〜岩苔乗越〜黒部川源流滑走〜
三俣山荘へ登高

三ツ岳（2845ｍ）の西のピーク（2800ｍ）から東沢谷の1937ｍ地点まで、ほぼまっすぐに沢を滑走。東沢谷は5月でも雪に埋まっており、水晶 小屋（2900ｍ）まではシール登高。岩苔乗越（2730ｍ）から源流を滑走（③参照）。

⑥　**三ツ岳〜東沢谷（1937ｍ付近）へ滑走〜**
水晶岳・赤牛岳稜線（温泉沢ノ頭）〜温泉沢滑走〜
高天原山荘〜岩苔乗越へ登高〜三俣山荘

三ツ岳から東沢谷への滑走は⑤参照。1937ｍ地点から稜線上の2904ｍ（温泉沢ノ頭）まで直登。稜線から高天原山荘（2120ｍ）まで温泉沢を滑走し、シール登高で岩苔乗越へ。以降⑤参照。

⑦　**烏帽子小屋〜野口五郎岳〜真砂岳付近稜線から**
ワリモ沢（2000ｍ付近）へ滑走〜
鷲羽池へ登高〜三俣山荘

真砂岳（2862ｍ）の西側稜線からワリモ沢側の急斜面にドロップイン。2000ｍ付近の合流点まで滑走。西に沢をつめながら雪の鷲羽池付近（2750ｍ）をめざしてシール登高。鷲羽池から縦走路に戻る際、急斜面のトラバースがあるので気温低下時の滑落に注意する。

⑧　**三俣山荘〜水晶岳〜赤牛岳〜中ノタル沢〜**
上ノ廊下横断〜スゴ沢〜スゴ乗越〜越中沢岳

赤牛岳（2864ｍ）は読売新道上のピークで、ここだけを滑る計画は考えにくい。黒部川上ノ廊下に架かるスノーブリッジを前提に、水晶岳（2986ｍ）〜赤牛岳〜越中沢岳をつなぐ。残雪の多い年にトライするとよい。

槍ヶ岳から双六小屋への
縦断・横断ルート

　双六小屋から西鎌尾根を槍ヶ岳へ登り、槍沢経由で上高地に抜けるルートは本書のP120を参照のこと。
　ここでは、槍ヶ岳から西へ滑るルートを紹介する。大きな飛騨沢と西鎌尾根があるため、西側にはスキー向きの斜面がほとんどないが、地形図を丁寧に見ることで沢伝いの滑走ルートが見いだされ、滑られるようになった。

⑨　**槍ヶ岳山荘〜飛騨沢〜槍平小屋〜奥丸山〜**
ワサビ平小屋〜弓折岳〜双六小屋

新穂高温泉から右俣谷、飛騨沢経由で槍ヶ岳を往復するルートのバリエーション。槍 平 小屋から奥丸山（2440ｍ）へ登って左俣谷へ滑り込み、ここから一般登山ルート、小池新道で双六小屋をめざす。

⑩　**槍ヶ岳山荘〜千丈沢の滑走・登高〜**
樅沢岳〜双六小屋

雪の硬い急な北面を滑るエキスパート向けルートで、滑り出しは特に注意を要する。ある程度滑走すれば大斜面となり、ここからのそびえ立つ北鎌尾根は、日本の山とは思えない迫力である。

●参考記録
『ベルク シーロイファー』（RSSA会報）
　4、5号　　紀行ツェルマット周辺（田中和夫）
　6号　特集 ヨーロッパアルプス"オートルート"とモンブラン（田中・岡田・羽鳥）
　11号　　（牧野・平岡・田中）
　15号　　（桐浴）
　16号　　（佐藤）
『山スキー百山』（RSSA著、山と渓谷社）
　日本オートルートPart1（南部）、Part2（中央部）、Part3（北部）

三俣蓮華岳
2841

双六岳
2860

双六小屋

樅沢岳
2755

弓折岳
2592

大ノマ乗越

大ノマ岳
2662

小池新道

⑨

奥丸山
2440

槍平小屋

飛騨沢

千丈沢

⑩

槍ヶ岳
3180

槍ヶ岳山荘

西鎌尾根

東鎌尾根

槍沢

上高地へ

わさび平小屋

左俣谷

右俣谷

新穂高温泉

穂高岳

大町市

高山市

N
W E
S

0 1km 2km
1/53000

RSSA

『山スキー百山』
『山スキー百山2』
掲載ルート
総索引集

北海道

山名	読み仮名	ルートガイド	本	ページ
芦別岳	あしべつだけ	新道ルート	百山	18
芦別岳	あしべつだけ	ユーフレ本谷	百山	18
オプタテシケ山	おぷたてしけやま	トノカリ林道〜オプタテシケ北側尾根〜オプタテシケ山〜爆裂沢	百山2	12
積丹岳	しゃこたんだけ	積丹岳	百山	26
斜里岳	しゃりだけ	清里ルート	百山	12
斜里岳	しゃりだけ	根北峠ルート	百山	12
暑寒別岳	しょかんべつだけ	北尾根ルート	百山	14
ニセコアンヌプリ	にせこあんぬぷり	ニセコアンヌプリ西面ルート	百山	22
ニセコアンヌプリ	にせこあんぬぷり	イワオヌプリ	百山	22
ニセコアンヌプリ	にせこあんぬぷり	ワイスホルン	百山	22
東岳(知床半島)	ひがしだけ	知円別小中学校跡地〜知床東岳	百山2	8
東岳(大雪山系)	ひがしだけ	大雪湖〜ホロカイシカリ川〜大雪東岳	百山2	10
富良野岳	ふらのだけ	ジャイアント尾根からベベルイ沢	百山	16
芽室岳	めむろだけ	北尾根往復	百山	20
芽室岳	めむろだけ	ヌプリパオマベツ川左俣	百山	20
羊蹄山	ようていざん	真狩ルート	百山	24
羊蹄山	ようていざん	神社の沢ルート	百山	24
羊蹄山	ようていざん	墓地の沢ルート	百山	24
余別岳	よべつだけ	余別岳	百山	26
羅臼岳	らうすだけ	羅臼岳	百山	10
羅臼岳	らうすだけ	サシルイ岳	百山	10
利尻山	りしりざん	北麓野営場から頂上往復	百山	8
利尻山	りしりざん	豊漁沢川滑降	百山	8

東北

山名	読み仮名	ルートガイド	本	ページ
会津朝日岳	あいづあさひだけ	いわなの里〜叶ノ高手〜会津朝日岳〜赤倉沢	百山2	42
会津駒ヶ岳	あいづこまがたけ	滝沢登山口〜会津駒ヶ岳	百山2	46
秋田駒ヶ岳	あきたこまがたけ	男女岳ルート	百山	48
安達太良山	あだたらやま	振子沢ルート	百山	64
安達太良山	あだたらやま	烏川源頭と振子沢ルート	百山	64
吾妻連峰	あづまれんぽう	若女平ルート	百山	60
吾妻連峰	あづまれんぽう	東大巓から大沢ルート	百山	60
吾妻連峰	あづまれんぽう	西大巓往復ルート	百山2	38
吾妻連峰	あづまれんぽう	西大巓からボス大巓ルート	百山2	38
吾妻連峰	あづまれんぽう	西吾妻山二十日平ルート	百山2	38
飯豊連峰	いいでれんぽう	石転ビ沢	百山	58
飯豊連峰	いいでれんぽう	門内沢	百山	58
飯豊連峰	いいでれんぽう	飯豊川横断連続滑降	百山2	34
飯森山	いいもりやま	飯森山	百山	70
岩木山	いわきさん	大沢ルート	百山	34
岩木山	いわきさん	大黒沢ルート	百山	34
岩木山	いわきさん	鳥海山ルート	百山	34
岩手山	いわてさん	焼走りルート	百山	42
大杉岳	おおすぎだけ	山頂からのルート	百山2	48
大杉岳	おおすぎだけ	大杉沢ルート	百山2	48
月山	がっさん	姥沢〜月山〜念仏ヶ原〜肘折温泉	百山	54
月山	がっさん	リフト上駅〜姥ヶ岳〜湯殿山〜県立自然博物園	百山2	24
櫛ヶ峯(南八甲田)	くしがみね	城ヶ倉大橋〜横岳〜櫛ヶ峯〜駒ヶ峯〜睡蓮沼	百山2	14
栗駒山	くりこまやま	いこいの村跡〜イワカガミ平〜栗駒山	百山2	18
栗駒山	くりこまやま	須川温泉〜栗駒山	百山2	18
白太郎山	しろたろうやま	五味沢〜白太郎山	百山2	30
鳥海山	ちょうかいさん	北壁横断ルート	百山	50
鳥海山	ちょうかいさん	百宅ロルート	百山	50
鳥海山	ちょうかいさん	中島台から七高山往復	百山	50
鳥海山	ちょうかいさん	祓川〜七高山〜新山	百山2	20
鳥海山	ちょうかいさん	鳥海公園青沢線〜滝ノ小屋〜伏拝岳	百山2	22
栂峰	つがみね	栂峰	百山	70

富並927m峰（村山葉山）	となみ927メートルほう	大鳥居〜三枚平〜富並927m峰	百山2	28
二王子岳	にのうじだけ	二王子岳夏道ルート	百山	68
二王子岳	にのうじだけ	高知山ルート	百山	68
博士山	はかせやま	琵琶首から山頂往復ルート	百山	62
博士山	はかせやま	奈良布ルート	百山	62
八幡平	はちまんたい	八幡平	百山	38
八甲田山	はっこうださん	箒場岱ルート	百山	30
八甲田山	はっこうださん	銅像ルート	百山	30
八甲田山	はっこうださん	鳥出大岳ルート	百山	30
早池峰山	はやちねさん	岳からコメガモリ沢コース	百山	44
早池峰山	はやちねさん	門馬からアイオン沢コース	百山	44
葉山（村山葉山）	はやま	畑〜小僧森〜大僧森〜葉山	百山2	26
燧ヶ岳	ひうちがたけ	御池・燧ヶ岳往復ルート	百山	78
燧ヶ岳	ひうちがたけ	硫黄沢ルート	百山	78
燧ヶ岳	ひうちがたけ	ナデッ窪ルート	百山	78
燧ヶ岳	ひうちがたけ	大清水ルート（群馬県側）	百山	78
冷水山	ひやみずやま	菖蒲〜舟引山北側鞍部〜冷水山〜蔵王ライザワールド	百山2	32
二岐山	ふたまたやま	ぶな山荘〜二岐山	百山2	40
舟引山	ふなびきやま	菖蒲〜舟引山北側鞍部〜冷水山〜蔵王ライザワールド	百山2	32
窓明山	まどあけやま	国道352号&401号〜窓明山〜巽沢山	百山2	44
丸山岳	まるやまだけ	丸山岳	百山	74
三岩岳	みついわだけ	三ツ岩沢ルート	百山	72
三岩岳	みついわだけ	山頂往復ルート	百山	72
森吉山	もりよしやま	阿仁スキー場ルート	百山	36
森吉山	もりよしやま	ヒバクラ岳ルート	百山	36
焼石岳	やけいしだけ	尿前渓谷橋〜ツブ沼入口〜銀明水避難小屋〜焼石岳	百山2	16

上信越

山名	読み仮名	ルートガイド	本	ページ
浅草岳	あさくさだけ	五味沢ルート	百山	90
浅草岳	あさくさだけ	浅草岳越えルート	百山	90
浅草岳	あさくさだけ	入叶津ルート（福島県側）	百山	90
朝日岳（谷川連峰）	あさひだけ	湯檜曽川源流	百山	122
朝日岳（谷川連峰）	あさひだけ	宝川温泉〜布引尾根〜大烏帽子山〜朝日岳	百山2	68
浅間山	あさまやま	東面ルート	百山	164
浅間山	あさまやま	北面ルート	百山	164
浅間山	あさまやま	南面ルート	百山	164
四阿山	あずまやさん	あずまや高原ホテルから四阿山往復	百山	160
阿寺山	あでらやま	ジャバミ沢	百山	104
阿寺山	あでらやま	マゴタイ沢	百山	104
荒沢岳	あらさわだけ	銀山平から荒沢岳往復	百山	96
荒沢岳	あらさわだけ	北ノ又川源流一周スキーツアー	百山	96
荒沢岳	あらさわだけ	荒沢岳から灰ノ又山	百山	96
牛ヶ岳	うしがたけ	清水から牛ヶ岳、大兜山を経て野中	百山	108
越後駒ヶ岳	えちごこまがたけ	越後駒ヶ岳往復ルート	百山	94
大烏帽子山	おおえぼしやま	土合〜大烏帽子山〜宝川温泉	百山2	70
大兜山	おおかぶとやま	清水から牛ヶ岳、大兜山を経て野中	百山	108
奥利根横断	おくとねおうだん	奥利根横断	百山	82
神楽ヶ峰	かぐらがみね	神楽ヶ峰周辺ルート	百山2	82
神楽ヶ峰	かぐらがみね	中尾根ルート	百山2	82
神楽ヶ峰	かぐらがみね	霧ノ塔から雁ヶ峰（長峰）ルート	百山2	82
笠ヶ岳（尾瀬）	かさがたけ	尾瀬戸倉〜鳩待峠〜悪沢岳〜笠ヶ岳〜湯ノ小屋温泉	百山2	62
笠ヶ岳（志賀高原）	かさがたけ	笠ヶ岳からタコチコース	百山2	84
鹿俣山（上州武尊山）	かのまたやま	たんばらスキーパーク〜夜後沢	百山2	66
鹿俣山（上州武尊山）	かのまたやま	川場スキー場〜鹿俣沢	百山2	66
カヤノ平	かやのだいら	奥志賀高原スキー場からのルート	百山2	88
カヤノ平	かやのだいら	X-JAM高井富士からのルート	百山2	88
柄沢山	からさわやま	柄沢川コース	百山	106
景鶴山	けいづるやま	富士見下〜アヤメ平〜白尾山〜景鶴山	百山2	58
至仏山	しぶつさん	山ノ鼻ルート	百山	80
至仏山	しぶつさん	ワル沢ルート	百山	80

白尾山	しらおやま	白尾山ルート	百山2	56
白毛門	しらがもん	土合～白毛門～ウツボギ沢～広河原～丸山～宝川温泉	百山2	72
守門岳	すもんだけ	袴岳往復ルート	百山	88
守門岳	すもんだけ	裏守門ルート	百山	88
仙ノ倉山	せんのくらやま	シッケイ沢ルート	百山	124
仙ノ倉山	せんのくらやま	イイ沢ルート	百山	124
仙ノ倉山	せんのくらやま	大根下シ沢ルート	百山	124
仙ノ倉山	せんのくらやま	毛渡沢東俣ルート	百山	124
平標山	たいらっぴょうやま	平標山往復	百山	124
平標山	たいらっぴょうやま	ヤカイ沢ルート	百山	124
平標山	たいらっぴょうやま	平標沢ルート	百山	124
平標山	たいらっぴょうやま	センノ沢ルート	百山	124
平標山	たいらっぴょうやま	ユウガイヒト沢	百山	124
平標山	たいらっぴょうやま	西ゼン	百山	124
平標山	たいらっぴょうやま	火打峠～平標山～笹穴沢～県境尾根～火打峠	百山2	80
谷川岳	たにがわだけ	万太郎谷上部・芝倉沢	百山	118
谷川岳	たにがわだけ	西黒沢本谷	百山	118
谷川岳	たにがわだけ	マチガ沢（本谷、四ノ沢、三ノ沢、六ノ沢）	百山2	76
谷川岳	たにがわだけ	オジカ沢ノ頭からの滑降	百山2	78
丹後山	たんごやま	三国川ダムから丹後山避難小屋	百山	100
丹後山	たんごやま	利根川水源碑から利根川源流の滑降	百山	100
丹後山	たんごやま	兎岳から巻倉沢の滑降	百山	100
苗場山	なえばさん	小赤沢ルート	百山	128
中ノ岳	なかのだけ	兎岳から巻倉沢の滑降	百山	100
中ノ岳	なかのだけ	兎岳から中ノ岳	百山	100
中ノ岳	なかのだけ	中ノ岳から滝ノ沢を滑降	百山	100
荷鞍山	にくらやま	荷鞍山ルート	百山2	56
日光白根山	にっこうしらねさん	大崩沢ルート	百山	112
日光白根山	にっこうしらねさん	東面ルンゼルート	百山	112
根子岳	ねこだけ	峰の原高原スキー場から根子岳往復	百山	160
灰ノ又山	はいのまたやま	荒沢岳から灰ノ又山	百山	96
灰ノ又山	はいのまたやま	北ノ又川源流一周スキーツアー	百山	96
日向倉山	ひなたくらやま	日向倉沢ルート	百山	92
日向倉山	ひなたくらやま	二俣の沢ルート	百山	92
武能岳	ぶのうだけ	天神平～一ノ倉岳～芝倉沢右俣～武能岳～武能沢～土合	百山2	74
武尊山	ほたかやま	オグナほたかスキー場～西俣沢ルート	百山	114
武尊山	ほたかやま	武尊牧場スキー場～武尊山ルート	百山	114
武尊山	ほたかやま	川場スキー場～武尊山ルート	百山	114
武尊山	ほたかやま	宝台樹スキー場～武尊山ルート	百山	114
武尊山	ほたかやま	オグナほたかスキー場～前武尊ルート	百山	114
巻機山	まきはたやま	井戸尾根コース	百山	106
万太郎山	まんたろうやま	赤谷川源頭横断	百山	120
湯ノ丸山	ゆのまるやま	地蔵峠往復ルート	百山	166
湯ノ丸山	ゆのまるやま	旧鹿沢温泉周回ルート	百山	166
湯ノ丸山	ゆのまるやま	池の平周辺ルート	百山	166
芳ヶ平（草津白根山）	よしがだいら	志賀高原からのルート	百山2	86
芳ヶ平（草津白根山）	よしがだいら	草津温泉からのルート	百山2	86

頸城山塊

山名	読み仮名	ルートガイド	本	ページ
雨飾山	あまかざりやま	荒菅沢ルート	百山	150
乙妻山	おとつまやま	乙妻山	白山	154
金山	かなやま	笹ヶ峰から金山ルート	百山	148
金山	かなやま	小谷温泉から金山ルート	百山	148
神奈山	かんなさん	藤巻尾根ルート	百山	134
神奈山	かんなさん	北尾根ルート	百山	134
黒姫山	くろひめやま	東北東尾根ルート	百山	152
黒姫山	くろひめやま	北面から高沢発電所ルート	百山	152
黒姫山	くろひめやま	大ダルミルート	百山	152
佐渡山	さどやま	佐渡山	百山	154
白鳥山	しらとりやま	白鳥山往復ルート	百山	144

高妻山	たかつまやま	高妻山	百山	154
高妻山	たかつまやま	2297mP(中妻山)往復	百山	154
高妻山	たかつまやま	高妻山サブルート01	百山	154
高妻山	たかつまやま	高妻山サブルート02	百山	154
高松山	たかまつやま	高松山往復ルート	百山	146
高松山	たかまつやま	一ノ倉川ルート	百山	146
天狗原山	てんぐはらやま	笹ヶ峰から金山ルート	百山	148
天狗原山	てんぐはらやま	小谷温泉から金山ルート	百山	148
鍋倉山	なべくらやま	温井ルート	百山	130
火打山	ひうちやま	澄川ルート	百山	136
火打山	ひうちやま	北面ルート	百山	136
火打山	ひうちやま	火打山北面ルンゼ	百山2	94
火打山	ひうちやま	影火打とのコルからの滑走ルート	百山2	94
火打山	ひうちやま	影火打北西滑走ルート	百山2	94
昼闇山	ひるくらやま	笹倉温泉〜焼山北面台地〜焼山〜昼闇山	百山2	96
三田原山(妙高山)	みたはらやま	妙高杉ノ原スキー場のルート	百山2	92
妙高前山(妙高山)	みょうこうまえやま	赤倉観光リゾートスキー場のルート	百山2	92
焼山	やけやま	焼山往復ルート	百山	142
焼山	やけやま	笹倉温泉〜焼山北面台地〜焼山〜昼闇山	百山2	96

北アルプス

山名	読み仮名	ルートガイド	本	ページ
雪倉岳	ゆきくらだけ	栂池ロープウェイ〜自然園駅〜天狗原	百山	186
朝日岳(富山新潟県境)	あさひだけ	栂池ロープウェイ〜自然園駅〜天狗原	百山	186
朝日岳(富山新潟県境)	あさひだけ	振子沢〜中ノ沢〜蓮華温泉	百山	186
朝日岳(富山新潟県境)	あさひだけ	白馬乗鞍岳〜天狗ノ庭〜蓮華温泉	百山	186
朝日岳(富山新潟県境)	あさひだけ	白馬乗鞍岳〜船越ノ頭〜瀬戸川左俣源頭〜蓮華温泉	百山	186
朝日岳(富山新潟県境)	あさひだけ	蓮華温泉〜木地屋〜平岩	百山	186
朝日岳(富山新潟県境)	あさひだけ	蓮華温泉〜白高地沢〜朝日岳往復	百山	186
旭岳(富山県)	あさひだけ	西ノ谷・東谷	百山	198
旭岳(富山県)	あさひだけ	オレントメン谷・猫又山北方2113m峰北面	百山	198
旭岳(富山県)	あさひだけ	猫又谷・オレントメン谷・カシ薙深層谷・タンバラ谷	百山	198
旭岳(富山県)	あさひだけ	BC2から朝日岳・雪倉岳	百山	198
旭岳(富山県)	あさひだけ	BC1からC3〜C4を経て日本海へ	百山	198
安房山	あぼうやま	中の湯温泉〜安房山北西面	百山2	138
小日向山	おびなたやま	二股より小日向山往復	百山	206
笠ヶ岳(岐阜県)	かさがたけ	笠ヶ岳から六ノ沢支流	百山	240
鹿島槍ヶ岳	かしまやりがたけ	大谷原から西沢往復	百山	212
鹿島槍ヶ岳	かしまやりがたけ	南峰から北股本谷へ	百山	212
鹿島槍ヶ岳	かしまやりがたけ	稜線から布引沢へ	百山	212
金山岩	かなやまいわ	金山岩	百山	260
蒲原山	がまばらやま	木地屋から蒲原山往復	百山	192
唐松岳	からまつだけ	不帰III峰Dルンゼ	百山	208
唐松岳	からまつだけ	不帰III峰Cルンゼ	百山	208
唐松岳	からまつだけ	不帰III峰Aルンゼ	百山	208
北穂高岳	きたほたかだけ	上高地〜涸沢〜北穂高岳滝谷Dルンゼ〜新穂高温泉	百山2	132
黒部横断	くろべおうだん	黒部横断	百山	218
黒部湖横断	くろべこおうだん	扇沢〜スバリ岳〜御山谷付近〜一ノ越〜室堂乗越〜馬場島	百山2	114
毛勝山	けがちやま	阿部木谷ルート	百山	222
五龍岳	ごりゅうだけ	Aルンゼ	百山	210
五龍岳	ごりゅうだけ	Bルンゼ	百山	210
五龍岳	ごりゅうだけ	白岳沢	百山	210
五龍岳	ごりゅうだけ	餓鬼谷右俣	百山	210
五輪山	ごりんざん	蓮華温泉〜白高地沢〜五輪山	百山	102
小蓮華山	これんげやま	小蓮華山直登ルンゼ	百山	194
小蓮華山	これんげやま	小蓮華山南面	百山	194
小蓮華山	これんげやま	小蓮華沢からの滑降	百山2	106
爺ヶ岳	じいがたけ	白沢・扇沢	百山	214
爺ヶ岳	じいがたけ	奥小沢	百山	214
杓子岳	しゃくしだけ	鑓温泉BCで鑓沢と杓子沢	百山	204
杓子岳	しゃくしだけ	杓子岳ジャンクションピークから長走沢	百山	204

常念岳	じょうねんだけ	一ノ沢往復コース	百山	250
常念岳	じょうねんだけ	一ノ俣谷源流コース	百山	250
常念岳	じょうねんだけ	常念沢〜前常念岳〜一ノ俣コース	百山	250
白岳（五龍岳）	しらたけ	遠見尾根〜白岳〜白岳沢	百山2	112
白谷山	しらたにやま	中の湯温泉〜白谷山	百山2	138
白馬岳	しろうまだけ	白馬岳往復	百山	196
白馬岳	しろうまだけ	白馬2号雪渓	百山	196
白馬岳	しろうまだけ	白馬沢左俣	百山	196
白馬岳	しろうまだけ	白馬沢右俣	百山	196
スバリ岳	すばりだけ	扇沢〜スバリ岳〜針ノ木雪渓	百山2	118
立山	たてやま	富士ノ折立北西ルンゼ	百山	226
立山	たてやま	雄山南峰（サルマタのピーク）東面ルンゼ	百山	226
立山	たてやま	龍王岳北面ルンゼ	百山	226
立山	たてやま	奥大日岳東面	百山	226
蝶ヶ岳	ちょうがたけ	三股より蝶ヶ岳往復	百山	252
剱岳	つるぎだけ	大脱走ルンゼ	百山	224
西穂高岳	にしほたかだけ	新穂高温泉〜西穂高岳直下〜西穂沢	百山2	136
日本オートルートPart1（南部）	にほんおーとるーと	クラシックルート	百山	228
日本オートルートPart1（南部）	にほんおーとるーと	槍〜毛勝新ルート	百山	228
日本オートルートPart2（中央部）	にほんおーとるーと	クラシックルート	百山	232
日本オートルートPart2（中央部）	にほんおーとるーと	槍〜毛勝新ルート	百山	232
日本オートルートPart3（北部）	にほんおーとるーと	クラシックルート	百山	236
日本オートルートPart3（北部）	にほんおーとるーと	槍〜毛勝新ルート	百山	236
日本オートルート1（室堂〜上高地）	にほんおーとるーと	室堂〜薬師岳〜黒部五郎岳〜三俣蓮華岳〜槍ヶ岳〜上高地	百山2	120
日本オートルート2（新穂高温泉〜水晶岳）	にほんおーとるーと	新穂高温泉〜双六小屋〜水晶岳	百山2	126
猫岳	ねこだけ	猫岳	百山	260
乗鞍岳	のりくらだけ	剣ヶ峰	百山	256
乗鞍岳	のりくらだけ	富士見岳	百山	256
乗鞍岳	のりくらだけ	高天ヶ原	百山	256
白馬乗鞍岳	はくばのりくらだけ	稗田大崩落へ	百山	190
白馬乗鞍岳	はくばのりくらだけ	若栗ノ頭へ	百山	190
白馬鑓ヶ岳	はくばやりがたけ	鑓温泉BCで鑓沢と杓子沢	百山	204
白馬鑓ヶ岳	はくばやりがたけ	猿倉〜大雪渓〜白馬鑓ヶ岳〜中央ルンゼ	百山2	108
針ノ木岳	はりのきだけ	針ノ木雪渓	百山	216
針ノ木岳	はりのきだけ	針ノ木谷	百山	216
針ノ木岳	はりのきだけ	マヤクボ沢	百山	216
船越ノ頭	ふなこしのかしら	白馬乗鞍岳からのルート	百山2	104
船越ノ頭	ふなこしのかしら	栂池自然園からのルート	百山2	104
穂高岳	ほたかだけ	奥穂高岳直登ルンゼ、第一ルンゼ	百山	246
穂高岳	ほたかだけ	前穂高沢	百山	246
穂高岳	ほたかだけ	西穂高沢ダイレクト	百山	246
明神岳	みょうじんだけ	上高地〜岳沢〜明神岳〜上宮川谷	百山2	134
焼岳	やけだけ	中堀沢	百山	254
焼岳	やけだけ	中の湯温泉〜焼岳〜下堀沢	百山2	138
槍ヶ岳	やりがたけ	槍沢	百山	242
槍ヶ岳	やりがたけ	飛騨沢	百山	242
槍ヶ岳	やりがたけ	千丈沢	百山	242
雪倉岳	ゆきくらだけ	振子沢〜中ノ沢〜蓮華温泉	百山	186
雪倉岳	ゆきくらだけ	白馬乗鞍岳〜天狗ノ庭〜蓮華温泉	百山	186
雪倉岳	ゆきくらだけ	白馬乗鞍岳〜船越ノ頭〜瀬戸川左俣源頭〜蓮華温泉	百山	186
雪倉岳	ゆきくらだけ	蓮華温泉〜木地屋〜平岩	百山	186
雪倉岳	ゆきくらだけ	蓮華温泉〜瀬戸川〜雪倉岳往復	百山	186
雪倉岳	ゆきくらだけ	雪倉岳東斜面ルート	百山	186
雪倉岳	ゆきくらだけ	雪倉岳北斜面ルート	百山	186
四ツ岳	よつだけ	四ツ岳	百山	260
蓮華岳	れんげだけ	扇沢〜蓮華岳〜蓮華大沢〜針ノ木雪渓	百山2	118

御嶽山／中央・南アルプス／八ヶ岳／富士山

山名	読み仮名	ルートガイド	本	ページ
間ノ岳	あいのだけ	間ノ岳〜滝ノ沢カール	百山	176
間ノ岳	あいのだけ	細沢カール	百山	176

南岸低気圧による降雪の翌日を狙って、手軽に来られる富士双子山。富士山や宝永山の広大な雪景色をひとり占め
写真／北原浩平

スキーアルピニズム研究会

Research Society of
Ski Alpinism

1973年に創立された山スキーを活動の主軸にした山岳同人。2022年現在、会員50数人で、年齢層は20代から70代までと幅広い。関東地方在住が中心だが、関西地方やその他の地域にも在籍者は多い。北海道から中国地方までの、日本すべての山が活動の対象で、アジアやヨーロッパ、南米など海外でも山スキーを行なってきた。これまでの会員による活動記録は会報誌『ベルクシーロイファー』にまとめられ、山スキーヤーの貴重な資料となっている。2023年で創立50周年を迎える。

執筆・写真提供会員紹介　　＊50音順

阿部弘志　あべ・ひろし／常に笑いありの山行を心がけ、春夏秋冬を通して山を楽しむ。好きなことはラッセルと気象予測。

北原浩平　きたはら・こうへい／不惑になってから山スキーを始める。山域を縦横断するルートが好み。

児島トール　こじま・とーる／派手に転ぶことと、渋滞回避ルート探索が得意技。山行の行動食は焼きそばパンかカレーパン。

小寺 周　こでら・いたる／松本市在住。山スキー＆一眼レフで山を満喫。お散歩ルートは中部山岳国立公園。

後藤知一　ごとう・ともかず／冬山登山とスキーを楽しむべく、山スキーを始めて16年。テレマークが好き。

五味秀敏　ごみ・ひでとし／育児の傍ら山スキーを楽しむ。滑って楽しいルート、景色のよいルートが好み。人生長いようで短い。

佐藤 徹　さとう・とおる／子どものころ、冬に近所での丘スキー遊びが原点。古希を過ぎた今は山スキーで安全に遊びたい。

澤井宏明　さわい・ひろあき／地元群馬県の山を中心に全国の山で活動。本書では群馬県の新ルートを紹介。2022年2月没。

柴田勇紀　しばた・ゆうき／2017年に脱サラして小谷村へ移住。スキーを生活の中心に。スキーガイドステージ2。

関口康嗣　せきぐち・やすつぐ／長野県上田市出身。2012年より山スキーを始め、景色に魅了され一眼レフで撮影も行なう。

鷹嘴健次　たかのはし・けんじ／春夏秋冬、季節に合わせた山を楽しむ。人が多い場所は好まず、静かな山を気ままに遊ぶ。

伊達佳美　だて・よしみ／北海道出身。面白いこと好き。趣味は山の徘徊と、地図を見て妄想すること。粉雪テレマーカー。

田宮公成　たみや・こうせい／山スキー歴33年、沢登り歴22年。最近は尾瀬周辺と東北の山々で遊ぶ。夫婦でテレマーカー。

西村泰正　にしむら・やすまさ／三重県出身の73歳。山村生まれで野山や川で遊び育つ。20代で始めたスキーを今も楽しむ。

平岡耕一郎　ひらおか・こういちろう／大阪府生まれ。学生時代は登山と写真。初山スキーは76年の剱沢〜阿曽原。未だ現役。

牧野総治郎　まきの・そうじろう／山スキー歴約40年、15年前にテレマークに転向。昨年の収穫は鳥海山の稲倉岳。

松岡祥子　まつおか・しょうこ／秋田県出身、東京都在住。山スキー、沢登り、写真、クライミングが好き。

三浦大介　みうら・おおすけ／江戸っ子。山スキー歴42年。美しい滑降ラインやツアーラインを見いだすスキーアルピニスト。

村山達蔵　むらやま・たつぞう／沖永良部島出身の69才。高校受験時、錦江湾船上で雪を見て感激。山スキーで雪を楽しむ。

森野治美　もりの・はるよし／小学6年生時、関西のスキー場で初スキー。25年以上の空白期間を経て、山スキーで活動再開。

吉田 豊　よしだ・ゆたか／山スキー歴37年。最近は上越国境周辺や会津、北アルプスをメインに活動。体力維持が課題。

ブックデザイン
尾崎行欧
本多亜実
北村陽香
（尾崎行欧デザイン事務所）

地図製作・DTP
アトリエ・プラン

写真
中村英史（『ベルクシーロイファー』書影）

校正
戸羽一郎

編集協力
田宮公成（スキーアルピニズム研究会）

編集
大関直樹
松本理恵（山と渓谷社）

山スキー百山2

2023年1月5日　初版第1刷発行

著者　　　スキーアルピニズム研究会(RSSA)
発行人　　川崎深雪
発行所　　株式会社 山と渓谷社
　　　　　〒101-0051
　　　　　東京都千代田区
　　　　　神田神保町1丁目105番地
　　　　　https://www.yamakei.co.jp/

印刷・製本　　大日本印刷株式会社

●乱丁・落丁、及び内容に関するお問合せ先
　山と渓谷社自動応答サービス
　TEL 03-6744-1900
　受付時間／ 11:00 ～ 16:00（土日、祝日を除く）
　メールもご利用ください。
　［乱丁・落丁］service@yamakei.co.jp
　［内容］info@yamakei.co.jp
●書店・取次様からのご注文先
　山と渓谷受注センター
　TEL 048-458-3455
　FAX 048-421-0513
●書店・取次様からのご注文以外のお問合せ先
　eigyo@yamakei.co.jp

**既刊本も
好評
発売中**

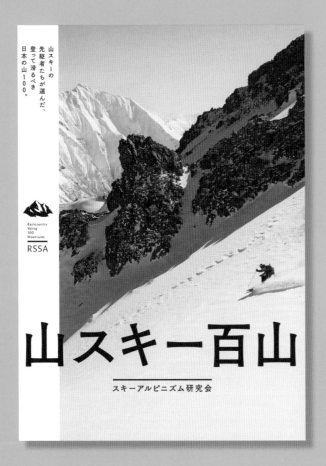

山スキー百山
著 スキーアルピニズム研究会

山スキーの先駆者・スキーアルピニズム研究会が選んだ、北海道から西日本までの登って滑るべき山スキー百山。初級者から中・上級者までが楽しめる100の山の名ルートを多数紹介。バックカントリースキーヤーのバイブルとなる一冊

● A4判
● 288ページ
● 本体価格2800円＋税10%
● 2015年11月発売
● 山と渓谷社